원효(元曉),

편견을 넘어서다

이경철학총서
006

원효(元曉),
편견을 넘어서다

김 종의 지음

도서출판 이경

‖ 머 리 말 ‖

책을 내면서

원효 스님의 삶이나 사상에 관한 내용을 다룬 책이나 글들은 수없이 많다. 이는 아마도 스님의 사상이나 삶이 사람들의 관심을 끌기에 충분한 요소를 다양하게 갖추고 있기 때문일 것이다.

그런데 지금까지 활자화된 글들의 내용은 주로 스님의 드라마틱한 삶을 다루고 있거나 아니면 불교사상의 흐름에서 대두되었던 이론의 관점에서 스님의 견해를 분석하여 부각시키고 있는 시각이 대부분이라 할 수 있다.

따라서 스님이 펼친 사상의 전체적인 줄거리를 조망할 수 있는 시각이 아쉬운 것은 사실이다. 하지만 여기에는 스님의 넓고 큰 사유세계를 아우를 수 있는 시야가 전제되어야 한다.

그렇다고 해서 이 글이 스님의 사유세계를 처음부터 끝까지 하나의 관점에서 서술했다는 것은 아니다. 단지 그와 같은 생각이 스님의 삶과 사상을 전체적인 구도로써 풀어보고자 한 만용을 부리게 한 것이다. 그렇지만 솔직히 그 한계를 시인할 수밖에 없는 부끄러움도 적지 않다. 단지 원효 스님의 삶과 저술에 대한 공부를 시작한 것이 빌미가 되어 오늘 여기까지 온 것이며, 그것을 정리하고 싶은 생각이 이 글을 쓰게 된 동기이다.

그런데 스님의 사유세계를 이해하기 위해, 일관된 원리에 따라 정리한다는 것이 오히려 스님의 사상을 왜곡하여 그릇되게 단정해 버린 점이 적지 않을 것이라 생각된다. 그렇다고 해도 그와 같은 오류를 발견하는 것조차 스님의 뜻이 단 한 사람에게라도 더 전해질 수 있다는 근거 없는 생각에서, 마음만 앞선 셈이다.

글의 내용에서 불교 사상을 체계화한 기존의 용어들을 그대로 옮긴다는 것이 부담스러워 우리말로 풀어보기도 했지만, 그렇게 하고 보니 그것이 오히려 전체적인 문맥을 소통시키기에 더욱 난해하다는 사실을 절감하고는 다시 그대로 옮겨 쓰기를 반복하였다. 그렇다 보니 동일한 용어가 다른 표현으로 나타난 곳도 적지 않다.

짧은 소견이지만 스님의 사상을 정리하면서 느낀 점은, 스님의 삶이나 스님의 불교 이해가 어찌도 그렇게 맞아떨어지는지 그저 놀라울 뿐이다. 물론 스님은 세상과 삶의 이치를 그렇게 받아들였기 때문에 그와 같은 삶이 가능했을 것이다.

고려의 의천(義天) 스님이 분황사(芬皇寺)에서 원효 스님의 소상(塑像)을 대하고 제(祭)를 올리며 쓴 글에 나타나 있는 찬탄이, 어찌 의천 스님에게만 그러하겠는가.

무애(無碍)의 춤!

이 세상 오고가는 어느 누구인들 한 번쯤 추고 싶은 춤이 아닐까? 옷소매가 걸리지 않으면, 발걸음이 꼬이는 어설픈 몸짓으로 한 세상을 살고 가는 우리가 아닌가?

우리는 진정 무애의 춤을 출 수 없는가?

자신을 사랑하지 않는 사람이 남을 사랑한다는 말을 들어본 일이 없다는 옛 선인의 글귀가 아니더라도, 이 땅의 삶을 이해하고 끌어안으려 했던 스님의 삶과 사상이 오늘이라 해서 달라질 바는 없다.

세상이 달라진 것도 상황이 변한 것도 아니라, 오직 그대의 마음이 움직였다고 하는 육조 혜능(慧能) 스님의 말처럼, 스님의 삶과 사상이 그와 같이 우리 속에 있게 되기를 원할 뿐이다.

어찌 사람살이가 달라지겠는가?

봄이 가깝게 느껴지는 매화리에서

김 종 의

‖ 차 례 ‖

* 이 저서는 2011학년도 동의대학교 교내연구비(2011AA025)
에 의해 연구되었음.

제1장 삶

1. 인간 원효(元曉)

사전적 정의에 따르자면, 종교란 신이나 초자연적인 절대자 또는 힘에 대한 믿음을 통하여 인간생활의 고뇌를 해결하고, 삶의 궁극적인 의미를 추구하는 문화체계라고 한다. 그리고 그 믿음에는 내세(來世)에 참다운 인간의 행복이 있다는 생각도 덧붙여진다.

때문에 종교적 신념을 지닌 사람들은 신을 비롯한 초월적인 대상의 존재 또는 세계에 대한 궁극의 진실이 있다고 생각하며, 아울러 종교적 가치를 지키며 사는 것이 옳다고 굳게 믿는다.

이는 곧 종교란 인간의 정신을 일깨우고 계발하는 일종의 수단이라는 점에서 모든 종교가 다르지 않다는 의미이기도 하다. 다시 말해 어떤 종교이든지 간에 종교를 통해서 실재(實在)와 마주할 수 있게 되고, 그것을 통해 인간의 고유한 에너지를 기꺼이 탐구하게 된다는 뜻이다.

따라서 종교를 갖는다는 것은 무언가 부족함을 의미하는 것이 아니며, 공허함을 어떤 종류의 대체적인 개념으로 보상을 받거나 메우고자 하는 것도 아니다.

문제는 종교마다 그들이 지향하는 의식(意識)과 의례(儀禮)가 모두 다르다는 데 있다. 이는 곧 종교를 믿음으로써 수용해야하는 삶의 태도가 동일하지 않다는 것을 의미한다. 이를테면 어떻게 살아야 하는가에 대한 태도 결정의 문제와 같은 것들이다.

그러나 설령 사는 방법이 다르다고 하더라도 종교를 통해 인간을 보다 심층적으로 이해할 수 있게 된다면, 삶에서 파생되는 문제를 대하는 시각 또한 변하게 될 것이다. 그리고 이와 같은 시각은 인간정신의 깊은 내면을 관조하게 하여 삶의 의미를 결정짓게 한다.

이와 같은 관점을 전제하고서 불교를 이해하자면, 불교는 이미 역사 속에서 그 진리성을 입증 받은 종교이다. 따라서 불교가 제시하는 우주론에 대한 문제에서부터 존재의 생멸(生滅)에 관한 문제 그리고 정토(淨土)와 관련된 내용들은 많은 사람들의 공감대를 이루어 왔다.

그 가운데서 불교는 무엇보다도 사람은 어떻게 살아야 하며, 세상을 어떻게 보아야 하는가에 대한 문제를 가장 중요한 화두로 제시하고 있다. 이를테면 현실적인 인간과 인간의 문제에 초점을 맞추어왔다.

때문에 붓다로부터 시작된 끊임없는 교설의 내용은 언제나 인간 내면에서 발생하는 번뇌의 상관관계를 밝히는 데 있었다. 다시 말해 불교의 가르침은 언제 어디서나 괴로워하는 인간의 현실에 그 바탕을 두고 있다.

하지만 어느 시대 어느 세월 치고 인간의 삶이 힘들게 느껴지지 않았던 시절은 없었으며, 삶에서 겪는 괴로움으로 인해 고통 받지 않는 이들도 없었다. 때문에 그 괴로움을 해소하려고 노력한 사람 또한 괴로움의 수만큼이나 많았다는 사실은 역사의 기록에서 끊임없이 나타나고 있다.

따라서 그들의 노력과 업적을 기리고 칭송하는 뜻에서 그들의 이름 위에 '위인(偉人)'이나 '성인(聖人)'이란 존칭을 붙여 기억하고, 그들이 남긴 말의 의미를 되짚어보곤 한다.

이러한 시각에서 이 땅이 낳은 위대한 인물들을 헤아려 볼 때, 원효(元曉) 스님이 거기에 들어야 함을 주저하는 사람은 아마 없을 것이다. 이는 불교가 신라에 공식적으로 전래된 지 백여 년 뒤에 나타난, 이 나라 역사상 최대의 불교사상가이자 실천 수행자라는 점에서 그렇게 판단한다. 하지만 이와 같은 표현이 원효스님을 나타내기에 충분하다고 할 수는 없다.

사실 스님이 남긴 수많은 저술들이 당시에는 물론 후대에 이르기까지 사상계에 늘 새로운 기운을 불어넣었던 것은 스님의 경전 연구가 불교학의 모든 분야에 걸쳐 있었기 때문이다. 이를테면 저술의 목록으로 볼 때, 대승(大乘) 소승(小乘)을 막론하고 99부 240여 권에 달하는 방대한 논서의 내용이 그것을 말해준다.

그러나 저술의 업적보다 더욱 경이로운 점은, 단순히 경전의 연구에만 그치지 않고 몸소 실천으로 보여준 삶의 태도에 있다. 다시 말해 '무애행(無碍行)'이라는 걸림 없는 행동으로 골목마다 누비고 다니면서 교화에 나섰던 스님의 행적은 감동 그 자체로 다가오기 때문이다.

후대에 이르러 신비롭게 전개되는 많은 설화로서 스님의 위대한 일면이 전해지고 있는 것은 아마도 위대한 인물을 갈망했던 당시의 인심이 드러난 것일 수도 있다. 따라서 이로 말미암아 삶의 진솔한 모습이 오히려 가려졌는지는 알 수 없다.

이를테면 평범하지 않은 인물로서 언급되어야 하는 행적의 당위성에는, 역사적인 인물로서의 인간 원효가 아닌 기이한 행동과 신비한 자취로 덧씌워진 모습이 있어야 하기 때문이다.

사상사적인 면에서 볼 때, 불교학 전반에 걸친 방대한 내용을 갈무리하고 있는 스님의 사상을 한마디로 표현한다는 것 자체가 무리라는 사실에 동의하지 않는 이는 없다. 다만 후인(後人)들이 하나같이 공감하는 평가에 따르자면, 스님은 무엇보다도 '화쟁(和諍)'의 사상을 온전하게 열어간 사람이라 할 수 있다.

> 여러 경전의 부분적인 면을 통합하여, 온갖 물줄기를 일미(一味)의 진리 바다로 돌아가게 하고, 붓다의 지극히 공정한 뜻(佛意至公)으로 모든 사상가들의 서로 다른 논쟁을 화회(和會)시킨다. 「涅槃經宗要」

스님은 어느 한 종파의 주장에도 매달리지 않았지만, 그렇다고 해서 어느 한 종파의 견해라도 비난하거나 버리는 입장을 취하지 않았다.

> 모든 존재가 모두 부처가 되어야 하는 것은, 마치 모든 물줄기가 큰 바다로 흘러가지 않음이 없는 것과 같다. 「金剛三昧經論」

이와 같은 견해는 서로 다른 주장이라도 모두 받아들이겠다는 선언이기도 하지만, 달리 생각해보면 모든 존재가 부처가 될 수 있다는 '일불승(一佛乘)'의 믿음을 그 바탕에 두었기 때문이라고도 할 수 있다.

이는 중국의 불교가들이 자신의 종파에서 내세운 주장만을 위주로 하고, 기타의 경론을 보조적인 자료로서 받아들인 태도와는 근본적으로 다르다. 바로 이와 같은 입장이 스님이 일관되게 주장하는 화쟁사상의 특징으로서, 어느 한 견해에도 치우치지 않는 공평무사한 태도라고 할 수 있다.

스님의 사상에 대한 놀라움이 단지 여기에서 그친다면, 스님은 오히려 불교학자로서의 위치를 굳건히 할 수도 있었을 것이다. 그러나 이와 같은 견해와 생각을 삶에서 몸소 보여준 점이, 어쩌면 스님을 안개 속에 싸이게 했는지도 모를 일이다.

스님의 삶은 사상과 한 치의 오차도 없이 '더럽고 깨끗함이란 둘이 아니고, 정토와 예토는 다르지 않다'는 생각을 행동으로 옮긴 것이다. 이것이 곧 이론과 실천이 다를 수 없다는 불교생활화운동이자 보살(菩薩)의 삶이기도 하다.

당시의 신라 사회는 원광법사(圓光法師)와 자장율사(慈藏律師)라는 걸출한 인물로 인한 영향력이 불교 이해의 가교 역할을 하고 있었다. 그러나 내용적으로는 불교를 받아들이는 태도와 입장에 있어서 왕실을 중심으로 하는 귀족층과 서민들의 생각은 사뭇 달랐다. 이를테면 상류층의 불교는 서민들의 삶과 동떨어져 있었던 것이다.

때문에 서민들의 삶 속에 살아있는 불교를 전파시키고자 노력한 사람들이 나타났으니, 이들이 곧 혜공(惠空) 혜숙(惠宿) 대안(大安) 스님 등이다. 이들은 서민들의 삶에 직접 뛰어들어 불교를 이해시키고자 했으며, 불교가 삶의 의지처가 되도록 생활 속의 지혜를 가르치고 있었다.

이러한 시기에 활동했던 원효 스님 역시 서민들의 삶을 외면할 수는 없었다. 따라서 스님 또한 그들의 뒤를 이어 마을마다 골목마다 두루 돌아다니며 무애(無碍)의 박을 두드리고, 「화엄경」의 구절인 '모든 것에 걸림 없는 사람이 한 길로 생사를 벗어난다(一切無碍人一道出生死)'는 노래를 지어 부르면서 불교의 가르침을 널리 알리고자 했다. 뿐만 아니라 서민들의 지친 삶을 어루만져주는 데에도 온 힘을 쏟았으니, 이러한 행동이야말로 불교의 진리를 몸소 실천한 위대한 인간 원효의 모습이었다.

이와 같이 불교를 전파한 방법 또한 놀랍지만, 그 내용에 있어서도 그러한 취지를 떠나지 않았다. 이를테면 당시에 널리 성행되었던 정토(淨土)신앙을 적극적으로 권장했지만, 정토에 왕생하는 실천의 방법 가운데서도 가장 간편하고 쉬운 길을 널리 전파했던 것이다. 뿐만 아니라 정토에 갈 수 있는 자격 즉 수행의 단계 역시 중국의 혜원(慧遠)보다 훨씬 낮게 설정함으로써 누구나 쉽게 정토신앙에 관심을 가지게 만들었다.

이는 말할 것도 없이 서민들에게도 왕생의 희망을 가지게 하여 현실의 고통을 넘어서게 하려는 폭넓은 배려에서 비롯되었다고 할 수 있다. 나아가서는 정토왕생을 위한 수행 또한 다름 아니라 일상생활의 착한 행실이 곧 정토왕생의 지름길이라고 함으로써 일상에서 실천 가능한 불교생활화운동을 적극적으로 권장하기도 했다.

2. 시대 상황

사람은 언제 어디에서 살든지 간에, 자신에게 주어진 삶의 조건과 그것을 넘어서고자 하는 욕망의 갈등을 겪고 산다. 이를테면 생로병사에 대한 여건이 근본적인 괴로움이라고 한다면, 시대와 환경에 적응해야 하는 문제는 이차적으로 형성된 불편한 고통들이다.

붓다는 이와 같은 괴로움의 원인을 설명하면서, 인간의 삶이란 근본적으로 고통과 불안의 연속임을 스스로 자각하게 하였다. 다시 말해 인간으로서 겪는 괴로움이란 다름 아니라 자신이 만든 갈등과 욕망으로부터 비롯되었기 때문에 그 자신의 내면에 잠재하고 있는 욕망을 정화하려고 노력하지 않는 한, 괴로움으로부터 벗어날 수가 없다고 하였다.

문제는 스스로의 갈등으로부터 비롯되는 개인적인 욕망은 정화될 수 있다고 하더라도, 외적으로 주어진 상황은 마음을 다스린다고 해서 해결되어지지 않는다는 점에 있다.

그렇게 보면 원효 스님이 살았던 7세기 중반의 신라는, 당시로서는 삼국 가운데 가장 어려운 문제들로 휩싸여 있었다고 할 수 있다. 이를테면 급변하는 정세의 변화에서 결코 강력하지 않았던 신라 사회의 불안감은, 당시를 살았던 신라인에게 드리운 어두운 그림자였다. 따라서 자신이 살았던 시대를 불안한 시기라고 여긴다면, 스님이 살았던 당시보다 더 어두웠던 시대는 그다지 많지 않을 것이다.

기록으로 나타난 사실로서 유추하자면, 당시의 신라는 내외적으로 산적한 문제들로 인하여 실로 앞날을 예측하기 힘든 상황이었다. 이는 삼국 가운데 가장 약소했던 국가였기에 주변국들의 위협에도 대처하기 힘든 상황에다 내부의 문제 또한 만만하지 않았기 때문이다. 거기에다 가야국의 유민들로 형성된 세력과 육부 촌장을 중심으로 하는 알력은 끊임없이 되풀이되고 있었다.

그럼에도 불구하고 신라는 어려운 난제들을 슬기롭게 융화하면서 삼국의 통일이라는 대업을 이루게 된다. 이를테면 진덕(眞德)여왕의 뒤를 이어 왕위에 오른 무열(武烈)왕은 7년 뒤(660) 당의 원군과 합세하여 백제를 정벌하여 복종시켰으니, 이때가 원효스님의 나이 44세가 되던 해이다. 그리고 이로부터 다시 8년 뒤인 문무왕 8년(668)에 고구려를 멸망시킴으로써 명실 공히 삼국의 통일을 완성하였다.

그런데 백제와 고구려를 정복하고 삼한을 통일했다는 사실은 신라를 삼국을 통일한 나라로서의 위대한 역사로 기록하고 있지만, 이를 달리 생각하면 당시를 살았던 개인으로서는 어쩌면 가장 불행하고 힘든 시대였다고 할 수 있다.

통일을 위한 전쟁으로 소용돌이치는 불안한 시대에 태어나 혼란의 시대를 살았던 것도 그러하지만, 거기에다 조국인 신라가 통일전쟁으로 인해 편안한 날이 없었던 때 출가하여 수도생활을 한다는 것은 사실상 견디기 힘든 괴로움이었을 수도 있었을 것이다.

더구나 삼국의 상황이 미묘하고 복잡하게 형성되던 시기에, 당시 당나라에서 위세를 떨치고 있던 유식(唯識) 사상에 대한 동경이 스님을 입당(入唐)의 길에 오르게 했지만, 그 길 역시 무모한 시도였다고도 할 수 있다.

당시로서는 새로운 학문인 유식을 배우려고 당나라로 건너가기 위한 스님의 시도는 두 번에 걸쳐 이루어지게 되는데, 처음에는 육상의 길을 택해 고구려를 거쳐 당나라로 가고자 하였다. 이때가 스님의 나이 34세 되던 해였는데, 당시의 적대국이었던 고구려의 요동(遼東)에서 신라의 첩자로 오인 받아 붙잡히는 몸이 되고 말았다. 스님은 어쩔 수 없이 뜻을 이루지 못하고, 어렵사리 몸을 빼내어 간신히 신라로 되돌아왔다.

그러나 스님은 거기에서 포기하지 않고, 11년 뒤 다시 입당하고자 이번에는 서해안의 바닷길을 선택하였다. 하지만 두 번째의 유학길에서 크나큰 깨달음의 계기를 얻게 되었고, 그로 인해 입당을 포기한 채 신라로 발길을 되돌려 저술과 교화로 남은 평생을 보내게 된다.

이와 같은 정치적인 상황과는 달리, 신라에 불교가 전래되어 정착되는 과정에는 백여 년의 시간이 걸리게 된다. 이를테면 눌지(訥祗)왕 대에 전래된 불교는 기존 신앙과의 마찰로 인한 진통을 겪은 뒤, 법흥(法興)왕 대에 이르러 '이차돈(異次頓)의 순교'라는 극적인 사선을 빌미로 하여 공식적으로 공인되게 된다.

원효 스님이 탄생한 시기는 이로부터 다시 백여 년의 시간이 흐른 뒤의 일이다.

불교가 전래될 당시로부터 공인되기까지 불교에 대한 관심은 그리 크지 않았을 뿐만 아니라 교화의 수준 또한 미미하였다. 따라서 불교 사상에 대한 연구 또한 깊이 있는 단계에까지 이르지도 못했다. 다시 말해 당시의 상황은 불교에 대한 이해도 전반적으로 확산되지 아니한 분위기에서, 단지 통일에 대비한 국력의 신장과 왕권의 강화라는 목적 아래 적극적으로 불교를 이용하는 홍보의 차원에 머물고 있었다.

그러나 불교가 공식적으로 인정되고 나서는 국가적 차원의 지원으로 인해 서서히 확산되기 시작하였다. 따라서 불교 사상에 대한 연구도 점차적으로 그 저변을 구축하게 됨으로써 불교이해는 자연스럽게 국가의 이익이라는 세속적 목적과 불교 본연의 출세간적 가치관의 갈등을 빚게 되었다. 다시 말해 이는 국가적 목적 아래 불교가 전파되었지만, 불교의 순수한 교리에 대해서도 관심과 연구를 베풀만한 기반이 조성되었다는 뜻이다.

원효 스님 이후 통일기의 불교가 눈부신 교학 연구로 특색을 이루고 있음을 감안한다면, 이미 이때에 교학 사상 연구에 대한 기반은 형성되었던 것이다. 이는 곧 스님의 젊은 시절은 신라의 불교가 그 정체성의 문제를 두고 다양한 시각을 드러낸 시기였다고 할 수 있다.

그러나 스님의 불교관이 정립되던 시기에, 조국인 신라는 치열한 통일전쟁을 치르고 있었다. 「삼국유사」에 나타난 기록에 의하면, '전사들은 뼈를 부셔 들판을 쌓고, 몸과 목을 마당에 내던지는'

일들이 계속되었다는 사실은 당시 신라 사람들의 생각 속에 국가라는 의식을 지울 수 없었던 상황임을 짐작하게 한다.

뿐만 아니라 신라는 불교를 통하여 국민정신을 순화하고, 불국정토를 구현하려는 의지를 지속적으로 내세웠기 때문에 국가의 이념과 불교는 자연스럽게 밀착되어 국가적인 불교의 성격, 즉 호국불교의 모습을 띄고 있었다.

이를테면 이 땅의 전륜성왕(轉輪聖王)을 자처하며 정법으로 나라를 다스리겠다고 맹세하고 실천한 진흥왕(眞興王)과 세속오계(世俗五戒)로 신라의 젊은이들에게 삶의 지표를 제시한 원광(圓光) 스님, 그리고 황룡사에 호국을 염원하며 구층탑을 건립한 자장(慈藏) 스님 등은 모두 이와 같은 생각을 현실에 접목시킨 본보기가 되었으며, 이것이 또한 국력을 신장시키는 원동력이 되기도 하였다.

이와 같은 상황은 원효 스님에게 두 가지의 상반된 과제를 부과한 셈이었다. 이를테면 호국불교의 이념을 포장해야 하는 과업과 더불어 서민들의 가슴에 진정한 불교의 진리를 알리는 일이었다.

그러나 세속적 목적보다 시급한 문제는 당시의 불교 이해에 대한 복잡한 상황에 있었다. 이는 스님의 「십문화쟁론(十門和諍論)」 서문에 고스란히 나타나 있듯이, 서로 다른 주장과 견해가 강과 바다를 이루면서 자신들의 주장만을 내세우고 있었다는 점이다.

> 여러 가지 서로 다른 논란이 분분하여, 혹은 나만 옳다 하고 남을 그르다 하며 혹은 내 학설을 옳고 남의 학설을 틀린다 하는 단순한 이론만 횡행하고 있어서 쟁론이 강과 바다를 이루고 있다. 「十門和諍論」

어떤 종교이든지 간에 새로운 지역이나 국가에 정착되기까지는 시련과 고통이 있게 마련이라는 사실을 감안한다면, 생명력 있는 종교로 나아가기 위해서는 불교의 본래적 의미를 온전하게 알리는 것이 더 큰 의미가 있을 것이다. 다시 말해 호국불교의 이념을 제시하는 일도 중요하지만, 그보다는 불교이해에 대한 혼란스러운 논쟁을 정리하고 밝히는 일 또한 가벼히 넘길 일은 아니다.

그러므로 스님은 무엇보다도 불교를 올바르게 알리는 일이 급선무라고 생각했다. 이는 스님의 저술 가운데 국가나 사회에 대한 언급이 나타나지 않는다는 것이 그와 같은 사실을 대변한다고 할 수 있다.

거기에는 이미 서민들의 삶 속에 뛰어들어 불교를 전파하는 대중화 작업이 혜숙(惠宿) 혜공(惠空) 대안(大安) 스님들의 행적으로 나타나고 있었다는 사실도 한 몫을 하고 있다. 때문에 스님 역시 불교대중화작업을 자신의 과제로 여겼음이 분명하지만, 불교의 가르침을 올바르게 정립하기 위해서는 무엇보다도 분분한 논쟁을 화합하는 일이 선행되어야 한다고 판단했다.

따라서 스님이 제시하고 있는 화쟁(和諍) 사상과 이로부터 틀을 갖추기 시작하는 회통불교(會通佛敎)는 이와 같은 맥락에서 시작된 것이라고 할 수 있다.

스님이 제시한 화쟁(和諍)과 회통(會通)이 무조건 옳다는 것은 아니다. 그러나 분열과 통합이란 어느 문화권에서도 나타나는 어쩌면 가장 보편적 성격의 하나이지만, 분열과 대립에서 평화와 종합을 지향하는 흐름이 있는가 하면, 반대로 일탈과 파괴로 나아가는 분열적인 흐름이 있는 만큼 어느 방향을 어떻게 제시하느냐는 대단히 중요한 문제이다.

다만 여기서 한 가지 생각해볼 수 있는 것은, 신라가 불교를 공인하게 되는 과정에는 백여 년의 시간을 필요로 했다는 사실과,

이미 그 이전에 전래되었던 유교의 실천적 가치관이 사회적 의식으로 자리 잡고 있었다는 점이다. 다시 말해 통일의 사상적 바탕을 유교적 측면에서 볼 때, 문자교통의 역할로 전래된 선진유교(先秦, 孔子儒敎)의 이념적 영향을 무시할 수는 없다.

그러므로 흔히 신라 불교의 특징에 대해 관음보살의 이타행(利他行)을 존중했다든지 호국불교의 기치를 높이 들었다고 표현하는 것은, 당시의 신라 사회에 널리 통용되었을 실천적 유교윤리와 무관하지 않다는 사실을 고려해야 할 것이다.

이를테면 당시의 사회적 가치관이 유교윤리의 바탕 위에 형성된 것이라면, 신라 불교의 특성을 단순히 대승적인 측면으로만 해석한다는 것은 유교의 실천적 경향을 소홀히 여기는 것이 된다. 다시 말해 신라 사회의 불교 이해에는 오히려 현실 긍정적 영향이 강하게 있었다고 할 수 있다.

이와 같은 분위기를 감안한다면, '일심으로 돌아가야 한다(歸一心願)'는 기치 아래 '모든 중생에게 도움이 되어야 한다(饒益衆生)'는 스님의 주장이 당시로서는 불교를 이해시키기에 매우 시의적절한 것이었음을 알 수 있다. 이는 곧 '일심(一心)'으로 돌아가는 길이 삶의 목표이며 궁극이어야 하지만, 결코 현실을 떠나서 존재하는 것은 아니라는 점을 강조하고 있기 때문이다.

더구나 여전히 교학적인 뒷받침이 미약할 뿐만 아니라 불교가 일부 귀족층에게만 선호되는 귀족불교로 전락할 분위기였다는 점을 생각한다면, 스님이 취한 입장은 대단히 현실적이었다고 할 수 있다.

스님이 몸소 보여주었던 실천수행인 '무애행(無碍行)' 역시 이와 같은 배경 속에서 이해되어야 할 것이다. 이를테면 왕실과 귀족 중심의 불교이해로부터 탈피하고 서민불교로 나아가기 위해, 스님 스스로 서민들의 삶 속으로 들어가기를 주저하지 않았을 것으로 생각된다.

문제는 사람 사는 세상이 다르지 않은데, 사람마다 자기의 세상을 이야기를 하고 있다는 점에 있다. 다시 말해 사람이 사람답게 사는 것이 무엇인가를 생각한다면, 이렇게 살든 저렇게 살든 사는 것은 마찬가지일 것이다. 그런데도 이것이 다르다고 한다. 이를테면 나라를 통틀어 통일을 위한 국력신장에 전력을 다하는 그 치열한 경쟁에서, 정신적 가치나 서민들의 삶이란 무의미하다고 생각할 수밖에 없는 현실이 스님에게는 이해가 되지 않았을 것이다.

결국에는 똑같은 것을 보는 방향에 따라 다르다고 표현하지만, 산다는 것 하나에 이르는 길이 다를 수는 없다. 다시 말해 같은 목적을 향해 가는 길이라면, 길이 다르다고 조금도 허물 될 것이 없다. 사실 사는 방법이야 인간의 수만큼 많을 수도 있다는 것은 저마다 특유한 사고와 취미와 행동양식을 지니기 때문이다. 문제는 보다 지혜롭게 살기 위해, 얼마만큼 서로 이해하느냐에 의해 달라질 것이다.

이와 같은 관점에서 본다면, 신라 사회를 배경으로 하여 꽃을 피운 원효 스님의 삶과 사상은 수행자로서의 본분에 어긋나지 않으면서도 그 학문의 깊이를 현실에 접목시킨 실천적 지성이었다고 할 수 있다. 다시 말해 혼란한 현실 속에서도 불교의 가르침을 오롯이 살려낸 위대한 인물이었다.

3. 생애

원효 스님은 불교가 신라에 공인된 지 90년 만인 진평(眞平)왕 39년(617)에 태어나 신문(神文)왕 6년(686) 70세를 일기로 입적한, 이 나라 역사상 최대의 불교사상가이자 종교가였다.

기록에 의하면 스님의 속성은 '설(薛)'이며, 아버지는 담날나마(談捺乃末, 官位 17階 중 11位)의 관직을 맡았다고 한다. 그리고 스님의 어머니가 유성(流星)이 품으로 들어오는 꿈을 꾸고 임신하여, 그를 낳을 때는 오색의 구름이 땅을 덮었다고 전해 내려온다.

스님은 신라의 압량군(押梁郡) 남쪽(지금의 경북 경산시 자인면) 불지촌(佛地村 혹은 發智村이라 하며, 佛等乙村이라고도 함)의 북쪽 밤골(栗谷) 사라수(裟羅樹) 아래에서 태어났다.

스님의 집이 본래 밤골 서남쪽에 있었는데, 어머니가 그를 임신하고 달이 찼을 때 이곳의 밤나무 밑을 지나다가 갑자기 해산하게 되어 창황 중에 집으로 돌아가지 못하고 남편의 옷을 밤나무에 걸어 자리를 마련하여 스님을 낳았다고 하며, 뒷날 그 나무를 '사라수'라 하였다고 알려진다.

이는 비록 밤나무 밑에서 태어났지만, 밤나무를 사라수라고 기록하고 있는 「삼국유사」의 내용은, 스님을 존경하고 높이 받드는 뜻에서 스님의 탄생을, 붓다가 보리수 아래서 태어났다는 탄생설화에 비유해서 그렇게 표현한 것이다. 다시 말해 이는 스님의 출생을 기이하게 여긴 일연(一然) 스님이, 부처님의 탄생과 동격으로 모시는 마음에서 비롯된 것이라 할 수 있다. 때문에 단순히 발음으로만 보면 '사라수'는 붓다의 탄생설화에 나타나는 룸비니동산의 '사라수(沙羅樹, sala)'와 같다.

그런데 스님의 탄생과 관련된 '사라수(裟羅樹)'의 의미는 글자 그대로 '털옷을 걸어놓은 나무'라는 뜻이 된다. 그래서인지는 몰라도 스님의 이름이 어렸을 때는 '서당(誓幢)'이었고, 자라서는 '신당(新幢)'이라 불렀다고 한다. 이때의 '당(幢)'이 방언으로는 '털'이 되니, 이는 '털옷'과 연관된 의미로서 '신당'이란 곧 '새털'이다.

따라서 스님의 어렸을 적 이름이 아마도 우리말로 '새털'이었을 것이며, 이는 아버지의 털옷 아래서 출생했다는 의미로 붙인 이름이라고 유추할 수 있다.

「삼국유사」를 쓴 일연 스님은, 스님을 존경하고 찬탄하는 마음을 그대로 전하면서 그 위대성을 드러내고자 하였으니, 이를테면 '원효는 태어나면서부터 신비로움이 있었고, 배움에 있어서 스승을 따르지 아니하였다'고 서술하고 있다. 이는 곧 스승과 제자라는 일반적인 사제 전승에 얽힐 수 없는 어떤 과감성과 새로움이 스님에게 있었다는 찬사이기도 하지만, 상식적인 사고를 답습하는데서 비롯한 모든 논쟁은 그야말로 관점의 차이일 뿐이라고 끊임없이 주장한 스님의 불교관을 예고하는 것이기도 하다.

그런데 스님이 언제 어떤 이유로 출가했는지에 대한 흔적은 어디에도 나타나지 않는다. 단지 그 시기를 추정할 수 있는 기록은 「송고승전(宋高僧傳)」의 '상투를 트는 나이에 구도의 문에 들어섰다(丱髮之年惠然入法)'는 것이 전부이다. 이는 곧 머리를 올려 묶는 즉 쌍 상투를 트는 나이(15세 전후)에 출가했다는 뜻이다.

구도의 길에 들어선 이후로는 스승을 따라 한시도 게을리 하지 않고 배움에 정진했다고 한다. 하지만 남겨진 기록으로는 스님이 누구에게서 계를 받았으며 또한 스승이 누구였는지는 알 길이 없다.

「송고승전」에서는 스님이 어렸을 때부터 남달리 영특하여 불법의 깊은 뜻을 깨달음에 있어서 특정한 스승에 의존하지 않았다고 하지만, 여타의 자료들에서는 스님과 관련되어 스승으로 언급될 수 있는 인물들은 나타나고 있다. 이를테면 보덕(普德)스님과 낭지(郎智)스님 그리고 혜공(惠空)스님이 곧 그들이다.

고려 의천(義天)스님의 시에 의하면, 원효는 의상(義湘)과 함께 백제 땅 전주 고대산(孤大山)의 보덕(普德) 스님에게서 「열반경」과 「유마경」을 배웠다고 한다. 그러나 보덕 스님은 고구려 보장왕(寶藏王) 때의 승려로서, 고구려가 도교를 받아들임에 따라 불교가 쇠퇴할 때 백제로 건너가서 「열반경」을 강론했다는 인물이다. 따라서 원효 스님이 보덕 스님에게 사사했다는 내용은 당시 삼국의 상황으로나 여타의 근거로 볼 때, 스승으로 보기에는 문제점이 많다.

그리고 「삼국유사」 '낭지승운(郎智乘雲)'에 의하면, 원효가 반고사(磻高寺)에 있을 때 영취산의 낭지가 그로 하여금 「초장관문(初章觀文)」과 「안신사심론(安身事心論)」을 쓰게 했는데, 원효는 그 글을 지어 낭지에게 전달하면서 글 끝에 '서쪽 골의 사미가 동쪽 산에 계신 큰 바위 같은 대덕에게 머리 숙여 예를 드립니다'고 기록했다고 한다. 이 또한 스님이 낭지를 학덕 높은 노화상으로 존경했던 것으로 짐작되지만, 스승으로 보기엔 미흡한 부분이다.

그러나 「삼국유사」 '이혜동진(二惠同塵)'에는 당대의 신승(神僧) 혜공(惠空)이 만년에 항사사(恒沙寺)에 있을 때, 원효가 여러 경전의 소(疏)를 찬술하면서 어려운 문제가 있을 때는 언제나 혜공에게 가서 질의했다는 기록이 보인다. 여기서 경의 내용을 질의했다는 사실은 곧 스승과 제자의 사이로도 볼 수 있으므로, 혜공 스님이 스승일 수도 있다.

그렇지만 이와 같은 내용들은 단지 추측일 뿐이다. 문제는 스승이 누구인가와 상관없이 초발심으로 분발했다는 점이다. 때문에 「

송고승전」에 의하면, 스님의 학문연마와 수도가 참으로 진지하였으며, 외형적 형식에 얽매이지 않고 오직 불퇴전의 용맹심으로 정진하였다고 한다. 그 결과 스님은 계정혜(戒定慧) 삼학을 통달하고 불법의 진의와 정수를 터득하였으므로, 당시 국내에서는 그를 '아무도 대적할 수가 없는 상대'라고 기록하고 있다.

이와 같이 구도에 열렬한 스님이었으므로 국내에서의 수학에만 만족할 수 없었다. 그래서 당시 당나라에서 성행하던 유식학(唯識學)을 배우고자 의상(義湘) 스님과 함께 두 번에 걸쳐 당나라로 건너가고자 하였다. 그러나 당시의 상황에서 당나라로 가는 길은 매우 어렵고 험난한 여정이었다.

처음 시도한(650년, 34세) 육로여행에서는 고구려를 거쳐 당나라로 가려다가, 고구려 땅 요동(遼東)에서 신라의 첩자로 오인을 받고 붙잡히는 몸이 되어 고생하다가 간신히 신라로 되돌아오게 된다.

이 일을 겪은 뒤에도 입당(入唐)의 길을 포기하지 않고 두 번째의 구도행을 시도하였는데, 이는 661년(文武王 원년) 스님의 나이 45세가 되던 해이다. 이번에는 백제 땅의 서해안 당진을 거쳐 배를 타고 바다를 건너 당나라로 가고자 했지만 연일 내리는 비로 인해 출발이 늦어지면서 하나의 사건을 겪게 되었다. 하지만 바로 이 일을 통해 스님은 크나큰 깨달음에 이르게 된다.

그런데 문제는 바로 이 일이 스님의 삶을 기억하고자 하는 이들에게 있어 다른 누구도 흉내 낼 수 없는 전무후무한 사건이 되어 버렸다는 점이다. 뿐만 아니라 이 일은 두고두고 사람들의 입에 오르내리며, 깨달음을 각성시키는 빌미가 되기도 했다.

이 사건에 얽힌 이야기는 너무도 유명하여 일찍부터 두루 알려졌지만, 안타깝게도 이 이야기의 내용을 전하는 기록은 중국의 문헌에서만 나타나고 있을 뿐이다.

이를 전하고 있는 기록들을 살펴보면, 「종경록(宗鏡錄), 961」에서는 무덤 안에서 '시체가 썩어 고인 물(死屍之汁)'을 마셨다고 서술되어 있고, 「송고승전, 998」에서는 '귀신이 나타났다'고 되어 있다. 이와는 달리 「임간록(林間錄), 1107」에서는 '무덤 사이에서 해골에 고인 물(髑髏水)을 마셨다'고 설명되어 있다. 그러나 깨달음의 내용을 '마음을 내니 여러 가지 만물이 생기고, 마음이 가라앉으니 감실과 무덤이 둘이 아니다(心生故種種法生 心滅故龕墳不二)'고 기록하고 있는 점은 마찬가지이다.

이와 같이 약간씩 달리 표현되어 있기는 하나, 스님이 깨달은 장소가 옛 무덤이었다는 것은 세 기록에서 모두 일치한다. 물론 「종경록」에서는 무덤 안이라 했음에 비해, 「임간록」에서는 무덤 사이라고 하여 약간의 차이는 보이지만 무덤과 관련짓고 있는 것은 다르지 않다.

그러나 깨달음을 일으키게 한 계기에 대해서는 서로 엇갈리는 설명을 하고 있다. 이를테면 「송고승전」에서는, '원효와 의상이 중도에 심한 폭우를 만나 길 옆의 토감(土龕) 사이에 몸을 숨겨 회오리바람과 습기를 피했다. 다음날 날이 밝아서 보니, 해골이 있는 옛 무덤이었다. 하늘에는 궂은비가 계속 내리고 땅은 질척해서 한 발자국도 나아 갈 수 없었다. 이 때문에 그 가운데 계속 머물러 있었는데, 밤이 깊기도 전에 갑자기 귀신이 나타나 놀라게 했다'고 설명하고 있다. 다시 말해 같은 무덤 속이었지만 전날은 토감으로 알았기에 편안히 잘 수 있었는데, 무덤 속에 있음을 알았던 다음날은 두려움 때문에 귀신을 보았다는 경험으로 서술하고 있다.

이에 비해 「종경록」과 「임간록」에서는 무덤 속에서 시체가 썩어 고인 물을 마신 것으로 설명하고 있다. 다시 말해 밤에 심한 갈증으로 웅덩이에 고여 있는 물을 손으로 움켜 마셨을 때 맛이 좋았는데, 이튿날 아침에 그 물이 시체가 썩어 고인 것임을 알고는 심한 구토를 하게 되었다는 내용으로 구성되어 있다.

이러한 세 기록 사이에는 이야기의 구성과 내용의 차이가 보이기는 하지만, 기본적으로 제시하고자 했던 동기는 모두 비슷하게 나타나고 있다. 이를 테면 어두운 밤에 고분을 토굴로 착각했던 것이나, 해골에 고여 있는 물을 혹은 시체가 썩어 고인 웅덩이의 물을 단순히 샘물로 알고 마셨던 일은 사물에 대한 잘못된 이해 즉 착각이었다는 점이다. 또한 날이 밝아 간밤에 토굴로만 생각했던 곳이 해골이 흩어져 있는 옛 무덤 속임을 알았을 때 불안과 공포가 엄습했다고 하는 이야기나, 지난밤에 마셨던 그 물이 시체가 썩어 고인 물임을 알고서는 토했다는 것도 기본주제에서는 크게 다르지 않다.

다시 말해 스님이 겪었던 대상은 그것이 무덤이었거나 물이었거나 간에, 어두운 밤이나 환한 낮에도 같은 것이었다. 그럼에도 불구하고 주관적인 자신의 마음에 따라 그 대상은 전혀 다르게 인식되었던 것이다. 간밤에는 편안하기만 했던 고분이 다음날에는 귀신의 소굴로 변했고, 시원하기만 하던 어젯밤의 그 물맛도 사실을 알고난 아침에는 도리어 역겨웠다.

이와 같은 체험을 통하여 스님은 '세상이 오로지 마음 씀이요, 모든 존재는 오로지 알음알이(三界唯心 萬法唯識)'라고 하는 이치를 크게 깨달았다. 그리고 그 이치를 깨닫는 순간, '마음이 일어나니 모든 것이 생기고, 마음이 사라지니 모든 것이 사라진다(心生則種種法生 心滅則種種法滅)'고 읊었다. 이른바 '세상 만물이 오로지 마음 짓기에 달려있다(一切唯心造)'는 투철한 자각에 이르게 되었다.

이는 곧 사람들에게 익숙한 밤하늘의 별자리가 사실은 사람들의 생각이 만들어낸 허상이라는 사실과 마찬가지이다. 별자리란 서로 관련 없는 별에서 나오는 빛들을 연결한 것에 불과하며, 그것들은 수백만 광년의 차이가 있을 수 있고, 저마다 다른 은하계에 속하는 별들일 수도 있다. 따라서 사람들이 바라보는 빛들은 시간적으로나 공간적으로나 아무런 상호 관련성을 지니지 않는다. 단지 바라보는 사람의 눈에 별자리의 모양으로 투사된 것일 뿐이다. 하지만 그렇다고 해도 그렇게 보는 동안에는 별자리이다.

스님의 이와 같은 깨달음은 이후의 삶에 커다란 전환점을 가져오게 되는데, 이는 곧 진리를 찾는 삶에서 진리를 몸소 실천하는 삶으로의 전환이었다. 때문에 깨달은 이후의 삶을 사람들은 '무애행(無碍行)'이라 부른다.

무애행이란 글자 그대로 걸림이 없는 삶이며, 모든 생명과 함께하는 삶을 말한다. 실제로 스님은 때때로 산사에서 명상에 잠기는가 하면, 뒤웅박을 두드리면서 무애의 노래를 부르고, 천촌만락을 다니면서 어린이들과도 어울리고, 또 어느 때는 거문고를 즐기는가 하면, 술집에서 작부들의 괴로움을 함께 나누기도 하였다. 그런가 하면 나이가 12살이 되어도 말도 못하고 걷지도 못하는 사생아 사복(蛇福)의 친구가 되어주고, 그의 어머니 장례를 치러주는 인상적인 모습도 기록으로 전한다.

요석(瑤石) 공주와의 사이에 설총(薛聰)을 낳은 일도 이 무렵의 일이다. 전하는 바에 의하면, 하루는 스님이 '누가 나에게 자루 빠진 도끼를 줄 것인가. 내가 하늘 고일 기둥을 깎고자 한다(誰許沒柯斧 我斫支天柱)'는 노래를 부르면서 다녔다고 한다. 이에 태종무열왕이 그가 신라의 큰 인재를 산출할 뜻임을 알아차리고, 백제와의 전쟁에서 남편을 잃고 혼자가 된 요석궁의 공주에게 안내하여 설총을 낳았다고 한다.

「삼국유사」에는 서민들의 삶에 뛰어들어 그들과 함께 한 스님의 모습을 상세하게 전하고 있다.

> 원효는 파계하여 설총을 낳은 뒤 속인의 옷으로 갈아입고 스스로 소성거사(小姓居士)라고 불렀다. 그는 광대들이 가지고 노는 큰 표주박과 같은 것을 만들어서, 이를 화엄경의 '일체에 걸림이 없는 사람만이 한 길로 생사를 벗어난다(一切無碍人 一道出生死)'는 구절을 인용하여 무애박(無碍匏)이라 이름 짓고, 무애의 노래를 지어서 세간에 널리 알렸다. 원효는 이 무애박을 가지고 수많은 촌락을 걸어 다니면서 노래 부르고 춤추면서 민중을 교화하였다. 모든 사람이 그의 교화에 감화되어서 붓다의 이름을 알고 나무(南無)라고 칭하게 되었다. 「三國遺事」

이는 곧 형식적이고 낡은 종교적 관습에서 벗어나 그 어떤 틀에도 걸리지 않는 무애 자재한 삶을 살았다는 뜻이다. 다시 말해 모든 사람과 하나가 되고, 그들의 어려움과 고통을 함께 하는 보살의 이상을 실천하는 모습이다. 이러한 스님의 행동으로 인해 신라에는 가난한 백성과 배우지 못한 사람들까지 부처의 이름을 알고 '나무아미타불(南無阿彌陀佛)'을 외우게 되었다고 한다.

달리 말하자면 스님은 깨달음을 통해 얻게 된 세상의 이치를 자신이 스스로 실천함으로서 보여주고자 했다. 이를테면 이 세상의 어느 누구라도 자신이 가진 것에 만족하는 사람은 어디에도 걸리지 않는 바람 같은 삶이 가능하다는 사실이다. 만족할 줄 모른다는 것은 필요하지도 않은 것을 가져야 할 것으로 생각하는 데서 비롯된다. 이러한 생각은 단지 구도자의 삶에만 적용되는 것이 아니라, 보통의 사람들이 생각하는 안락한 생활이거나 쓸모없는 지식에 이르기까지 모두 마찬가지이다.

그러나 스님이 이와 같이 무애 자재한 삶을 살았다고 해서 모든 이들의 존경을 한 몸에 받은 것은 아니었다. 스님이 「금강삼매경론(金剛三昧經論)」의 강론을 마치고, 그 자리에 모인 여러 고승을 질책한 일화는 당시에 스님이 어떤 대접을 받았는지를 시사하고 있다.

> 원효가 왕의 청에 의해 「금강삼매경(金剛三昧經)」을 강설하고자 경의 해석서 5권을 조성하였다. 그러나 이 때 경박한 무리가 그 해석서를 훔쳐 가버렸다. 그래서 원효는 왕에게 그 사실을 알리고, 3일을 연기하여 다시 책을 써서 3권을 완성하였으므로 이를 약소(略疏)라 한다. 그리고 왕과 신하 및 스님과 대중들이 운집한 가운데 법당에서 원효는 그 약소를 토대로 「금강삼매경」을 강설하였다. 그 풀어내는 뜻이 정연하고 강론하는 소리가 장내를 공감하게 하였다. 여기서 원효는 큰소리로 말하기를, '옛날 서까래 백 개를 고를 때에는 비록 빠졌으나, 지금 하나의 들보가 쓰이는 곳에는 오직 내가 홀로 가능하구나'라고 하였다. 이 때 그곳에 있는 고승들이 부끄러워 얼굴을 숙이고 마음속으로 참회하였다. 그런데 이 「금강삼매경」의 약소가 중국으로 들어갔는데, 뒷날 어떤 번역가가 이 약소를 '논(論)'이라고 고쳤다. 「宋高僧傳」

여기서 '서까래 백 개'란 백 명의 고승이 모이는 '백고좌도량(百高座道場)'을 말한다. '백고좌도량'은 백좌강회(百座講會)라고도 하는데, 이는 내란과 외침을 방어하고 제거하기 위해 백 명의 법사(法師)를 초청하여 「인왕반야경(仁王般若經)」을 강독하게 하는 호국불교도량의식이다.

이 백고좌도량은 부정기적인 법회였으며, 신라의 민중과 관련이 있는 서빈 불교의식이 아니라 왕이나 귀족들을 위한 강설법회의 형식을 띤 것으로 국가안위를 위한 일종의 호국 기도 행사였다. 스님은 바로 이 법회에도 초청을 받지 못할 만큼 그의 명성에 대한 시기는 만만치 않았다. 때문에 스님 또한 스스로 속인의 옷을 입고 '소성거사'라고 칭할 정도로, 당시 불교계의 형식적인 내용을 거부하였다.

그런데 스님이 적극적으로 대중교화의 길에 나선 것이 언제부터인가를 정확하게 알 수는 없지만, 아마도 분황사(芬皇寺)에서 「화엄경소(華嚴經疏)」를 편찬하다가 '십회향품(十廻向品)'에 이르러 끝내 붓을 놓은 뒤의 일이라 추정할 수 있다.

회향(廻向)이란 스스로 쌓은 선근(善根)과 공덕(功德)을 모든 이들에게 베풀어 나와 남이 함께 부처가 되기를 기하려는 행위이다. 그러므로 스님이 수많은 저술 가운데서도 「화엄경소」의 '십회향품'에 이르러 붓을 꺾고 다시는 저술활동을 하지 않았다는 점도 그렇고, 「화엄경」의 한 구절에서 따온 '무애'의 의미를 생각해도 그렇다. 다시 말해 대중교화의 행적이 「화엄경」과 어떤 관련이 있다고 생각해도 틀린 말은 아닐 것이다. 따라서 이 이후로 스님은 마을마다 골목마다 다니다가, 다시 절로 되돌아와 만년을 보낸다.

진정한 구도자의 길 그리고 올바른 붓다의 가르침은 괴로움으로부터의 해방을 의미한다. 따라서 세상을 온전한 모습으로 보려면, 사물을 있는 그대로 즉 주관을 개입시키지 않고 받아들여야 한다. 다시 말해 자신의 진정한 본질을 바르게 통찰하고, 마음과 사물의 고정된 실체가 있다는 잘못된 관념에서 벗어날 때, 삶이란 단지 하나의 흐름이며 분화되지 않은 연속적 순간임을 체험하게 된다.

그런데 이와 같은 체험은 이론으로 설명되는 어떤 것이 아니라 체득되어야 하는 상태이다. 이를테면 온전한 깨달음이란 계산하고 헤아리는 인식의 내용이 아니라 온몸으로 느끼는 존재의 상태이다. 다시 말해 구체적인 순간마다 적극적인 감정을 지닌 인간존재 속에서 살아있는 체험이다.

온몸으로 느끼고 실천하며 천촌만락을 다녔기에, 스님의 발길이 닿았던 그래서 훗날 기억할 만한 유적지로 알려진 곳은 적지 않다. 초개사(初開寺) 오어사(吾魚寺) 반고사(磻高寺) 고선사(高仙寺) 분황사(芬皇寺) 혈사(穴寺) 등은 스님이 오래 머물렀던 사찰로서 유명했고, 스님이 깨달았던 곳 즉 직산(樴山)이 9세기 중엽에는 중요한 유적지로 인식되었으며, 10세기 초에는 일찍이 스님이 머물렀던 향성산(鄕城山) 내의 한 절터도 성지로 주목되기도 했다.

이와 같은 기록들을 통해 스님의 흔적을 따라가자면, 스님은 젊은 시절 왕성에서 좀 떨어진 영취산의 반고사에서 수학하였으며, 도성 내의 분황사에서 저술활동을 하였고, 황룡사에서 강설하기도 하였다. 그리고는 오어사를 왕래하기도 하고, 고선사에도 머물렀으며, 마을마다 골목마다 다니면서 대중교화에 온 마음과 온 힘을 한곳에 모으시다가 만년에는 혈사에서 입적하신 것으로 추정할 수 있다.

한편으로 낙산(洛山)에 있었던 관음송(觀音松)과 냉천(冷泉) 또한 스님과 관련 있는 유적으로서, 조선 초기까지는 두루 알려져 있었다. 「삼국유사」에는 관음보살이 여인의 모습으로서 스님 앞에 나타났던 사실을 기록하고 있는데, 이 또한 벼를 베는 여인과 빨래하는 여인 등 두 차례나 모습을 보였다고 한다. 그러나 스님이 그 여인과 문답까지 하고서도 관음보살의 화신인 줄 몰랐으므로, 관음보살은 파랑새로 변하여 스님을 깨우쳐 주려 했지만 여전히 알아차리지 못하였다고 한다. 결국 스님은 낙산사 관음보살의 자리 밑에 놓인 신발 한 짝을 보고서야 앞서 만났던 여인이 관음보살의 신신임을 깨달았다고 기록하고 있다.

이와 같은 기록은 「삼국유사」 외에도 수많은 설화로서 전해지고 있는데, 이는 결국 이 나라 이 산하의 모든 곳이 관음의 도량임을 나타내는 이야기이기도 하지만, 아울러 스님의 흔적이 이 땅의 방방곡곡에 남아 있음을 의미한다고 하겠다.

탑비(塔碑)의 비문에 의하면, 스님은 신문왕(神文王) 6년(686) 춘추 70세를 일기로 혈사에서 입적했다고 한다. 그리고 「고려사(高麗史)」에서는, 고려 숙종(肅宗)으로부터 '화정국사(和靜國師)'의 시호를 하사 받았다고 전한다.

그런데 스님의 최후가 '혈사'였다는 것, 그 곳이 어디인지 모른다는 기록도 흥미롭다. 만약 그가 고승의 대접을 받았다면, 점잖게 문도들에게 둘러싸여 '임종게(臨終偈)'도 한 수 남기고 입적했을 수도 있다.

그러나 스님은 그야말로 그렇게 왔다가 그렇게 가버린 존재였다. 그의 위대성은 훨씬 뒤, 서서히 사람들의 가슴속에 자리 잡게 된다. 경덕왕(景德王)대 흥륜사에 소위 신라 십성(十聖)의 초상을 그려 모실 때, 스님은 제일 웃어른 대접을 받았다.

위대한 인물일수록 그가 무엇을 남기고 어떤 점이 위대하였는가를 묻는다면 한마디로 선뜻 그 위대한 점과 업적을 말하기란 곤란할 수도 있다. 한마디로 말할 수가 없을 만큼 위대하였기 때문이라 할 수도 있는데, 원효 스님의 경우도 바로 이와 같다고 하겠다.

스님이 오늘날 우리에게까지 남겨주고 보여준 교훈이야 한두 가지가 아니다. 얼마나 훌륭하고 위대하였기에 당시 문화의 종주국이며 중화의 대국이라 뽐내던 당나라에서 그의 저술을 「해동소(海東疏)」라고 존칭하였으며, 그의 본소도 아닌 약소(略疏)를 인도의 보살들 저술에나 붙이는 명칭인 '논(論)'으로 칭했을까 하는 점이다.

한 가지 짚고 넘어갈 것은 스님이 혈사에서 70세를 일기로 세상을 떠난 화상이었고, 입적한 뒤에는 그 소상(塑像)을 분황사에 안치하였으며, 신라 열 분의 성인 가운데 한 분으로 흥륜사 법당에 모셔진 사실 등으로 볼 때 그는 거사가 아닌 스님으로 살다가 돌아갔음을 알 수가 있다. 그렇다면 소성거사라고 스스로 이름 지었다는 것은, 실은 파계를 하였기 때문에 속죄의 한 방법으로 그랬다기보다 오히려 대중교화의 방편이었을 알 수 있다.

이는 신라 불교대중화의 선구자였던 혜공 스님이 등에 삼태기를 지고 거리에서 술에 취해 노래를 불렀다는 것이나, 대안 스님이 특이한 옷차림으로 항상 시장에서 동발을 치면서 '대안! 대안!'을 외쳤다는 경우와 마찬가지였을 것이다. 때문에 스님은 대중교화의 일을 마친 뒤에 다시 소성거사 아닌 원효 화상으로 되돌아가 혈사에서 생애를 마쳤던 것으로 볼 수 있다.

이와 같이 본다면 스님이 대중을 교화하고 서민들에게 불법을 알리기 위해 전국 방방곡곡을 돌아다녔던 것은, 그야말로 순수하고도 숭고한 불교대중화의 실천행동이었다고 할 수 있다.

원효 스님의 위대성은 무엇보다도 대승철학에 바탕을 둔 초월적 세계관과 인생관의 정립에 있다고 해도 틀린 말은 아니다. 이를테면 스님이 '일심(一心)'을 강조한 이유는 보이는 세계와 보이지 않는 세계의 양면성을 설명하면서, 현상과 본질이라는 두 가지 가치기준 속에서 늘 본질을 추구하는 삶의 태도를 높이 산 것이다. 물론 이 때의 일심은 피상적인 인식의 대상은 아니지만, 적어도 삶의 목표를 보다 높고 먼 세계로 돌려야 한다는 주장은 당시의 신라 사람뿐만 아니라 오늘을 사는 우리에게도 매우 호소력이 있는 것임에는 틀림없다.

그리고 온몸으로 실천한 보살행 또한 스님의 삶에서 빛나는 부분이다. 뿐만 아니라 스님은 그의 저술인 「보살계본지범요기(菩薩戒本持犯要記)」에서, 형식윤리의 타파에 초점을 둔 수준 높은 윤리관을 제시하고 있다. 이를테면 스님이 말하는 파계의 기준은 결코 독신으로 산다든지, 고기를 먹지 않는다든지 하는 외형상의 문제가 아니었다. 얼마나 일심에 가까운가 하는 것이 판단의 기준이었다. 때문에 스님은 세상 사람들의 풍문에 무심할 수 있었으며, 그들의 판단에 이끌려서 자신의 인생을 허깨비로 살아가지 않을 수 있었다.

스님의 위대성은 이 뿐만이 아니다. 달관된 가치기준으로 일체를 풍미한 무애한 행동의 교화는 그 누구도 뒤따를 수 없는 것이니, 어디에도 걸림이 없이 글을 썼고, 말을 했으며, 행동하였다.

진실한 수도자로서 이와 같은 행동을 할 수 있었다는 사실은 그 깨달음의 세계를 짐작할 수 있게 한다. 때문에 「삼국유사」에서 '세 살 먹은 아이에서부터 뽕잎 따는 노인에 이르기까지 모두 나무아미타불이라는 염불을 외울 줄 알았고, 합장의 미덕을 알았음은 오직 원효 한 분의 공로였다'는 것이야말로 스님에 대한 진정한 찬사이기도 하다.

누구인가를 막론하고 사람은 평화롭게 살고 평온하게 죽기를 바란다. 그러나 온전한 진리를 이해하고 실천한다는 것과, 이와 같은 삶의 가치를 반영하는 사회를 만들 수 있을까에 대한 의문이 우리를 힘들게 하는 것도 사실이다.

그렇다고 해도 그것이 없다면 삶이 무슨 가치가 있겠으며, 편안하게 죽을 수는 있겠는가?

4. 삶의 흔적

원효 스님은 불교사상사에서 볼 때 방대한 저술을 남긴 이로도 널리 알려져 있지만, 그의 사상 또한 모든 이론이나 종파를 초월한 통불교(通佛教)를 천명함으로써 한국불교의 전통을 정초한 사람으로도 더욱 빛나는 인물이다.

그러나 안타깝게도 지금까지 남아 전하는 저술은 겨우 20여 부 23권 정도에 그친다. 여기서 '정도'라고 표현한 것은 그나마도 온전하게 전해지지 않는 것까지를 포함한 숫자이다.

이와 같이 현존하는 저술은 적은 숫자에 불과하지만, 고려 의천(義天) 스님의 「제종교장총록(諸宗教藏總錄)」에 나타나 있는 목록과 여타의 불전(佛典)에서 스님의 저술로 소개한 책의 이름으로 추산한 근거에 의하면, 스님이 저술한 책은 무려 90여 부가 넘는 내용에 240여 권의 목록이 전하고 있다.

이에 따르면 스님이 저술한 책은 경(經)에 관한 것이 34종, 대소승율론(大小乘律論)에 관한 것이 11종, 논(論)에 관한 것이 32종, 기타 제반 교리에 관한 저술이 14종에 이른다.

저술의 내용으로는 대승(大乘) 소승(小乘) 삼장(三藏)을 망라하였으니, 이는 곧 화엄(華嚴) 법화(法華) 열반(涅槃) 반야(般若) 정토(淨土) 법상(法相) 율(律) 유식(唯識) 유가(瑜伽) 중관(中觀) 비담(毘曇) 성실(成實) 등 모든 경론을 두루 섭렵하였음을 의미하고 있다.

불교사상사에 나타나는 위대한 인물 가운데 수십 권의 저술을 남긴 이가 가끔 있기는 하지만, 그 내용으로는 다분히 어느 한 부분의 경론이나 종파에 속하는 견해를 집중적으로 확대 해석하거나 소의경전(所依經典)의 의미를 부연하는 해석서일 뿐이다. 이를테면 원효 스님처럼 보는 경론에 두루 걸쳐 일관된 논지로 그 사상을 펼친 이는 없었다.

흔히 나가르주나((Nagarjuna, 龍樹)를 백부론주(百部論主)라고 일컫지만, 사실 그는 「화엄십지론(華嚴十地論)」「대지도론(大智度論)」「중관론(中觀論)」「십이문론(十二門論)」 등의 부분에 치우쳐 있을 뿐이다. 이는 바수반두(Vasubandhu, 世親)나 아슈바고샤(Asvaghosa, 馬鳴) 역시 마찬가지이다.

단순히 저술의 분량으로만 본다고 해도 원효스님에 대한 놀라움이 그치지 않지만, 그 내용 또한 경률론(經律論)의 모든 부분에 걸쳐 존재의 실상은 온전한 일체로서 서로 융화하며 장애가 되지 않는다는 논리로 일관하고 있다는 점은 매우 감동적이다.

스님의 대표적 저술이라 일컬을 만한 책으로는, 「대승기신론소(大乘起信論疏)」「대승기신론별기(大乘起信論別記)」「금강삼매경론(金剛三昧經論)」「십문화쟁론(十門和諍論)」「열반경종요(涅槃經宗要)」「법화경종요(法華經宗要)」「무량수경종요(無量壽經宗要)」「발심수행장(發心修行章)」「이장의(二障義)」 등을 들 수 있다.

이와 같은 대표적인 저술 외의 나머지 책에서도 마찬가지이지만, 내용적인 면으로는 불교 전반에 걸쳐 해박하면서 방대한 지식을 바탕으로 그의 논리를 체계화하고 있다. 더구나 여러 종파에서 주장하고 있는 대립적인 이론을 화해하려고 끊임없이 노력하고 있는 모습은 그저 놀라울 따름이다. 이는 스님의 어느 저술을 펼치더라도 서로 다른 논쟁을 화해하려는 '화쟁(和諍)'의 논지가 발견되지 않는 곳이 없기 때문이다.

이러한 스님의 견해에 찬탄을 금하지 못하는 이가 비록 한 두 사람은 아니겠지만, 특히 고려의 의천(義天, 1055~1101) 스님은 더욱 그러하였다. 때문에 의천 스님은 분황사(芬皇寺)에 모신 원효 성사의 소상(塑像)에 제를 올리면서, 자신의 생각을 분명하게 밝히고 있다.

> 오직 우리 해동보살께서는 성(性)과 상(相)을 융화하여 밝히셨으며, 고금의 잘못됨(邪曲)을 바로잡아 백가이쟁(百家異爭)의 잘잘못을 분별하시고 일대의 공정한 논리를 펴시었습니다. 신통(神通)은 헤아릴 수 없사옵고 묘용(妙用)은 생각하기 힘듭니다. 이 세상에 살았기는 비록 같으나 그 진리는 더럽혀지지 않고, 빛은 비록 세상과 함께 하면서도 그 본체는 변하지 않았습니다. 그리하여 그 찬란한 이름은 중국과 인도에까지 떨쳤고 자애로운 교화는 온 우주세계를 두루 하시니 찬양함에 있어서 무어라 형용하기 어렵습니다. 저는 일찍이 천행으로 어릴 때부터 불교를 사모하여 선철들의 사이를 두루 살펴보았으나 스님보다 훌륭한 분은 없었습니다.… 계림(鷄林)의 옛 절에서 다행이도 살아계신 듯한 스님의 모습을 우러러 뵈오니 옛날 석가가 설법하신 영산회상에 동참한 듯하옵니다. 義天, 「祭芬皇寺曉聖文」

이와는 달리 호칭을 통해 나타나는 평가를 따진다 해도, 불교사에서 가히 스님을 능가할 이는 없다. 이를테면 당나라에서는 스님을 흔히 '해동법사(海東法師)'로 불렀고, 1250년경에 찬술된 일본의 「고선사성교목록(高仙寺聖教目錄)」에는 스님을 '청구대사(青丘大師)'로 존칭했다는 것은 잘 알려진 사실이다.

또한 의천스님이 스님을 '보살(菩薩)'로 높여 불렀음은 다 아는 일이지만, 이보다 앞서 9세기경에도 '원효보살(元曉菩薩)'이라는 존칭으로 불렀다. 그리고 신라에서는 스님을 '구룡(丘龍)'이라 부르기도 했다는 것은 견등지(見登之)의 저술에 나타난 것이지만,

일본에서도 스님을 '구룡대사(丘龍大師)'로 부른 예는 일본의 원효(願曉, 728~298)와 의연(疑然, 1240~1321)의 저술을 통해 확인할 수 있다.

심지어 「삼국사기」의 편찬자인 김부식은 1125년에 쓴 '영통사대각국사비(靈通寺大覺國師碑)'에서 '원효와 의상은 성인(聖種性)'이라 하였다. 나아가 확실하지는 않지만, 스님이 인도의 보살 진나(陳那, Dignaga, 480~540년경)의 환생이었다는 설도 일찍부터 널리 생겨나 있었다고 한다.

이밖에도 '성사(聖師, 「三國遺事」「義天文集」)', '대성(大聖, 「三國遺事」「高麗史」)', '법사(法師, 「三國遺事」)', '동방성인(東方聖人, 「高麗史」)', '서당화상(誓幢和尙, 「誓幢碑文」)', '고선대사(高仙大師, 「誓幢碑文」)', '거사(居士, 「三國史記」)', '소성거사(小姓居士, 「三國遺事」)', '화정국사(和靜國師, 「高麗史」)' 등으로 스님을 지칭하고 있다.

또한 구전으로 전하는 내용에서는 '백부론주(百部論主)', '초지보살(初地菩薩)', '태사(太師)', '율곡(栗谷)', '색부(塞部)', '해동종주(海東宗主)' 등의 이름으로 스님을 지칭하였다고도 한다.

물론 다양한 존칭이나 이름 자체가 그 인물의 위대성을 단적으로 드러낸다고 단언할 수야 없다고 하더라도, 스님이 남긴 수많은 저술이나 전해져 오는 행적의 기록을 생각한다면, 한국 사상사에서 스님에게 비길만한 이가 없다는 것도 사실이다.

나아가서는 일본 화엄종의 중흥조 명혜상인(明慧上人, 1173~1232)은 스님의 「유심안락도(遊心安樂道)」를 해설한 저술을 내고, '화엄종 조사들의 영정'이라는 6권의 두루마리에 원효 스님과 의상 스님의 일대기를 그리고 있다. 이와 같은 사실은 일본의 불교 사상에 대한 영향을 나타내는 근거라고 할 수 있다.

한편으로 스님이 출생한 곳에 세운 사라사(娑羅寺)나 그의 집을 절로 삼은 초개사(初開寺), 그리고 그의 대명사로도 불리는 연고 사찰인 분황사(芬皇寺) 등을 비롯하여 스님의 이름을 붙였거나 관련이 있다는 사찰이나 암자가 지금까지 알려진 것만도 전국에 70여 곳이 된다는 것은, 스님의 덕화가 전국의 방방곡곡에 걸쳐 뿌리내리고 있음을 알 수 있는 것이기도 하다.

때문에 오늘날에 와서 스님이 수도하였거나 거쳐 간 곳이라 내세우는 사찰이 많은 것은 사실이었지만, 그렇다고 그 사찰들이 모두 스님과 관련되어 있는 것은 아니다. 스님 역시 어느 한 종파의 교조가 되어 자신을 신비화하는 교조주의를 원하지 않았기에, 스님의 이름을 빌어 새로운 사찰들이 끊임없이 만들어졌던 것이다.

문제는 이러한 사실이 스님과 직접적으로 관련이 없다고 해서 스님의 이름을 내세우는 것이 잘못되었다는 것은 아니다. 이는 시대와 상황에 걸맞게 스님의 삶과 실천불교를 따르겠다는 의지를 그렇게 나타내고 있다고 보면, 이야말로 진정으로 위대했던 스님의 위상을 짐작할 수도 있기 때문이다.

제2장 사상체계의 구도

1. 이론과 실천의 조화

일반적으로 한국의 사상이라 표현할 때, 이는 고대로부터 형성된 의식의 내용을 기반으로 불교나 유교와 같은 외래사상을 독자적인 판단체계로 발전시켜온 사상을 말한다. 그러므로 불교를 받아들여 나름대로의 사유체계를 정립한 불교사상이 한국의 사상 가운데 큰 비중을 차지하고 있음은 새삼 말할 나위가 없다.

그런데 한국의 불교사상이 정립되는 과정에는 원효 스님의 사유세계가 지대한 공헌을 했다는 내용은 이미 널리 알려져 있다. 뿐만 아니라 한국 불교의 특징에 대해서 '회통불교(會通佛敎)'라는 표현을 사용할 때, 그 공적의 대부분이 스님으로부터 비롯된다는 사실도 부인할 수 없다.

굳이 이와 같은 시각에서 접근하지 않더라도, 스님의 사상과 실천행동에 대한 연구가 한국 불교사상의 분야 가운데서 비중 있게 다루어져 왔다는 것은 누구나 인정하고 있다. 이와 같이 불교사상에 대한 연구가 스님에게 치중되어 온 것은, 스님의 현존저서가 어느 고승의 것보다 많다는 것이 연구대상으로서의 장점도 지녔지만 그보다는 오히려 탁월한 그의 견해 때문이라는 것 역시 새삼스러운 일은 아니다.

그러나 이러한 사실은 겉으로 드러난 이유일 뿐이다. 정작 중요한 내용은 스님 스스로 독자적인 사상체계를 수립했다는 데 있다. 이를테면 스님은 당나라로 가는 길을 포기하고, 당시 신라에 전해진 불교서적이나 경전 등으로부터 다양한 교리를 섭렵한 뒤 자신의 생각으로 경전들을 해석하고 체계를 바로잡는 일에 전력을 다했다. 때문에 스님의 견해는 중국의 불교에 나타나는 특정한 종파의 교리에 속박되지 않는 입장을 견지할 수 있었다. 다시 말해 스님의 사상은 중국 불교도 아니지만 중국 불교의 아류도 아닌, 이를테면 '원효종(元曉宗)'이라 이름 붙일 수 있는 독자적인 체계를 이루었다.

그러나 기성의 종파적 색채에 매몰되어있던 당시의 불교계는 이를 미처 알아보지 못했다. 때문에 스님의 당대로부터 그 후대에 이르기까지, 스님의 학문적인 높은 경지는 종파적인 독자적 파벌을 이루었다거나 후학들에 의해 대대로 계승되지는 못했다.

고려시대에 이르러 문종(文宗, 11代)의 넷째 왕자로서 출가한 의천(義天) 스님이 왕실의 후원을 바탕으로 교장도감(敎藏都監)을 설치하였고, 거기에서 당시에 유포되던 불서(佛書)의 목록을 총정리한 「신편제종교장총록(新編諸宗敎藏總錄)」을 간행하게 되었다. 그 과정에서 정리된 목록으로부터 원효 스님의 방대한 저술들이 드러난 것이다.

의천 스님은 원효 스님의 탁월한 견해에 놀라움을 금치 못하였고, 이로 인해 스님은 회통불교의 건립자로 재평가되기에 이르렀다. 그리고는 화엄종(華嚴宗) 법상종(法相宗) 천태종(天台宗) 등에서 스님을 제일 높은 어른으로 존중하는 재인식작업이 이루어지게 된다.

뒤늦은 감이 있었지만, 이와 같은 재평가작업의 영향으로 원효 스님의 회동사상은 지눌(知訥) 스님과 서산(西山) 스님으로 이어가는 한국 불교의 맥락에 끊임없이 제기되는 화쟁 정신의 뿌리로 자리 잡게 되었다. 그리고 이후로는 한국불교사상의 원류라는 평가로 인해, 지금까지 국내외를 막론하고 스님의 사상과 행적에 관한 연구들이 헤아릴 수 없이 쏟아져 나왔다.

그런데 이와 같은 연구의 주된 관점은 대부분 '화쟁(和諍) 사상에 관한 연구'이거나 '「대승기신론(大乘起信論)」 계통의 연구', '정토(淨土) 사상과 관련된 연구', '「판비량론(判比量論)」 연구', '「이장의(二障義)」에 관한 연구' 등과 같이, 기존의 종파적인 견해에서 스님의 사상을 수용하는 관점이 주류를 이루고 있다. 다시 말해 이러한 연구의 결과들은 대부분 원효스님의 방대한 사상을 일면적인 시각에서 해석하고 평가하는 관점에 치우쳐 있다.

물론 스님의 사상에 관한 연구가 그 내용의 방대함과 관점별로 다루어야 할 다양함 때문에, 한정된 시각 속에 모두 수용하기에는 어려운 점도 없지는 않다. 그렇다고 해도 지금까지의 연구는 거의 일정한 관점이나 사건에 치우쳐 있다는 것은 사실이다.

따라서 이러한 성과들은 스님의 사상을 '「기신론」의 입장을 따르고 있다'든가 아니면 '여래장(如來藏) 사상의 바탕 위에 세운 체계' 또는 '화엄학(華嚴學)의 체계를 이어받은' 것으로 결론짓거나, '일승불교(一乘佛教)에 입각하여 경론을 주석하고' 있는 것으로 분석하고 있다. 그리고 이와는 달리 걸림 없는 행동으로 나타난 대중불교 운동가로서의 면모를 크게 부각시킨 경우가 나머지의 대부분을 이루고 있다.

이와 같이 관점에 따라 서로 다르게 평가되기도 하지만, 중요한 사실은 전통적인 한국 불교의 흐름이 원효 스님으로부터 말미암아 정립되었다는 시각에는 이의를 제기하지 않는다. 이는 곧 스님의 사상을, 대립의 극복과 조화를 바탕으로 하는 화쟁적인 시각의 바탕 위에 정립되었다는 견해에 그 무게를 두고 있기 때문이다.

따라서 스님의 사상은 '한 종파에 치우치지 않고 통불교(通佛教)의 건설을 이상으로 삼았다'고 하거나, '모든 경론의 취지와 모든 종파의 논쟁이 모두 일심(一心)과 일미(一味)의 진리에서 일어남을 통찰한 회통의 통불교적 사상을 구현한 것'이라고 표현하는데 주저하지 않는다.

사실 스님이 「대승기신론소(大乘起信論疏)」에서 「대승기신론」을 평하기를, '모든 경론을 일관하는', '모든 논의 으뜸이요 모든 논쟁의 해결사(評主)'라는 표현으로 「대승기신론」을 극찬하고 있는 점과, 「대승기신론」에 나타나는 일심이문(一心二門)의 체계 그리고 중관사상과 유식사상을 화쟁하려는 관점을 그대로 이어받고 있다는 측면에서 본다면, 스님의 사상이 「대승기신론」에 뿌리를 두고 있다는 견해는 타당하다고 할 수 있다.

뿐만 아니라 「대승기신론」 자체가 '여래장(如來藏)' 사상을 강조하고 있다는 입장에 서면, 깨달음의 세계를 몸소 구현하고자 했던 스님의 삶과 사상은 「대승기신론」에 바탕을 둔 여래장사상을 펼친 것이라고 주장하는 견해도 그 근거가 없는 것은 아니다.

나아가 스님이 「화엄소(華嚴疏)」에서 정립하였다는 교판(教判) 사상을 빌미로 해서 모든 경전의 최고 위치에 「화엄경」을 두었다는 입장에 근거를 둠으로서, 화엄학의 체계를 받아들인 사람이라는 견해도 타당하다.

그리고 스님이 「법화경종요(法華經宗要)」에서 「법화경」을 해석한 관점으로만 본다면, 일승(一乘) 불교의 확신 아래 일승사상을 바탕으로 해서 모든 경전을 해석하였다는 견해 역시 충분히 설득

력이 있다.

또한 행석의 기록으로만 보면, 귀족불교의 색채가 강했던 신라 사회에서 대중 속에 직접 뛰어들어 서민들에게까지 불교를 전파시킨 행동은 대중불교 운동가의 측면을 부각시켜도 스님의 사상과 삶을 이해하는데 손색이 없다는 사실 역시 충분히 수긍할 수 있다.

뿐만 아니라 스님을 일컬어 '대승(大乘) 소승(小乘) 할 것 없이 두루 인용하고 해석한 사람'이라는 주장 또한 산재한 각종 목록에 의하면 경율론(經律論)이나 대승, 소승 어느 부분을 막론하고 손대지 않은 곳이 없다는 사실이 그것을 말해주고 있다.

그러나 스님의 저술이 정확하게 얼마나 되는지, 나아가 목록에 나타나는 저술들이 실제로 있었는지도 알 수는 없다.

아쉽기는 하지만 지금 남아 전해지는 저술의 내용으로만 볼 때, 「대승기신론」을 해석한 「대승기신론소」에서는 '「이장의(二障義)」를 참조하라'고 부연 설명하는 부분이나, 「금강삼매경론(金剛三昧經論)」에서는 '「대승기신론소」에서 설명하고 있다'는 등의 표현을 사용함으로써 서로 연계시켜 설명하는 부분이 나타나기는 하지만, 근거로 삼은 대상은 주로 「이장의」와 「대승기신론소」에 한정되어 있다.

이와 같이 모든 저술이 서로 연결되어 이해되고 있지 않은 것은 각 경론의 주된 견해에 따라 단지 화쟁적인 관점에서 포괄적으로 설명하고 있음을 의미한다.

따라서 후대의 학자들이 각기 다른 측면으로 원효 스님의 사상체계를 이해하려고 하는 노력은, 어찌 보면 스님의 관점이라기보다는 오히려 이들의 관점에서 본 원효 사상의 부분적인 측면이기도 하다.

그러므로 원효 스님이 펼친 사상의 체계를 온전하게 드러내자면, 스님의 행적을 토대로 하여 사상의 형성에 영향을 준 원리를 유추하는 일이 선행되어야 할 것이며, 이와 더불어 모든 저술에 나타나는 개념을 중심으로 사상체계에 대한 전체적인 구도를 조망해야 할 것이다.

또한 그 과정에서 사상체계의 바탕에 흐르는 화회의 관점이 가능하려면, 각 종파가 받아들이고 있는 교설에 대한 이해가 우선되어야 한다는 전제도 필요하다. 다시 말해 각 종파의 관점에서 붓다의 교설을 깊고 얕음으로 분류하고 해석한 교판(教判)에 대한 스님의 견해가 어떠한가를 알아야 스님의 불교관을 이해할 수 있을 것이다.

그러나 무엇보다 중요한 것은, 스님이 해석하고 있는 인식의 체계 즉 존재와 현상에 대한 관점이 정립되어야 한다. 불교 역시 마찬가지이지만 궁극적으로는 해탈을 목표로 하는 종교이기에 해탈 즉 본래성의 회복은 현상존재의 구조를 밝힘으로써 가능해질 수 있기 때문이다. 그러므로 스님이 현상존재를 어떻게 이해하고 있으며, 나아가 본질과의 관계를 어떻게 연결시키고 있는가 하는 것이 그 핵심이 된다.

이와 더불어 스님의 사상을 올바르게 이해하자면, 스님이 주장한 화쟁의 논리에 대해서도 단순하게 지나칠 수 없는 부분이 있다. 이를테면 스님이 자신의 사상을 정립한 방법이 화쟁적인 관점이라는 의미는, 자신의 견해를 서술하는 기점과 논쟁을 화회시키는 방법론으로서의 관점이 대단히 중요하다는 뜻을 내포하고 있다. 따라서 화쟁의 필요성과 스님의 기준, 그리고 방법론으로서의 원리 등을 알기 위해 스님이 사용한 개념의 의미를 정확하게 이해하는 것 또한 매우 중요한 일이다.

그렇다고 해도 스님이 제시한 현상에 대한 관점이나 본질적인 세계관의 이론이 그 자체로서의 틀 속에 안주하고 말았다면, 이는 곧 지식에 대한 현학적인 취미나 관념론에 치우친 세계 인식의 태도일 수밖에 없다. 이 점에 있어서 스님이 단순히 실천과 분리된 이론의 자기완결성을 고집한 환상적 이론가가 아님은 일연(一然) 스님의 「삼국유사」에 잘 나타나 있다.

다시 말해 이론이란 행동으로 나아가는 토대이자 행동의 통로라는 점이, 스님을 평가하는 데 있어서 나타나는 양면성(학문적인 면과 대중불교운동가로서의 모습)에서 잘 드러나고 있다. 이를테면 스님이 불교의 이상을 하나의 인격으로서 어떻게 구현할 것인가 하는 행위의 문제를 중요시하였다고 할 수 있으니, 이는 곧 이론과 실천의 결부 내지 완성의 의미로서 중요하다.

나아가서는 종교의 일차적 의미라고 할 수 있는 내세의 약속 또한 스님의 사상체계를 이해하는 데 빠져서는 안 될 부분이기도 하다. 다시 말해 스님이 이해하고 있는 정토(淨土)는 무엇이며, 그 길로 나아가는 방법은 무엇인가를 아는 것이 궁극의 귀결이기 때문이다. 아울러 누가 그 길을 갈 수 있는가에 답하는 것으로부터 스님이 세운 사상체계와 실천적인 삶의 구도가 완성된다고 할 수 있다.

2. 사상의 정립

(1) 유심(唯心)과 유식(唯識)

원효 스님이 활동을 하던 시기는, 신라가 불교를 공식적으로 인정한 지도 백여 년이 지나 바야흐로 교학에 대한 연구가 깊이 있게 행해지던 때이다. 따라서 이 기간에는 불교의 교리에 대한 인식의 지평을 넓혀가기도 했지만, 서로 다른 이론들로 인해 다양한 주장이 난립하는 시대이기도 했다.

이러한 상황과 환경 속에서 구도(求道)에 전념했다는 점을 고려한다면, 스님의 사상이 형성되어진 배경을 유추할 수 있는 사건이 스님의 행적에서 나타나고 있다는 사실을 발견할 수 있다.

그것은 다름 아니라 두 번씩이나 당나라로 건너가고자 했던 이유가 그 하나일 것이며, 또 다른 계기는 무덤 속에서 깨달음을 얻었을 당시에 읊었다는 '오도송(悟道頌)'에 관한 내용이다.

> 원효가 의상과 더불어 입당하고자 한 것은, 삼장(三藏)과 자은(慈恩) 법사의 학문을 흠모하였기 때문이다. 「宋高僧傳」

이는 스님이 위험을 무릅쓰고 당나라로 건너가고자 했던 이유를 밝히고 있는 유일한 기록이다. 이에 따르면 스님은 당시 당나라에서 새롭게 해석되고 있던 '신유식학(新唯識學)'의 흐름을 이미 알고 있었다는 것이며, 아울러 이에 대한 관심이 높았다는 사실을 말해주고 있다. 때문에 이 새로운 학문에 대한 궁금증과 탐구열에서, 당시로서는 적대국을 거쳐야 갈 수 있는 입당의 어려운 결단을 내렸던 것이다.

그리고 또 하나는 두 번째의 입당시도에서 겪은 사건으로 말미암아 깨달음을 얻고 난 뒤 읊었다는 '오도송'의 내용이다. 이는 기록마다 약간씩 다르게 전하고는 있으나, 깨닫고 난 뒤의 심경을 표현했다는 오도송이 일체유심(一切唯心)의 원리로 그 근거를 삼고 있다는 점이다.

> 마음을 내는 까닭에 만물이 생기는 것이고, 마음을 거두면 무덤과 토굴이 둘이 아니다. 그리고 삼계는 오로지 마음이요 만법은 오로지 알음알이이다(心生故種種法生 心滅故龕墳不二 又三界唯心 萬法唯識). 「宋高僧傳」

여기에서 언급되는 '삼계유심(三界唯心)'이란 「화엄경」 대지품(大地品)에 나타나는 '삼계란 오로지 일심이다(三界所有唯是一心)'는 구절과 다르지 않으며, '만법유식(萬法唯識)'은 글자 그대로 유식사상을 드러내는 표현이다. 그러므로 오도송의 두 구절은 곧 '유심(唯心)'과 '유식(唯識)'의 도리를 거듭 밝히고 있는 셈이다.

당나라로 가는 도중에 깨달음의 계기를 얻어 이와 같은 오도송을 읊었다는 사실은, 달리 생각해보면 스님이 깨달았을 당시의 불교 이해를 가늠할 수 있게 한다. 다시 말해 깨달음이란 일반적으로 어느 정도의 학문적 체계와 수행의 실천이 겸비되었을 때 가능하다고 한다면, 스님의 깨달음에는 이미 '유식'과 '유심(화엄)'의 이치가 바탕이 되었다고 할 수 있다.

이와 더불어 「대승기신론」의 관점을 자신의 사상체계로까지 인용하고 있음은 이미 잘 알려져 있는 사실이지만, 여기에서 유식사상을 중요한 논거로 인용하고 있는 내용이 「대승기신론소」에서 그대로 나타나고 있다.

뿐만 아니라 스님의 불교관이 잘 드러나고 있는 「대승기신론소」나 「금강삼매경론」, 그리고 여타의 저술에서 구체적인 근거나 부연 설명이 필요한 경우, 유식의 이론을 다룬 '「이장의(二障義)」를 참고하라'는 표현을 사용하고 있음을 상기한다면, 사상체계의 바탕에는 유식(唯識)이 상당한 영향을 끼쳤다고 추정할 수 있다.

나아가서는 「대승기신론」 관계 저술과 「금강삼매경론」에는 스님의 독특한 관점이 나타나고 있는데, 이를테면 '여래장(如來藏)'과 '식(識)과 본각(本覺)' 그리고 시각(始覺)의 이론이 체계적으로 정리되어 있다. 다시 말해 '팔식(八識)'이란 개념을 인용하고 있지만, 아울러 '암마라식(庵摩羅識, 「금강삼매경론」)'과 아뢰야식(阿賴耶識)의 진여문(眞如門, 「대승기신론소」)이 본질적인 개념으로 제시되고 있다.

이와 같은 내용 또한 스님이 유식(唯識) 사상을 적극적으로 활용하고 있음을 의미한다.

그러므로 스님의 사상체계에 관하여, 어떤 이는 '원효의 「대승기신론」과 관련된 저술이 그의 진속원융무애(眞俗圓融無碍) 철학이 성립되는 이론적 과정을 보여주는 것이라면, 「금강삼매경론」은 이러한 이론을 바탕으로 한 일미관행(一味觀行)의 실천원리를 제시한다'고 주장하기도 하지만, 사상의 골격이 「대승기신론」 관계 저술과 「금강삼매경론」의 구도로 이루어졌다고 해도 그 바탕에는 '유식'과 '화엄'의 이론이 전제되고 있다는 점을 부인할 수는 없다.

(2) 일심(一心)

원효 스님은 무엇보다도 일체중생이 동일한 깨달음(同一本覺)의 바탕을 지니고 있다는 사실을 강조하고 있다. 하지만 이를 주장하기 위해서는 여타의 주장에서 언급되는 본질적인 개념보다 포괄적인 내용을 지니는 본질이 전제되어야 한다. 다시 말해 기존의 이론들이 제시하는 본질을 모두 포섭하는 입장이 선행되어야 한다.

> 일심(一心)은 온갖 더러움(染)과 깨끗함(淨)의 모든 존재(法)가 의지하는 바가 되므로 곧 모든 존재의 근본이다. 「金剛三昧經論」

스님은 「대승기신론」의 해석에서 중관(中觀, 空)과 유식(唯識, 識)이 서로 다른 관점에서 성립된 사상이라 하더라도 이들의 근원은 일심(一心)을 벗어날 수 없다고 하였다. 그리고 이와 같은 확신을 「금강삼매경론」의 체계로까지 연결시키고 있다. 이는 곧 모든 것의 본질은 자연스럽게 일심(一心)에 귀결된다는 의미를 내포하고 있다.

> 「대승기신론」은 깨달음을 얻고자 마음을 내는 일과 실천 수행에 장애가 되는 두 종류의 의심을 제거하기 위해서 일심(一心)을 내세우고, 두문(眞如門과 生滅門)을 열게 된 것이다. 「大乘起信論疏幷別記」

구체적으로 '진여문'이란 일심(一心)이 지닌 맑고 깨끗한 본래성(自性)으로서, 이는 중관계(中觀系)의 입장을 옹호한 것이다. 그리고 '생멸문'이란 생멸(生滅)하기도 하고 더러움에 물들기도 하는 측면으로서의 일심이 지닌 성질로서, 이는 유식계(唯識系)의 입장을 포섭하고 있다.

물론 이와 같이 해석하는 관점이 스님의 독창적인 의도라고는 할 수 없다고 하더라도, 「대승기신론」을 받아들인 견해라는 점은 분명하다.

문제는 일체중생의 알음알이는 팔식(八識)이지만, 팔식의 배후로 제시한 암마라 즉 아홉 번째의 식(識)을 수용하고 있다는 것은 중생이 지닌 심성의 체가 아홉 종임을 인정함으로써 유식에서 지칭하는 궁극적인 경지를 부정하지 않는다는 점이다.

> 본각(本覺)이 바로 암마라식(庵摩羅識)이다. 본각을 얻는다는 것은 바로 암마라에 들어간다는 의미이다. 「금강삼매경론」

이와 같이 신구(新舊) 유식학을 모두 받아들였기 때문에 '여래장식(如來藏識)'에서부터 아뢰야식(阿賴耶識)과 암마라식(庵摩羅識) 등의 구식(九識) 사상을 모든 저술에서 인용하기도 한다.

이는 스님이 자신의 견해를 논증하기 위해서는 종파와 상관없이 다양한 이론을 모두 활용했다는 사실을 반증하고 있지만, 마찬가지로 유식의 내용을 사상 형성의 근거로 인정한다고 하더라도 유식과 유심의 이론에만 치우치지는 않았음을 보여주는 것이기도 하다.

이와 더불어 스님은 「대승기신론」의 핵심이 '여래장 사상'을 강조한 점에 있다는 견해를 취하고 있는데, 이는 '생멸문'을 해석할 때 '여래장'이란 개념을 적용하여 생멸이 여래장을 근거로 드러난다는 의미에서 이다.

> 상(相)과 용(用)이라고 한 것에는 두 가지 뜻이 포함되어 있다. 첫째는 능히 여래장 가운데서 한량없는 체성(體性)의 공덕상(功德相)을 보여주는 것이니 이는 곧 상의 큰 뜻이다. 또한 여래장의 불가사의한 업용(業用)을 보여주는 것이니 이는 용의 큰 뜻이다. 「大乘起信論疏幷別記」

'여래장(如來藏, Tathāgatagarbha)'이란 여래태(如來胎)로서,

이는 부처를 의미하는 '여래(Tathāgata)'와 모태와 태아 둘 다를 뜻하는 '상(藏)' 또는 '태(Garbha)'의 합성어이다. 따라서 여래장은 '그 태내에 부처를 잉태하고 있는 것'과 '성장해서 부처가 될 태아'라는 두 가지의 의미를 내포하고 있다. 그러므로 여래장은 인간이 본래부터 가지고 태어나는 '부처가 될 수 있는 가능성'을 일컫는 말로서 본질적으로는 불성(佛性) 또는 진여(眞如)와 동일한 개념이 된다.

여래장 사상은 깨닫지 못한 사람(凡夫)의 마음이 비록 현실적으로는 미혹(迷惑)과 더러움에 뒤덮여 있지만 청정한 본성(自性淸淨心)은 수행에 의해서 드러날 수 있다고 한다. 그리고 청정한 본성을 전부 나타내게 된 상태가 여래인데, 이와 같이 인간의 미혹과 깨달음의 관계를 여래장으로 설명하는 이론이 여래장연기설(如來藏緣起說)이다.

이는 중국의 법장(法藏) 스님이 그의 저서 「대승기신론의기(大乘起信論義記)」에서, 인도 전래의 불교를 네 종파로 나누는 가운데 「대승기신론」을 '여래장연기'를 중시하는 종파로 분류함에 따라 이 사상을 하나의 독립적인 이론으로 인정하게 되었다. 따라서 법장 스님의 견해에 의하여 인정된 '여래장연기설'이, 오늘날 여래장 사상을 인도 불교 상의 독립된 한 분야로 보게 된 근거가 된다.

때문에 「대승기신론」을 받아들인 원효 스님의 견해에 대하여, '원효의 불교학은 「대승기신론」의 여래장설에 토대를 두고 형성되었다'고 보는 입장이 있는 반면, '일심이문(一心二門)의 구조에 나타나는 원효 사상의 핵심개념을 여래장이라 할 수 없다. 여래장은 일심의 본원을 밝히고 지향하는 과정에서 적절하게 활용될 수 있는 잠재력과 가능성을 중생이 본래부터 갖추고 있음을 확인시켜주며, 일심과 이문의 상관관계에서 적절한 역할을 담당하는 보조 개념이다'라고 주장하는 견해도 있다.

특히 후자의 견해는, 후대에 이르러 일관된 체계로 정립된 여래장사상에 입각하여 스님의 사상을 일방적으로 여래장설의 체계로 접목시키려는 위험성이 있다고 보는 입장이다. 다시 말해 여래장사상에 필요 이상으로 기울어질 선입견을 경계하고 있다.

이와 같이 스님이 「대승기신론」을 수용하는 관점을 다르게 받아들이기는 하지만, 스님 또한 여래장의 중요성을 인정하였다는 점에서는 상반된 견해가 있을 수 없다. 다시 말해 스님에게 있어서의 일심(一心)의 생멸문은 곧 '여래장'이기도 하지만, 법장 스님이 '여래장연기종(如來藏緣起宗)'을 독립된 종파로 분류하는 데는 원효 스님의 영향을 받았다는 사실을 무시할 수 없기 때문이다.

그러나 이론과 실천이라는 전체적인 구도로서 '일심'이 여래장과 연관됨을 강조한 이유는, 단순히 이론을 위한 이론만이 아닌 실천을 중요시했기 때문이다. 따라서 스님이 여래장 계통의 사상에만 집착하지도 않았지만 실천에 도움이 되는 이론이라면 모든 것을 자유롭게 받아들였다는 점에서 보면, 스님의 입장을 단순히 '여래장연기종'이라는 관점에 한정시킬 수는 없다. 이는 원효 스님의 일심이 여래장만을 의미하는 것이 아니기 때문이다.

따라서 원효 스님이 「대승기신론」의 해석에서 여래장사상만을 강조했다고 한다면 이는 한편으로 치우친 평가가 될 것이며, 그렇게 된다면 법장 스님의 관점과도 크게 다를 바 없게 된다. 그러나 원효 스님이 실천을 중시한 입장을 고려한다면, 여래장을 실천 이론의 개념으로 중요하게 인정한 점은 부인할 수 없다.

이와 더불어 스님은 생멸문을 유식(唯識)의 제8식(阿賴耶識)에 해당되는 것으로 해석하고 있는데, 이와 같이 유식에서 사용하는 '팔식설'을 그대로 수용하여 「대승기신론」에 대비시킨 것은 원효 스님이 처음이라 할 수 있다.

「대승기신론」을 유식의 팔식설(八識說)을 대비시켜 해석한 관점은 「담연소(曇延疏)」나 「혜원소(慧遠疏)」에서도 나타나기는 하지만, 이는 「섭론(攝論)」과 '지론파(地論派)'의 입장을 따르고 있을 뿐이다.

원효 스님은 진여(眞如)를 '말로 표현하는 진여(依言眞如)'와 '말을 떠난 진여(離言眞如)'로 나누어, 유식의 팔식설을 '말로 표현하는 진여(依言眞如)'에 대입하고 있는데, 혜원 스님 등에게서는 이러한 구분이 없기 때문이다.

원효 스님이 생멸문을 '제팔식'으로 대비시킨 것은, '말을 떠난 진여'와 '본각(本覺)이 말로 표현하는 진여를 포섭하는 위치에 있음을 드러내기 위한 것'이라 할 수 있는데, 이는 말할 것도 없이 '일심(一心)'에 포괄적인 의미를 부여하기 위해서이다.

> 등각위(等覺位)에 도달해도 오히려 생멸(生滅)이 있으며, 팔식(八識) 내에 있는 물든 마음(染心)의 근원을 소멸시키지 못한다. 이제 묘각위(妙覺位)에 도달하면 영원히 생멸을 떠나 본각(本覺)인 일심(一心)의 본원에 돌아가는 까닭에 구식(九識) 중의 명정(明淨)에 들어간다. 「金剛三昧經論」

분별없는 지혜(無分別智)라야 본각을 깨달으며, 보살의 단계마다 더욱 지혜가 자라나서 모든 더러움을 정화하였기 때문에 '구식명정(九識明淨)'이다. 그러므로 본각이 곧 제9식이다.

여기에서는 마음의 분별이 없으며 경계에 따라 움직이지 않으므로 오염의 칠식(七識)도 생기지 않고, 말나(末那)의 네 가지 의혹도 나타나지 않는다. 따라서 아뢰야식(八識)의 세계는 아직도 나고 사라지는 마음(生滅心)과 물든 마음(染汚心)이 있는 상대적 세계이지만, 암마라식(庵摩羅識)의 경지야말로 오로지 진리의 세계이다.

이와 같은 구도로 체계화하고 있는 「대승기신론」에 대한 견해가 「금강삼매경론」과 그 궤를 같이하고 있으므로, 「금강삼매경론」에서 언급하고 있는 '암마라식' 또한 팔식(八識)을 넘어서는 심층적 인식으로서의 의미를 부여한 것이 된다. 따라서 원효 스님의 인식론은 '구식설(九識說)'과 '본각(本覺)'에서 완성된다고 할 수 있다.

다시 말해 '구식설'은 스님의 사상체계에서 인간 인식의 형성에 관한 이론으로 정립된 것이며, 본각에로의 단계는 인식의 발전과정에 대한 논리가 된다. 그러므로 '팔식(阿賴耶識)'이 총체적 의식이라면, '구식(九識)'은 세계의 본질을 인식하는 식(識)이다. 따라서 현상세계는 '팔식'으로 능히 인식될 수 있으나, 현상세계의 배후에 있는 본질세계를 이해하려면 '구식(庵摩羅識)'이 없이는 불가능하다.

때문에 스님은 「금강삼매경론」을 비롯한 여러 저술에서 '암마라식'을 언급하면서, 이는 자체가 본래 깨끗한 의식으로 세계의 근원을 이루고 있는 진여의 본체를 인식하는 식이라고 한다. 그러므로 '팔식'과 같이 불순한 것이 뒤섞여 있는 식으로는 진여 본체를 인식할 수 없으며, 오로지 '암마라식'과 같은 순결하고 고도로 정화된 식의 작용이 있어야만 가능하다는 것이다.

이와 같은 입장은 결국 의식의 흐름을 심층적으로 분석할 때 청정한 식이라 불려지는 '구식(九識)'이 '팔식'을 포섭하기는 하지만, 그 자체가 지금까지 언급된 모든 식을 넘어설 뿐만 아니라 초감성적인 식(識)이라는 의미까지 부여한 것이 된다.

이는 곧 근원적인 것을 무엇이라 부르든 간에, 이를 설명하는 수식어에서 이것은 '무한하고 형체가 없고 변함없고 어디에나 있으며 보이기도 하고 보이지 않는' 것이라는 표현이 덧붙여지는 이유와 마찬가지로, 이와 같은 그 무엇에는 만물에 깃들여 있는 원리로서의 의미가 내재되어 있다.

그런데 문제는 이것이 불성(佛性)과 구별되는 것이 아니라는 점이다. 뿐만 아니라 이것은 모든 사람이 지칭하는 심층의 의식까지 포용하는 것이기도 하다.

결과적으로 원효 스님 역시 본질적인 그 무엇을 '일심(一心)'이라고 언급하는 순간, 이것이 이미 하나의 개념이 되어버림을 모르지는 않았다고 할 수 있다. 마찬가지로 이를 '공(空)'이라 해도 그 순간 이미 공이 아니기 때문이다. 그렇다고 아무런 말도 하지 않는다면 이는 오히려 문제일 것이고, 또한 어떻게 표현한다고 해도 당황하기는 마찬가지이다. 그렇기 때문에 스님은 일심(一心)의 해석에 '암마라식'의 이론을 인용하여 포괄적인 의미를 부여하고 있다.

제3장 회통(會通)의 기본 논제

'일승(一乘)'이란 모든 중생이 남김없이 성불할 수 있다는 주장으로서, 이는 성불의 가능성을 세 가지의 다른 길로 설명하고 있는 기존의 삼승(三乘)에 대응하여 나타난 이론이다. 여기에서 '승(乘)'이란 '탈 것'이란 의미로서, 궁극적 경지인 깨달음의 세계로 가기 위해 의지해야 하는 가르침의 비유이다.

삼승이란 구체적으로 성문승(聲聞乘), 연각승(緣覺乘), 보살승(菩薩乘)을 일컫는데, 이 가운데 성문승은 사성제(四聖諦)의 법문에 의지하여 아라한과(阿羅漢果)에 이르는 부류로서, 이는 초기불교의 이상을 나타내고 있다. 그리고 연각승은 십이연기법(十二緣起法)의 이치를 깨달아 벽지불과(辟支佛果)에 이르는 부류로서 독각승(獨覺乘)이라고도 하는데, 이는 부파불교 시대의 이상을 드러낸다. 나아가 보살승은 대승(大乘)의 구도자가 의지해야 할 육바라밀(六波羅蜜)의 법문으로 무상보살(無上菩薩)에 이르는 부류로서, 초기 대승불교의 이상을 제시하고 있다.

이와 같이 교리의 발전에 따라 등장하는 이상적 인물과 그들이 의지하는 가르침에 따라 삼승이 나타났다. 그러나 이와는 달리 「법화경(法華經)」에서는 진실한 것은 오로지 일승(一乘)뿐이라고 하며, 성문승이나 연각승 그리고 보살승의 삼승으로 나눈 것은 오직 일승으로 나아가기 위한 방편이라고 한다. 따라서 궁극적으로는 일불승(一佛乘)이어야 한다고 주장한다.

「법화경」에서는 이를 이해시키기 위해 네 종류의 수레로서 비유하고 있는데, 이를테면 첫 번째는 힘이 약한 '양이 끄는 수레(羊車)'를 비유로 들어 초기 불교의 이상이었던 성문(聲聞)을 상징하고 있다. 다음으로는 양보다는 힘이 나은 '사슴이 끄는 수레(鹿車)'로서 부파불교 시대의 이상이었던 연각(緣覺)을 비유하고 있으며, 세 번째로는 보다 많은 짐을 실어 나를 수 있는 '소가 끄는 수레(牛車)'로서 초기 대승불교 시대의 이상이었던 보살(菩薩)을 상징하고 있다.

그러나 여기에서 그치지 않고, '크고 흰 소가 끄는 수레(大白牛)'를 등장시키고 있으니, 이것이 곧 「법화경」의 핵심 사상인 불승(佛乘) 또는 일승(一乘), 일불승(一佛乘)을 나타내고 있다. 이는 곧 '탈 것'으로서의 수레의 의미는 모두를 태울 수 있어야 한다는 뜻이다.

「법화경」은 이와 같은 비유를 통해, 성문 연각 보살이라고 하는 세 부류의 교설은 결국 일승(一乘)으로 인도하기 위한 방편이라고 주장한다. 다시 말해 붓다의 다양한 교설 자체가 결국에는 중생의 교화를 위한 방편이므로 진실의 세계인 일승을 드러내기 위해 중생의 근기에 따라 삼승이라는 도구를 빌렸을 뿐이라고 한다. 따라서 셋의 방편을 버리고 진실의 세계로 돌아와 하나가 되어야 함을 강조하고 있는데, 이것이 곧 회삼귀일(會三歸一)이다.

이와 같은 일승사상을 천명하는 대표적인 대승경전으로는 「승만경(勝鬘經)」「반야경(般若經)」「열반경(涅槃經)」 등이 있지만, 이 가운데서도 「법화경」이 가장 적극적이라고 할 수 있다. 이를테면 「법화경」 '방편품'에 나타나는 '시방의 불국토 가운데 오직 일불승만이 존재한다. 둘도 셋도 없다'는 표현이 일승사상을 대변한다고 할 수 있다.

삼승(三乘)을 인정할 수 없다는 일승사상은 처음부터 초기불교와 부파불교의 교설을 넘어서려는 시도에서 나타난 견해이지만, 일승사상의 핵심은 성불할 수 없는 존재를 인정하지 않는다는 데 있다. 따라서 이는 삼승 사상에서 성불할 수 없는 존재로서의 무성(無性) 즉 일천제(一闡提)를 허용하고 있는 것과는 다르다.

그러므로 성불의 가능성에 대한 문제는 자연스럽게 성불의 가능성을 결정하는 원리로서의 '여래장(如來藏)' 또는 '불성(佛性)'이란 개념을 부각시키게 되었을 뿐만 아니라 성불 가능성의 문제는 곧 불성의 유무(有無)에 대한 논란으로 연결되어 '불성논쟁'을 불러일으켰다.

그러나 이는 사실 여래장을 중심으로 하는 '유심계(唯心系)'의 이론과 아뢰야식을 중심으로 하는 '유식계(唯識系)'의 사상이 대립한 것으로, 구체적으로 불성(佛性)이란 '본래부터 갖추어진 것인가' 아니면 '새롭게 형성되는 것인가'에 대한 논쟁으로부터 비롯되었다.

하지만 이러한 견해 역시 중국으로 건너오면서 복잡한 양상을 띠게 된다. 이를테면 「법화경」에서 제시하는 일불승(一佛乘)이 삼승에서 언급하는 보살승과 '같은가' 아니면 '다른가'라는 문제와 더불어 오직 하나만이 존재하는 절대적인 일승과, 삼승을 통합하고 내포하는 일승과의 동이(同異) 문제와 같은 논쟁의 빌미들이 제기된 것이다.

논란의 발단은 「유마경(維摩經)」에서 성불할 기약이 없는 '성문승'의 부류를 따로 분류한 데서 비롯된 것인데, 이는 붓다의 본래 취지에서 누락되는 존재가 있다면 완전한 대승(大乘)일 수 없다는 반론을 불러일으켰다. 따라서 성불할 수 없다고 한 성문승이나 독각승 모두 성불할 수 있다는 이론이 제기되면서, 성불의 확신에 뒤이어 모든 중생이 여래의 씨앗을 지녔다는 '여래장설'도 논리적인 체계를 갖추게 된다.

이와 같이 다양한 논쟁들은 결과적으로 붓다의 가르침에 충실하고자 했던 수행자들을 혼란스럽게 만들었으며, 원효 스님 역시 이러한 문제의 심각함을 깊이 느끼고는 무엇보다도 먼저 논쟁의 관점을 파악하여 이를 소통시키는 일이 우선되어야 한다고 판단했다.

이는 비단 일승(一乘)의 문제에만 그러한 것이 아니라, 모든 종파의 견해들에 대해서도 마찬가지였다. 이를테면 화회(和會)의 시각에서 다양한 주장들을 수용하고자 했으니, 이것이 곧 스님의 사상체계를 관통하는 기본적인 관점이 된다.

문제는 화쟁을 통해 견해를 달리하는 논쟁들을 소통시키고자 그들을 비판하고 또 그 비판에서 그쳤다면, 스님 역시 자신의 주장만 옳다고 내세우는 이들과 마찬가지로 동어반복의 모순을 범한다는 점에 있다. 다시 말해 기존의 이론들이 지닌 문제점에 대해 비판적인 견해를 제시한다고 해서 화쟁이 되는 것은 아니다. 때문에 스님은 종파들의 이론을 비판하여 논파하기도 하지만, 궁극적으로는 실천적 관점에서 각각의 이론이 방편적으로는 훌륭한 가치를 지니고 있다고 인정하고 있다.

이와 같은 방법이 화쟁의 논리적 특징이라고 한다면, 이는 화쟁의 가능성을 전제할 수 있는 근거로서의 이론이나 관점이 이미 정립되어 있었음을 반증하는 것이기도 하다.

때문에 스님의 사상을 두고, '원효사상의 기본입장은 일승(一乘)과 화쟁(和諍)이다'고 정의하는 사람이 있는가 하면, '원효는 「법화종요(法華宗要)」에서 중생과 부처가 둘이 아니요, 본질(眞)과 현상(俗) 또한 둘이 아니라는 보편주의를 천명하여', '여래장(如來藏) 사상의 기본원리를 강하게 확인하고 있을 뿐만 아니라, 중생이 곧 부처라는 신념을 굳건히 한 것이다'고 주장하는 사람도 있다. 나아가 '원효의 교판관(敎判觀)은 여래의 여러 가지 방편의 가르침이 모두 일불승(一佛乘)의 원리에 있음을 드러낸 것'이라는 견해도 제시되고 있다.

이와 같은 견해들은 각기 나름대로의 입장에서, 스님의 사상을 연구한 결과로서 나타난 표현들이다. 그런데 이러한 견해들을 종합해보면, 스님이 자신의 논지를 화쟁으로 일관한 것은 단순히 논쟁을 화해하기 위해서라기보다 일체의 중생이 모두 성불할 수 있어야 하기 때문에 그것을 전제하고 있다고 볼 수 있다. 이는 스님이 화회의 논거로 빈번히 사용하고 있는 표현에서도 여실하게 나타난다.

> 붓다의 모든 가르침은 듣는 이의 능력에 따라 설명한 것이다(一切言教 隨機所說). 「涅槃經宗要」

논쟁이란 모두 붓다의 교설이 방편임을 이해하지 못함으로써 생긴 우열의 시비일 뿐이라는 뜻이다. 이는 곧 붓다의 설법 자체가 깨달음의 세계를 제시하는 방편임과 마찬가지로, 모든 종파의 여러 가지 이론 또한 마치 소경이 코끼리를 표현하는 것과 같다는 의미이다. 따라서 어느 한 이론도 틀린 것은 아니지만, 그렇다고 자신의 이론만이 옳다는 식의 집착은 결국 편견이라 논파하고 있다.

불교 사상사의 전개과정에서 볼 때 대승불교는 소승불교의 이론들을 신랄하게 비판하고 있지만, 붓다의 대기설법(對機說法)에 따르면 모든 교설에 나타나는 가르침은 그 어느 것이라도 대상과 상황에 따른 나름대로의 의미는 분명히 있다고 한다. 이와 같이 모든 가르침이 의미가 있다는 내용을 희곡적 구상과 문예적 형식을 빌려 명료하게 표현한 경전이 바로 「법화경」이다.

가르침의 내용으로는 「화엄경」에서도 삼승법(三乘法)으로 중생을 교화하겠다고 하였고, 「반야경」도 삼승법을 나누고 있다. 그런데 「화엄경」과 「반야경」도 결국에는 일불승(一佛乘)에 도달하는 것이 그 목적으로 되어 있다고 하지만, 나머지 이승(二乘)들이 확실히 부처가 된다고 말한 예는 없다.

오로지 「법화경」에서만 '셋을 모아 하나로 돌아간다(會三歸一)'는 불승설(佛乘說)로 이승(二乘)들도 장래 성불할 것이라고 약속(別記)하고 있는데, 「법화경」이 나타난 시기가 대승불교의 전기에 속한다는 사실은 대승불교의 초기 단계에서부터 유화적 태도와 일승사상이 이미 나타났지만 모두가 그와 같은 입장을 취하지 않았다는 것을 의미한다.

그러나 원효스님은 「법화경」을 해석한 「법화종요」에서는 물론 여타의 논서에서도 일승불교(一乘佛敎)의 확신을 명료하게 밝히고 있으며, 교판(敎判)의 화회라는 관점에서도 일승(一乘)의 의미를 분명하게 천명하고 있다.

따라서 스님의 사상 전편에 흐르는 화쟁에 대한 신념으로 미루어 본다면, 이는 곧 일승불교의 전제 아래 모든 종파의 이론을 수용하고자 했다는 사실을 말해주는 것이기도 하다.

1. 교판(敎判)의 화쟁(和諍)

(1) 교판논쟁

교판(敎判)이란 교상판석(敎相判釋)의 줄임말로서 교상(敎相)

또는 교섭(敎攝)이라고도 하는데, 이는 중국의 불교에 나타나는 특징으로서 남북조시대부터 그 모습을 드러낸 이론이다.

초기불교에서 부파불교 그리고 대승불교로 이어지는 이론의 전개과정을 자연스럽게 겪었던 인도에서는 교리의 변화과정이 이해되고 있었기에 그것을 따로 체계화할 필요가 없었다. 그러나 이와는 달리 중국은 불교가 전래되기 시작하면서, 인도불교의 발달과정에 대한 이해가 부족한 상태에서 여러 가지 경론(經論)들이 뒤섞여 유입됨으로 인해 혼란을 겪게 되었다.

이를 테면 말해 붓다가 설하였다고 하는 여러 경전들의 가르침 가운데에서 서로 모순되는 교설을 접하게 됨에 따라 이를 해결할 방법을 모색하게 되었으며, 이와 같은 과정에서 나타난 것이 교상판석이다.

이와 같은 교판으로 나타난 최초의 체계화된 이론은 구마라집(鳩摩羅什)의 제자인 도생(道生)이 분류한 '사종법륜설(四種法輪說)'이다. 여기에서 도생은 붓다의 한평생 설법을, '선정(善淨), 방편(方便), 진실(眞實), 무여(無餘)'의 네 단계로 나누고 있다.

그러나 초기에는 경전의 체계적인 이해를 위하여 제기되었던 교판이었지만 종파불교의 형성과 더불어 각 종파의 소의경전이 갖는 우월성을 확립하기 위한 수단으로 변모하게 되었다. 따라서 교판은 종파불교에서 필수적인 요소로 받아들여졌다.

그러므로 이후로 수없이 많은 교판론이 나타나게 되는데, 이들 가운데서 가장 주목을 받은 이론이 '남삼북칠론(南三北七論)'이다. 이는 남쪽의 세 이론과 북쪽의 일곱 이론을 지칭하는 것으로서, 당시의 대표적인 교판론들이다.

'남삼북칠론'은 설법의 내용을 '돈(頓), 점(漸), 부정(不定)'의 세 종류로 나누고 있는 점에서는 모두 일치한다. 그러나 남쪽의 세 주장에서는 「화엄경」을 돈(頓), 「승만경」과 「금강명경」 등을 부정(不定)으로 분류한 관점은 동일하나, 점(漸)의 내용에 있어서는 각기 그 견해를 달리하고 있다. 이와는 달리 북쪽에서 나타난 일곱 종류의 교판론은 각기 서로의 견해대로 분류하였으며, 서로 자기네의 주장이 옳다고 하였다.

이와 같이 교판에 대한 나름대로의 주장으로 인한 혼란은 계속되었고, 그러한 난립을 종합하고자 하는 이론들도 뒤이어 나타났다. 이들 가운데 가장 두드러졌던 인물이 천태학(天台學)을 구축한 수(隋)나라 천태지의(天台智顗, 538~597) 스님이었다. 그는 이전의 교판을 모두 정리하여 '오시팔교(五時八敎)'라는 교판의 기초를 세웠고, 이로 인해 교판 논쟁은 일단락되는 듯했다.

지의 스님의 분류에 따른 '오시(五時)'란 붓다 일대의 가르침을 다섯 시기로 나눈 것이다. 구체적으로는 깨달은 직후 「화엄경」을 가르치던 화엄시(華嚴時), 초기의 가르침으로 소승불교의 「아함경」을 설법하던 녹원시(鹿苑時), 그리고 「유마경(維摩經)」과 「능가경(楞伽經)」 그리고 「무량수경(無量壽經)」 등과 같은 방등부 경전들을 설법한 방등시(方等時), 「반야경」과 같이 자타(自他) 부정을 통한 공(空)을 설법한 반야시(般若時), 그리고 완전한 가르침으로서의 「법화경」과 해탈세계를 찬탄하고 있는 「열반경」을 설법하던 법화열반시(法華涅槃時)이다.

이와는 달리 가르침의 방법에 따라 화의사교(化儀四敎)로 분류하고, 가르침의 성격에 따라 화법사교(化法四敎)로 나누어 팔교(八敎)를 정립하였다. 그리고 이 팔교를 오시와 연결시키고 있다.

그러나 자신의 종파나 소의경전을 최고의 경지로 내세우려는 생각은 끊임없이 이어졌다. 이를테면 삼론종(三論宗)의 대성자 길장(吉藏) 스님은 이장삼전법륜(二藏三轉法輪)의 기준을 내세워 교판을 세웠으며, 화엄종(華嚴宗)의 법장(法藏) 스님은 이전 것보다 더욱 치밀한 오교십종(五敎十宗)으로 분류한 교판을 세우기도 하였다. 이와는 달리 정토종(淨土宗)의 도작(道綽) 스님은 붓다의 가르침을 성도문(聖道門)과 정토문(淨土門)의 두 종류로 나누고, 아미타불을 믿고서 염불하여 정토에 태어나 내세에 깨달음을 얻는 정토문이 지금의 말법시대에 용이하다고 하는 이론을 내놓기도 하였다.

이와 같은 교판사상은 단순히 설법의 내용을 분류하는 데서 그치는 것이 아니라, 결국 자기 종파의 우월성을 내세우기 위하여 자기 종파의 소의경전이야말로 불교가 지향하는 바의 이론 가운데 가장 높은 경지의 내용이라는 주장을 되풀이하는 데 있었다. 따라서 이러한 시비우열의 다툼은 단순히 교판 그 자체의 문제가 아니었기에 종파마다 심혈을 기울이게 되었고, 그 과정에서 논쟁은 더욱 심화되었다.

문제는 모든 종파의 주장을 수용할 수 있는 보편적이고 확고한 기준은 없다는 데 있다. 때문에 대다수의 사람들은 나름대로의 시각에서 제시하는 기준에 예속되게 마련이지만 그 또한 관점에 따라 시각 차이가 생길 수박에 없었다.

이와 더불어 불교의 중국 전래와 정착과정에서 경전을 번역하고 정리하는 데는 오랜 세월에 걸친 어려움과 노력이 따랐으니 이러한 상황은 많은 경전 번역가들의 판단에 따라 서로 다른 해석의 빌미를 남기기도 했다. 이것이 곧 원효 스님이 「열반경종요」에서, 편견으로 말미암은 시비분열의 원인에는 번역의 문제점도 일익을 하고 있다고 지적하여 논파한 시각이기도 하다.

어쨌거나 한 번 불붙기 시작한 교판 논쟁은 다양한 교파와 종파를 양산하는 양상을 보였던 것은 사실이며, 원효 스님 역시 당시 중국에 나타났던 교판의 우열에 대한 시비 논쟁이 모든 이론 분열의 근원임을 간파했던 것이다. 따라서 이와 같은 논쟁을 다루지 않고서는 화회의 이론을 정립할 수 없었다.

그러나 안타까운 일은 스님이 세운 교판체계의 전모를 알 수 없다는 점이다. 다만 부분적으로 전하는 흔적으로 스님의 입장을 유추할 수 있을 뿐이다. 이를테면 「열반경종요(涅槃經宗要)」와 「대혜도경종요(大慧度經宗要)」 그리고 「법화경종요(法華經宗要)」 등에서 언급하고 있는 교판에 대한 관점이 그것이다.

1) 오시교판설(五時教判說)과 삼법륜설(三法輪說)

교판의 차이를 밝혀 회통시키고자 하는 스님의 견해는 처음부터 끝까지 화쟁의 관점을 벗어나지 않는다. 이를테면 「대혜도경종요」에서, '이종교문(二種教門) 오시교판설'과 '삼법륜설'의 견해에 대해서 각각의 관점을 분류하고 정리한 다음 각 교판의 주장에 대한 문제점을 지적하고 있지만, 이는 비판을 위한 비판이 아니라 관점의 차이를 이해하지 못해서 생긴 오해임을 밝혀 두 이론을 소통시키고 있다.

> 경전을 분류하고 교리를 판단하는 데 있어서 여러 학설이 같지 않다. 이제 간략하게 두 학설을 제시하여 옳고 그름을 가리려 한다. 어떤 이는 말하기를, 붓다의 한평생 가르침이 두 종류에 지나지 않는다고 한다. 그 하나는 돈교(頓教)요, 나머지 하나는 점교(漸教)이다. 점교에는 다섯 시기(五時)가 있으니, 첫 번째가 사제교(四諦教) 두 번째가 무상교(無相教) 세 번째가 억양교(抑揚教) 네 번째가 일승교(一乘教) 다섯 번째가 상주교(常住教)이다. 이는 뜻이 얕은 데서 깊은 데 이르기까지 단계적으로 분류한

> 것이다. … 이제 이 경전 등의 모든 반야교(般若教)는 두 번째(第二時)의 무상교이다. 「大慧度經宗要」

'오시교판설'에서는 「대혜도경」과 「반야경」 등은 두 번째의 무상교에 속한다고 한다. 그러나 설법의 내용을 세 분류로 나누는 '삼종법륜설'에서는 두 번째의 무상법륜(無相法輪)에 해당한다고 한다.

> 어떤 이는 말하기를, 붓다의 가르침은 세 부류(三品)에 지나지 않으니 이른바 경전에서 말씀하신 삼종법륜(三種法輪)이다. 이를테면 「해심밀경」에서 말하기를, … 붓다께서 처음 시기에는 오직 성문승(聲聞乘)으로 나아가는 자를 위해 사제법(四諦法)으로 가르침을 펴시었으니, 비록 이것이 아주 기이하고 드물기는 하지만 이 가르침은 아직 궁극적인 뜻을 완전하게 드러내지 못한 것(未了義)이다. … 두 번째 시기에는 오직 대승(大乘)으로 수행하는 자를 위하여 일체법이 공(空)하여 자성(自性)이 없고 생멸(生滅)이 없는 본래 고요한 본성의 깨끗함을 은밀한 모습(隱密)으로 가르침을 펴셨으나, 이 가르침 또한 아직 궁극적인 뜻을 완전하게 드러내지 못한 것이다. … 세 번째 시기에는 일승(一乘)으로 두루 나아가려는 자를 위하여 일체의 존재가 공하여 자성이 없으며 생멸도 없는 본래 고요한 본성의 깨끗함과 자성이 없는 성질(無自性性)을 드러난 모습(顯了)으로 가르침을 펴시니, 이 이상 가는 것이 없고 또한 모자람이 없으니 이것이 궁극적인 뜻을 완전하게 드러낸 것(了義)이다. … 이제 이 「대품경」과 아울러 모든 반야(般若)는 두 번째의 가르침에 속한다. 「大慧度經宗要」

이와 같이 각각의 관점에 따르면, '오시교판설'과 '삼종법륜설'에서 반야(般若)를 판단하는 근거와 기준은 서로 다르다. 그러나 스님은 양 교판의 견해에 대해서 다섯 가지의 근거를 바탕으로 하여 서로 다른 주장의 문제점을 지적하고 있다.

> 첫째, 「대품경(大品經)」 '필정품(畢定品)'의 근거에 의하면, '이 경전을 설법한 때가 「법화경」보다 뒤'라고 하는 구절이 나타나는데, 이로 보아 두 번째 시기라는 교판은 이치에 맞지 않는다. 둘째, 이 경전을 「법화경」보다 뒤에 설법했다는 교판에 대해서, 「인왕경(仁王經)」의 근거에 의하자면 '큰 지혜는 하나가 아니라 다양한(摩訶般若非一衆多)' 것이므로 두 주장이 내용적으로는 서로 어긋나지 않는다. 셋째, 「해심밀경」은 궁극적인 뜻을 완전하게 드러낸 경전(了義經)이지만 이 경전은 온전하게 드러내지 못한 경전(不了義)이라는 교판에 대해서, 이 경전에서 '삼승보리(三乘菩提)를 구하려면 마땅히 반야바라밀(般若波羅蜜)을 배우라'고 언급하고 있는 내용 자체가 「해심밀경」과 같은 세 번째 시기의 온전한 가르침이지 두 번째의 가르침은 아니다. 넷째, 이 경전의 '여화품(如化品)'에서 '열반법도 또한 자성이 없다'고 설법한 내용으로 본다면, 이는 세 번째 시기의 온전한 가르침이 분명하다. 다섯째, 「화엄경」에서 '생사(生死)와 열반은 둘 다 허망하다. 어리석음과 지혜 또한 그러하며 진실함이 없다'고 표현하는 구절과, 이 경전에서 '색(色) 수(受) 상(想) 등이 무지개(幻)와 같고 꿈과 같으며 또한 열반에 이르러서도 마찬가지이다'고 표현하고 있는 부분이 다르지 않기 때문에 이 경전 역시 온전하고 궁극적인 뜻을 드러낸 것이다. 「大慧度經宗要」

이와 같은 근거를 토대로 하여, 스님은 오시교판설과 삼종법륜설이 서로 다른 견해가 아니라고 논증하고 있다. 다시 말해 두 주장은 제각기의 관점에서 다르다고 판단하고 있지만, 관점 자체가 보편적 기준이 아님을 밝힌 것이다. 따라서 두 주장이 스스로의 기준에 집착하지 않는다면 자연스럽게 회통할 수 있게 된다.

> 두 주장 가운데 어떤 것이 진실인가? '이종교문'이나 '삼종법륜'은 한편으로 보면 모두 도리가 있다. 그러나 「대품경」 등이 두 번째 시기(第二時)에 속한다거나 두 번째의 가르침(第二法輪)에 속한다는 교판은 이치가 반드시 그렇지 않다. 여타의 다른 경전과 논(論)에서 표현하는 바와 다르기 때문이다. 「大慧度經宗要」

이는 곧 각각의 기준으로 판단하면 모두 도리가 있지만, 붓다께서 설한 교설의 전체적인 입장에서 보면 「대품경」이나 「반야경」이 최상(無上)의 궁극적인 뜻을 드러낸 경전이라는 데는 다를 바 없다는 입장을 취한 것이다.

단지 가르치는 방법이 다를 뿐이므로 다섯으로 나눈 가운데 두 번째라거나 셋 중의 두 번째라고 다르게 주장하는 것은, 불설(佛說)의 온전한 가르침을 벗어나지 않는다는 사실에 있어서는 모두 화회(和會)할 수 있다는 견해이다.

2) 남삼북칠론(南三北七論)

「대혜도경종요」와는 달리 「열반경종요」에서는 교판논쟁의 혼란상을 적나라하게 드러내는 '남삼북칠론(南三北七論)'에 대한 견해가 나타나고 있다.

이를테면 남삼(南三)의 핵심은 「열반경」이 궁극적인 뜻을 나타내고 있는 경전(了義經)이라는 데 있다.

> 남쪽 스님들은 대개 무도산(武都山)의 은사(隱士) 유규(劉虬)의 주장을 따르고 있으니, 그 내용은 돈교(頓敎)와 점교(漸敎)를 벗어나지 아니한다. 「화엄경」 등은 돈교이고 그 나머지는 점교라고 한다. 돈교와 점교에도 다섯 시기가 있다고 한다. 첫째 시기는 붓다께서 깨닫고 난 뒤 처

음으로 제위(提胃) 등을 위하여 오계(五戒)와 십선(十善) 등의 인천교(人天敎)를 말씀하신 내용이며, 둘째 시기는 깨달으신 뒤 십이 년간 삼승(三乘)의 차별되는 가르침을 말씀하신 부분으로 아직 공(空)의 이치를 말씀하지 아니한 내용이며, 셋째 시기는 깨달으신 뒤 삼십 년간 모든 존재가 공(空)하며 무상(無相)한 이치를 설명하고 있는 「반야경」과 「유마경」 그리고 「사익경(思益經)」 등이 이에 해당된다. 이는 비록 삼승(三乘)이 모두 공(空)을 직관해야 함을 내용으로 하지만 아직 일승(一乘)으로서 삼승을 타파하고 일승으로 돌아와야 된다는 말씀을 하지는 않으셨다. 넷째 시기는 깨달으신 다음 사십 년 뒤의 팔 년 동안 설법하신 「법화경」 등이 이에 해당된다. 이는 널리 일승을 밝혀 삼승을 타파하고 일승에 돌아오게 하였지만, 아직 중생이 모두 부처가 될 성품을 지니고 있음은 말씀하지 않으셨다. 다섯째 시기는 열반하실 시기에 임하시어 「대열반경」을 설법하여 중생이 모두 불성(佛性)을 지니고 있으며 법신(法身)이 상주(常住)함을 밝혔으니 이는 궁극적인 뜻(了義)을 드러낸 경전이다. 「涅槃經宗要」

그러나 이와는 달리 북칠(北七)의 주장에서는 「열반경」이 궁극적인 뜻을 드러내지 못한 경전(不了義經)이라고 한다.

북쪽 스님들은 「반야경」 등이 궁극적인 뜻을 드러낸 가르침이지만, 다만 각기 으뜸으로 삼는 것이 동일하지 아니할 뿐이라고 한다. 「반야경」 등은 지혜로써 그 경전의 주제를 삼고, 「유마경」 등은 해탈을 그 주된 내용으로 삼고, 「법화경」 등은 일승(一乘)으로서 그 목표를 삼고, 「대열반경」 등은 신묘한 결과(妙果)로서 으뜸을 삼는다. 이들은 모두 큰 깨달음으로써 행(行)을 일으켜 덕(德)과 더불어 대승(大乘)의 궁극적인 뜻을 온전히 밝히고 있다고 한다. 이러한 견해는 남쪽 스님들이 주장하는 다섯 시기의 가르침(五時敎)이라는 입장을 부인하는 것이다. 「涅

槃經宗要」

이에 대해 스님은 세 가지의 문제점을 제시하면서, 서로 다른 주장의 혼란을 지적하고 있다.

첫째, 「반야경」이 부처님께서 깨달은 뒤 삼십 년 가운데 설법했다는 시기에 대해서 문제를 제기하였다. 이를테면 「대품경(大品經)」과 「왕생품(往生品)」 등의 근거를 인용하여, 「반야경」을 설법한 시기가 반드시 「법화경」 이전은 아니므로 오시교(五時教)의 주장은 잘못되었다고 하였다.

둘째, 「반야경」이 삼승(三乘)을 넘어서지 못했으니 이는 얕은 가르침이라고 판단한 점에 대해서도 역시 「대품경」의 '이승(二乘)도 없고 삼승(三乘)도 없다'는 표현의 근거를 제시하여 「반야경」은 삼승의 구분을 넘어섰다고 지적하고 있다.

셋째, 「반야경」은 불성(佛性)을 말하지 아니하였으므로 얕은 가르침이라고 판단하는 부분에 대해서도, 「열반경」의 표현을 근거로 '불성(佛性)을 반야바라밀(般若波羅蜜)이라 하며, 그 근본적인 의미는 공(空)이다'는 표현이 곧 불성을 언급하는 견해라 하여, 불성을 말하지 않았다는 내용이 잘못임을 밝히고 있다.

따라서 이러한 근거로 볼 때, 남삼북칠의 서로 다른 견해들은 자신의 주장을 관철시키기 위해 무리하게 해석하거나 일방적인 전제로 인해 오류를 범하고 있다는 점을 분명히 한 것이다. 이는 곧 관점의 차이를 인정할 수 있다면, 화회(和會)란 언제든지 가능하다는 입장의 표현이기도 하다.

> 남북의 두 학설 중 어느 것이 옳고, 어느 것이 잘못된 것입니까? 만약 한쪽의 견해에 집착한다면 거기에 쏠리게 되니, 두 주장이 모두 틀리게 된다. 그러나 만약 이러한

> 편견을 버리고 두 주장의 관점을 받아들인다면 두 학설 모두 옳다. 왜냐하면 붓다께서 「반야경」 등의 여러 가르침을 말씀한 뜻이 넓고 크고 매우 깊어서 그 얕고 깊음을 어느 일면에만 한정시킬 수 없기 때문이다. 「涅槃經宗要」

이를테면 남북의 두 주장이 모두 자기 종파의 견해에만 집착한다면, 붓다께서 말씀하신 진정한 의미를 잃게 될 것이라는 판단이다. 이는 곧 남북의 두 주장이 하나의 문제를 서로 다르게 본 것이 아니라, 사실은 다른 관점에서 본 것이므로 서로 다를 수 있다는 의미이다. 다시 말해 종파적인 관점 또한 붓다의 뜻을 나타내는 것은 분명하지만, 그것 자체만이 붓다의 뜻은 아니라는 입장이다.

하나의 관점에서 판단한 견해에 집착하거나, 자신의 입장만이 옳다고 주장하는 그 자체가 곧 근원적인 오류를 범하게 된다는 것이 스님의 기준이다. 바로 이와 같은 원리가 스님의 사상체계를 관통하는 화쟁(和諍)의 이치이기도 하다.

이와 같은 스님의 입장과 견해는, 천태지자(天台智者)의 좁은 견해를 비판하는 표현에서 더욱 오롯하게 드러난다.

> 수(隋) 나라의 천태지자(天台智者)가 신인(神人)에게 묻되, 북방에서 세운 네 종류의 경전체계(四種敎判)가 이치에 맞습니까? 신인이 답하되, 잃은 것이 많고 얻는 것이 적으리라고 하였다. 또 묻되 성실론사(成實論師)가 세운 오교(五敎)는 붓다의 뜻에 맞습니까? 신인이 답하되, 사종교판이 조금은 나은 것 같으나 허물이 많다고 하였다.
>
> 천태지자는 그 지혜가 온전하여 세상에서 중히 여긴 바라 범인인지 성인인지 헤아리기는 어렵다. 그러나 붓다의 뜻은 깊고 깊어 무한한 것인데, 그 경전의 취지를 넷으로 나누거나 붓다의 뜻을 다섯 시기로 한정지어 알려고 하는 것은, 마치 소라껍질로 잔을 하여 바닷물을 마시려 하고

좁은 관으로 넓은 하늘을 바라보는 격임을 알아야 한다.「涅槃經宗要」

이는 당시 중국의 교판사상에 있어서 가장 영향력이 있다고 알려진 천태지자의 견해를 비판하는 내용이다. 이를테면 붓다의 교설을 다섯 시기로 나누거나 네 종류로 분류하거나 간에 그 모두는 일리가 있지만, 그것만이 붓다의 뜻이며 핵심이라고 한다면 그 자체가 이미 어리석은 일이라고 꼬집고 있다.

이와 같은 스님의 시각은 중국의 교판사상 자체에 대해서 근본적으로 부정하는 입장을 드러낸 것으로 볼 수 있으며, 아울러 그들의 편파적인 집착을 경계한 것이기도 하다. 다시 말해 근원적으로는 교판논쟁 자체가 '반야(般若)'나 '불성(佛性)' 등과 같은 깊고 심원한 의미를 일면적으로 해석함으로써 그 본래의 뜻을 잃게 되는 오류를 범하는 것이라고 보았다.

문제는 진정으로 무엇이 중요한가에 있다. 다시 말해 설법의 내용을 두고 그 깊고 얕음을 서로가 다툰다면, 그 자체가 이미 붓다의 설법과는 거리가 멀어지게 된다. 뿐만 아니라 설법의 내용이 다르다거나 설법을 한 시기의 앞뒤 문제 역시 마찬가지이다.

그러나 이와 같은 문제를 그렇게 본다면 모든 문제를 너무 단순화하는 것이 아니냐고 할 수 있다. 하지만 큰 눈으로 바라보면 첨예하게 대립하는 것으로 보이는 시각의 차이도 사실은 아주 사소한 것일 뿐이다.

3) 법상종(法相宗)과 삼론종(三論宗)

「법화경종요」에서는 「법화경」을 궁극적인 가르침으로 볼 수 없다는 법상종(法相宗)의 견해와 최상의 진리에 대한 교설이라고 받아들인 삼론종(三論宗) 길장법사(吉藏法師)의 주장을 다루면서, 화회의 근거를 분명하게 제시하고 있다.

법상종은 유식(唯識) 사상의 계통을 잇는 종파로서, 「해심밀경(解深密經)」과 「유가사지론(瑜伽師地論)」 그리고 「성유식론(成唯識論)」 등을 소의경론(所依經論)으로 하는데, 이는 당(唐)의 현장(玄奘)이 중인도 날란다(Nalanda) 사원에서 계현(戒賢)으로부터 호법(護法) 계열의 유식을 배운 뒤 규기(窺基)에게 전함으로써 중국에서 하나의 종파로 성립된 이론이다.

법상(法相)이란 오위백법(五位百法) 등으로 존재의 현상을 분석하여, 모든 존재(一切法)는 허상에 불과하며 오직 마음의 작용인 식(識)이 연기(緣起)한 현상으로 나타난 것에 불과하다는 이론을 바탕으로 하여, 존재의 공성(空性)보다는 현상의 분석에 치중하는 학파이다.

그러므로 법상종의 교판은 호법의 학설에 따르고 있는데, 이에 의하면 붓다의 가르침을 세 시기로 나누어 '삼시교'(三時教)'를 세우고 있다.

초시교(初時教)는 자아의 실재에 대한 집착, 즉 아집(我執)을 여의게 하는 가르침으로 「아함경」이 여기에 속한다고 하며, 제이시교는 존재의 실재에 대한 집착, 즉 법집(法執)을 여의게 하는 가르침으로 「반야경」 계통의 경전들이 이에 해당되며, 제삼시교는 요의교(了義教)라고도 하는데, 이는 비공비유(非空非有)의 중도(中道)를 밝히는 가르침으로 「화엄경」과 「해심밀경」 등이 이에 속한다고 판단한다.

따라서 법상종의 교판에서는, 「법화경」을 궁극적인 가르침이라 할 수 있는 요의교(了義教)에는 해당하지 않는다고 한다.

> 「법화경」은 궁극적인 가르침을 펴지 못한(不了義) 경전이다. 그 까닭은 불교를 크게 나누어 세 가지의 가르침으로 구분할 수 있는데, 첫째는 있는 모습(有相)에 집착하는 부류에게 가르침을 편 것이니, 오직 성문승(聲聞乘)을 위하여 고집멸도(苦集滅道)의 사제(四諦)를 설명하여 깨우치고자 한 것으로서 「아함경(阿含經)」 등이 그러하다. 그리고 둘째는 모습 없는(無相) 이치를 설명한 것이니, 보살승(菩薩乘)을 위하여 대상 존재의 실상이 없음(法空)을 밝혀 그 가르침을 편 것으로 「반야경」 등이 그렇다. 나아가 셋째는 무상무상(無相無上)의 이치를 일깨우는 것으로 널리 삼승(三乘)을 위하여 모든 법이 공(空)하여 자체의 성이 없는 이치를 설명함으로써 그 가르침을 펴니, 무상무용(無相無容)인 「해심밀경」 등이 이에 속한다. 이 가운데 앞의 둘은 아직 궁극적인 가르침이라 할 수 없고 셋째만이 진실한 가르침인데, 「법화경」은 둘째의 가르침에 속한다. 「法華經宗要」

이와는 달리 삼론종에서는 「법화경」을 궁극적인 가르침(了義經)이라고 판단하고 있다.

이와 같은 주장을 내세운 길장 스님은 중국 불교 학파의 하나인 삼론종(三論宗)의 창시자로 간주되는 인물이기도 하다. 그는 많은 저술을 한 사람으로도 유명한데, 특히 삼론종의 근본 문헌들에 대한 주석서인 「삼론현의(三論玄義)」를 통하여 삼론의 가르침을 체계화하고 있다.

삼론종의 이론은 세속적 진리(俗諦) 차원에서는 사물들에 잠정적 실체성이나 실재성이 있을 수 있으나, 절대 진리(眞諦)의 차원에서 볼 때는 '생성되는 것도 없고 소멸되는 것도 없으며, 영원히 존재하는 것도 없고 단절되는 것도 없으며, 하나인 것도 없고 여럿인 것도 없으며, 오는 것도 없고 가는 것도 없다'는 「중론(中論)」의 '팔불중도(八不中道)'를 근본교의로 삼고 있다.

「법화경」은 궁극적인 진리를 온전하게 펼친(究竟了義) 경전이다. 그 까닭은 여래께서 한평생 설법하신 가르침을 요약하면 대략 세 종류를 벗어나지 않기 때문이다. 그 셋이란 첫째가 근본진리(根本法輪)요, 둘째가 곁가지의 가르침(枝末法輪)이요, 셋째가 곁가지의 가르침을 모두 모아 근본으로 되돌아가게 하는 가르침(攝末歸本法輪)이다. 근본진리라 함은 부처님이 처음으로 깨달음을 이루시고 화엄회상(華嚴會上)에서 보살들을 위하여 널리 인과(一因一果)의 가르침을 펴셨으니 그것이 근본 가르침이다. 다만 아둔한 사람들이 그 인과의 가르침을 이해하지 못하므로, 일불승(一佛乘)을 나누어서 삼승(三乘)으로 설명하였으니, 이것이 이른바 곁가지의 가르침이다. 사십여 년을 삼승의 가르침으로 설법하여 그 마음을 깨닫게 하고, 이제 법화회상에 이르러 비로소 삼승을 두루 모아 일승에 돌아가게 하니, 곧 곁가지를 거두어 근본에 돌아가는 가르침이다. 「法華經宗要」

이와 같이 서로 다른 입장에서 「법화경」을 판단하는 주장들에 대한 스님의 견해는 분명하고 명쾌하다. 이는 단지 관점의 차이를 이해하지 못하여 생긴 오류이기 때문에, 입각지의 차이를 분명히 하게 되면 소통하지 못할 바가 없다고 한다.

두 주장이 서로 다르니, 어느 것이 옳으며 어떤 것이 나은가? 둘 다 경론에 의거한 것이라 옳지 않은 것이 있겠는가. 다만 문제는 한 길로 열반으로 나아가기 위한 사람(一向趣寂者)을 옹호하기 위한 뜻으로 보면 앞의 주장에 따르는 것이 옳으며, 깨달음의 종자가 정해지지 않은 사람(不定種性人)을 옹호하기 위한 뜻으로 보면 뒤의 주장이 옳다고 할 것이다. 모두가 듣는 이의 능력에 맞추어 각기 통하기 때문이다. 「法華經宗要」

다시 말해 「법화경」이 궁극적인 가르침이 아니라고 주장하는 입장은 「해심밀경(解深密經)」과 「대법론(對法論)」의 근거를 들고 있지만, 「법화경」이 궁극적인 가르침이라고 주장하는 견해는 「수다라(修多羅)」와 「아비달마(阿毘達磨)」의 표현을 바탕으로 하고 있음을 먼저 구분하고 있다.

이는 곧 붓다의 다양한 교설이 근기에 따른 방편임을 이해한다면, 두 주장의 상반된 견해는 단지 관점의 차이에 지나지 않는다는 사실을 밝히기 위해서이다. 따라서 앞의 주장은 한 길로 열반으로 나아가기 위한 사람을 옹호하기 위한 뜻으로 보면 옳고, 뒤의 견해는 깨달음의 종자가 정해지지 않은 사람을 옹호하는 뜻으로 판단하면, 궁극적이냐 아니냐에 대한 집착은 무의미할 뿐이라는 견해이다.

문제는 「법화경」을 어떻게 받아들이느냐 하는 점은 듣는 이의 능력에 따라 다를 수 있지만, 결국에는 일승(一乘)의 뜻을 펼치고 있으니 이것이 곧 궁극적인 가르침이라는 뜻이다.

달리 말하자면 붓다의 가르침이 듣는 이의 능력에 따라 다양하게 이해되지만, 이를 이해하지 못하고 각각의 관점에서 판단한 견해만 수용하였기에 시비논쟁이 일어났다는 것이다. 따라서 설법의 내용으로 본다면 모든 가르침이 붓다의 뜻이 아닌 것이 없으며, 그 또한 일승(一乘) 아님이 없으니 시비나 논쟁이란 있을 수 없다. 다시 말해 붓다의 본래 취지 즉 일승의 의미에서는 어느 것이라도 수용될 수 있다는 전제에서 제시한 화회(和會)의 논리이다.

이와 같은 스님의 관점은 제각기 서로 옳다고 하는 여러 견해 자체가 사실은 방편적인 의미를 올바르게 이해하지 못했다는 확신을 그 바탕으로 하고 있다. 그리고 그러한 확신은 궁극적으로는 붓다의 말씀이기에 그로 인해 모든 중생이 해탈할 수 있다는 믿음의 전제 아래 이루어진 것이다.

(2) 사종교판(四種敎判)

스님은 중국에서 시작된 교판논쟁의 편견에 대해서 경전의 내용을 근거로 하여 화회의 가능성을 제시하는 한편, 자신의 견해를 네 종류의 체계(四種敎判)로 분류하였다고 전해진다.

그러나 남아 전해지고 있는 스님의 저술에서는 이에 관한 구체적인 설명은 물론 심지어 분류한 방법이나 명칭조차도 나타나지 않는다. 때문에 스님이 체계를 세웠다는 '사종교판'의 내용에 대해서는 자세히 알 수가 없다.

현존하는 스님의 저술 가운데 교판 문제를 언급하고 있는 책은 「대혜도경종요」와 「열반경종요」 등이지만, 이는 중국의 교판 논쟁에 대한 견해를 화회의 관점에서 부분적으로 서술하고 있을 뿐이다.

그러나 중국 사람들이 남긴 기록에는, '원효 스님의 교판사상이 「화엄소(華嚴疏)」라는 책에 자세히 기술되어 있다'고 한다. 하지만 스님의 저술이라는 「화엄소」란 책 역시 온전하게 전해지지 않는다. 단지 책의 서문과 「화엄경」의 '광명각품(光明覺品)'을 해석한 처음 부분만 남아있을 뿐이다.

「삼국유사」에 의하면, '원효스님이 「화엄소」라는 책을 저술하다가 회향품(廻向品)에 이르러 붓을 놓았다'고 기록하고 있다. 이는 곧 「화엄소」라는 책이 처음부터 완성되지 못했다는 사실을 말해준다. 그렇다면 어떻게 해서 이 책이 중국으로 전해졌는가에 대한 의문과 더불어 설령 전해졌다고 해도 이것 또한 그들의 자의적 해석이 들어갈 수도 있다는 점이 의문으로 남는다.

그렇다고 해도 원효 스님이 네 종류의 체계로 경전을 정리하였다고 기록하고 있는 문헌은, 법장(法藏)의 「탐현기(探玄記)」와 이통현(李通玄)의 「신화엄경론(新華嚴經論)」 그리고 혜원(慧苑)의 「간정기(刊定記)」와 징관(澄觀)의 「화엄경소(華嚴經疏)」, 표원(表員)의 「화엄경문의요결문답(華嚴經文義要決問答)」 등이다. 이들의 저술에서는, '원효 스님이 네 종류의 체계(四種敎判)를 기술한 「화엄소」의 내용에서 이를 인용했다'고 서술하고 있다.

따라서 스님의 저서에 나타나는 교판 논쟁에 대한 관점과, 중국의 스님들이 자신들의 저술 속에서 인용하고 있는 원효 스님의 사종교판에 대한 견해를 분석한다면, 스님의 교판사상을 유추할 수도 있을 것이다.

중국의 문헌에 나타나는 원효 스님의 사종교판(四種敎判)은 '삼승별교(三乘別敎), 삼승통교(三乘通敎), 일승분교(一乘分敎), 일승만교(一乘滿敎)'로 나누고 있다.

> 신라의 원효 법사가 네 종류의 체계(四敎)를 세웠는데, 첫째는 삼승별교(三乘別敎)로서 「사제교(四諦敎)」와 「연기경(緣起經)」 등이 이에 속하고, 둘째는 삼승통교(三乘通敎)로서 「반야경」「해심밀경」 등이 이에 속하며, 셋째는 일승분교(一乘分敎)로서 「범망경(梵網經)」 등이 이에 해당되며, 넷째는 일승만교(一乘滿敎)로서 「화엄경」 등이 이에 해당된다. 삼승(三乘)이 함께 배우는 것을 삼승교(三乘敎)라고 하는데, 이 가운데 아직 대상존재의 허망함(法空)을 말하지 않는 것이 별교(別敎)이며, 이것을 설명하고 있는 것이 통교(通敎)이다. 그리고 여기서 아직 설명하지 않은 것을 가르치고 있는 것을 일승교(一乘敎)라고 하는데, 이 가운데 아직 모든 존재가 보편원융한 도리(普法)를 밝히지 않고 있는 것은 분교(分敎)이며, 이것을 밝히고 있는 것이 만교(滿敎)이다. 이는 원효의 「화엄소」 가운데 드러나 있다. 「探玄記」

나아가 이들은 원효 스님의 분류체계에 대해서, '원효의 교판에서 삼승(三乘)을 통별(通別)로 나눈 것은 혜관(慧觀)의 영향이며, 일승(一乘)에서 분만(分滿)으로 나눈 것은 담무참(曇無讖)의 반만(半滿)과 지의(智顗)의 별원(別圓)을 독창적으로 개정한 것'이라고 평가하고 있다.

뿐만 아니라 '통별(通別)의 차이는 대상존재의 허망함에 대해 설명하느냐 그렇지 않은가'로 본 것이라고 해석하고 있으며, '삼승(三乘)의 통별(通別)을 나눈 기준은 방편의 의미에 둔 것'이라고 분석하였다.

그러나 이와 같은 생각들은, 그들의 관점에서 스님의 견해를 수용하다보니 그렇게 된 것일 뿐이다. 따라서 단지 그 해석만을 취한다면 그와 같은 견해로 기울어질 위험성이 다분하게 있다.

문제는 그들의 평가가 어떠한가에 있지 않다는 점이다. 그러나 그들이 전하고 있는 스님의 견해를 받아들인다면, 원효 스님은 붓다의 가르침을 내용의 깊고 얕음에 따라 삼승(三乘)을 위한 경전과 일승(一乘)을 위한 경전이 있다고 생각한 것이고, 이 가운데 삼승(三乘)의 통별(通別)을 존재의 공함(法空)으로, 일승(一乘)의 분만(分滿)은 보편원융한 도리(普法)로 그 잣대를 세워 '별교(別教), 통교(通教), 분교(分教), 만교(滿教)'의 네 종류로 나누었다고 짐작할 수 있다.

다시 말해 스님이 생각한 경전 내용의 깊고 얕음이란, 아직 대상존재의 허망함을 이해하지 못하는 부류를 위해 단순히 사제(四諦)와 연기(緣起)의 이치를 설명하는 경전들을 삼승의 별교라 분류한 것이다. 그리고 존재의 허망함에 대한 설명은 하되 아직 보편원융한 도리까지 펼치지 못한 경전을 일컬어 삼승에는 통하지만 아직 일승의 진리라고는 할 수 없기에 통교(通教)라고 하였다. 나아가서는 일승의 가르침에서도 보편원융한 도리(普法)를 원만하게 밝히고 있는가에 따라 그 깊고 얕음을 나눠 분교(分敎)와 만교(滿敎)로 분류하였다.

이와 같은 스님의 관점은, 스님 스스로 「화엄경소」에서 '알아듣는 능력에 따라 네 종류로 나누어 설명한 것'이라 밝힌 바와 같이 분류의 기준은 근기의 차이에서 비롯되지만, 삼승(三乘)과 일승(一乘)을 전제하고 있는 것은 「법화경」의 내용을 바탕으로 하고 있음이 분명하다 할 것이다.

이는 스님이 「법화경종요」에서 '셋을 모아 하나로 돌아간다(會三歸一)'는 뜻을 설명하기를, '모든 교리는 삼승을 위한 방편의 가르침과 일승으로 나아가는 궁극적인 진리로 나눌 수 있다'는 의미라고 해석하는 것과 마찬가지이다.

> 방편적인 입장에서 삼승(三乘)을 열어놓는다. 「法華經宗要」
>
> 일승(一乘)만이 진실이요, 남은 둘은 진실이 아니기 때문이다. 「法華經宗要」

이와 같이 표현한 것은, 앞의 표현은 셋 모두가 방편이라는 의미와 뒤의 표현은 둘만이 방편이라 할 경우가 있기 때문이다. 그러므로 이러한 개념을 바탕으로 하여 별교(別敎)와 통교(通敎)로 구분하고 있음을 알 수 있다. 따라서 삼승을 통별로 나눈 것은 「법화경」의 관점을 인용하고 있다고 볼 수 있지만, 이는 결국 방편을 활용하여 일승의 의미를 밝히고자 함에 초점을 두고 있다.

그런데 삼승(三乘)을 통별로 나눈 것은 대상존재의 허망함(法空)을 드러내느냐의 잣대로 나누었다고 하더라도, 일승(一乘)을 분(分)과 만(滿)으로 나눈 기준인 보편원융한 도리(普法)에 대한 설명이 나타나 있지 않으므로, 그 구분을 정확하게 이해할 수는 없다.

이와 같은 표현은 다른 어떤 스님들의 기준에서도 나타나지 않으며, 혜원(慧遠) 스님과 법장(法藏) 스님이 나름대로 해석한 것 또한 그 근거가 다르기 때문이다. 이를테면 혜원 스님은 분만(分滿)을 '여래장(如來藏)의 불변함과 연기의 이치를 모두 아는 것과 단지 불변하는 이치만을 아는 것'으로 나누고 있으며, 법장 스님은 '상(相)과 불공(不空) 그리고 말로 하는 것과 말을 끊는 것'으로 나누고 있을 뿐이다.

그런데 표원(表員)의 「화엄경문의요결문답」에는 원효 스님의 해석이라는 설명 아래, 보편원융한 도리(普法)를 인용하는 구절이 나타나고 있다.

> 보(普)는 박(博)의 뜻이니 두루한다는 의미이며, 법(法)은 자체나 궤칙의 뜻이니 모든 존재가 두루 걸림이 없이 융합하여 원융함(相入相是)을 뜻하는 것이다. 「華嚴經文義要決問答」
>
> 상입(相入)이란 원효스님이 이르기를, 일체의 세계가 한 티끌 속에 들어가고 한 티끌이 일체의 세계에 들어가는 것을 말하며, 마찬가지로 영원한 시간(三世諸劫)이 한 순간(一刹那)에 들어가고 한 순간 또한 영원한 시간에 들어가는 것으로, 크고 작다는 것이 서로 걸림이 없듯이(相入) 나머지 다른 일체의 문도 이와 같이 서로 걸림이 없는 것이며, 상시(相是)의 해설도 이와 같다. 그러므로 일체법(一切法)과 일체문(一切門)이라 할 때의 그 하나(一)가 곧 일체(一切)요, 이 둘이 이와 같이 넓고 넓으니 이를 일러 보편원융한 도리(普法)라 한다. 「華嚴經文義要決問答」

이에 따르면 보편원융한 도리(普法)란 걸림이 없는 원리를 지칭한 것임에 틀림없다. 따라서 두루 걸림이 없어 원융한 이치란 깨달음을 이루는 지혜와 실천의 원만함을 표현한 것이며, 보편원융한 도리(普法)가 곧 궁극적인 진리에 도달하는 기준이 된다.

그런데 중생이 모두 불성을 지니고 있고, 여래장을 지니고 있다면 무엇 때문에 삼승과 일승으로 나누었느냐는 문제는 또 다른 과제가 된다. 이에 대해 스님은 「살차니건자경(薩遮尼建子經)」과 「금광명경(金光明經)」을 인용하여 그 이유를 밝히고 있다.

> 이는 단지 단계의 차별을 드러낸 것이지, 바탕 자체(乘)의 차별을 말하는 것이 아니다. 「法華經宗要」
> 법계(法界)는 분별이 없는 까닭에 따른 바탕(乘)이 없으나, 단지 중생을 건네기 위해서 셋으로 나누어 설명한 것이다. 「法華經宗要」

삼승(三乘)과 일승(一乘)이란 단지 단계의 차이에 의한 분류일 뿐, 바탕 자체의 다름을 두고 하나와 셋으로 분별한 것은 아니라는 해석이다. 다시 말해 모든 중생을 다 성불에 이르게 하고자 하나, 중생의 받아들이는 능력에 차이가 나므로 편의상 구분하였을 뿐이다.

> 여래(如來)의 법신(法身)이나 여래장성(如來藏性)은 일체중생이 평등하게 지닌 바로서 능히 일체를 건네서 근본으로 함께 돌아가는 것이니, 이 도리를 말미암아 다른 바탕(乘)이 없다. 「法華經宗要」

삼승(三乘)의 구별이란 임의적으로 나눈 것일 뿐이지, 그 자체가 차별은 아니다. 따라서 스님이 삼승을 통(通)과 별(別)로 나눈 것 또한 바탕의 차별은 없으나 받아들이는 능력의 차별로서 나누었듯이, 일승(一乘)을 분(分)과 만(滿)으로 나눈 구별 또한 바탕의 차이가 아니라 걸림이 없는 원융한 이치를 기준으로 하고 있다.

이와 같은 관점으로 보면, 스님이 경전체계를 구분하는 것은 법공(法空)과 보법(普法)이란 개념을 중시한 것이라기보다는, 받아들이는 인식능력의 차이에 따라 방편적인 가르침의 단계로 구분하고 있다는 데 더 큰 의미를 두었다고 볼 수 있다.

그런데 원효 스님의 '사종교판'에서는 일승(一乘)으로서의 걸림 없는 이치를 설파하고 있는 경전으로 「화엄경」을 지칭했다고 한다. 하지만 정작 스님의 사상체계를 정립하는 기초를 마련하는데 지대한 영향을 끼친 「대승기신론」이 네 단계 가운데 어디에 속하는지는 언급되지 않는다.

다시 말해 법장(法藏) 스님이 보았다는 원효 스님의 「화엄소」라는 책 자체가 「화엄경」에 대한 해설서이기에 「화엄경」을 만교(滿教)에 배당했다는 것은 이해할 수가 있지만, 원효 스님이 모든 경전의 핵심을 꿰뚫었다고 극찬한 「대승기신론」에 대한 분류의 기록이 없다는 것은 의문으로 남는다.

이에 대해 어떤 사람들은 스님이 「법화경종요」에서 일승(一乘)을 설명하는 가운데 「대승기신론」의 논리를 언급하는 표현이 빈번하게 나타남을 근거로 한다면, 스님이 분류하고 있는 사종교판에서 「대승기신론」 역시 「법화경」의 부류에 속할 것이라는 견해를 제시하기도 한다.

그러나 법장 스님은 「대승기신론」을 여래장연기종(如來藏緣起宗)으로 분명히 밝히고 있다.

> 현재 동쪽에 유포된 일체 경론은 대소승(大小乘)을 통틀어 네 가지 종류가 있으니, 이는 수상법집종(隨相法執

宗 : 小乘) 진공무상종(眞空無相宗 : 般若, 中觀) 유식법상종(唯識法相宗 : 解密, 瑜伽) 여래장연기종(如來藏緣起宗 : 楞伽, 起信)이다. 「起信義記」

법장 스님은 「대승기신론」의 중심사상을 여래장연기설로 보고 있으며, 아울러 화엄학(華嚴學)의 조직에 있어서 「대승기신론」을 결론적인 입장을 정립하는 대표적인 경론으로 수용하고 있다. 뿐만 아니라 「대승기신론」으로서 모든 단계의 입장을 비판하고 융화하여 원만한 가르침의 체계를 세우는 논리적인 기초로도 원용하고 있음이 분명하게 나타난다.

나아가 징관(澄觀) 스님과 종밀(宗密) 스님에 이르러서는 성기(性起)의 입장에서 「대승기신론」을 학문적 전개의 주축으로도 삼고 있다.

따라서 '일심(一心)이 곧 법계(法界)'라는 뜻 속에 여래장(如來藏)이 있다고 보면, 「대승기신론」은 원효 스님이 기록으로는 나타내지 않았다고 하더라도 일승만교(一乘滿敎)에 둔 것으로 추측할 수는 있다. 왜냐하면 「대승기신론」의 이론과 연결되어 실천수행의 조직체계를 완성하고 있는 「금강삼매경론」에서, 결과로 나타내는 경지인 금강삼매(金剛三昧)로 이어지는 여래장이론은 삼승과 일승에 일관된 대승의 원리이기 때문이다. 나아가 모든 경전을 하나로 꿰뚫은 것이 「대승기신론」이란 표현을 적용한다면, 「화엄경」 역시 「대승기신론」의 구도에 포괄될 수 있다는 뜻으로 보았다고 할 수 있다.

뿐만 아니라 원효 스님의 사종교판(四種敎判)에서는 「화엄경」을 일승(一乘)의 최상 교리로 취급하고 있으면서도 여래장 사상을 중시하고 있다는 점과, 법장 스님이 원효 스님의 견해를 따랐다는 기록을 감안한다면 「대승기신론」을 일승만교(一乘滿教)에 두었다고 보는 견해에는 타당성이 있다.

그렇다고 하더라도 원효 스님은 그의 저술 곳곳에서, 경전의 체계를 세운 교판 자체에 관심을 두었다기보다는 화회(和會)의 입장을 대단히 중요하게 여기고 있음을 보이고 있다. 때문에 '원효 스님의 교판은 화쟁(和諍) 교판(教判)'이라거나 '편파적 집착을 경계한 것이 원효 교판관의 특징'이라고까지 평가한다.

결과적으로는 스님이 「화엄소」에서 사종교판(四種教判)의 체계를 정립했다고 하더라도, 이는 어떤 종파나 경전의 우월을 주장하기 위해서가 아니었음을 알 수 있다. 다시 말해 스님이 교판을 세웠다면, 그것은 붓다가 설법한 방편적인 가르침의 진정한 의미를 파악하지 못한 집착에서 비롯된 여러 논쟁을 화회하기 위해서 분류한 것이라고 할 수 있다.

2. 일승(一乘)의 확신

생로병사(生老病死)의 괴로움을 벗어나고자 출가했던 붓다의 깨달음은 불교라는 거대한 물줄기를 형성하게 된다. 그러나 크나큰 흐름을 이루는 것은 작은 개울물들이 합쳐지듯이, 불교사상의 흐름 속에는 다양한 생각과 견해들이 용해되어 있다.

그렇다고 해도 붓다의 깨달음과 그로인한 가르침을 근본적인 줄거리로 세우고 있는 불교는 중생의 괴로움을 해소하려는 처음의 목적을 결코 벗어나지 않는다. 다시 말해 불교에서 사용하는 용어나 개념의 의미는 인간이기에 겪을 수밖에 없는 번뇌와 고통들에 대한 의문을 근본적으로 내포하고 있다.

따라서 누구나 그 가르침의 내용을 알아듣고 이해할 수 있을 때, 불교의 근본정신은 생명력을 얻게 될 것이다. 이는 곧 가르침의 의미를 전달하는 방법이 대단히 중요한 의의를 지니고 있다는 뜻이 된다.

그러나 설법을 듣는 사람, 즉 중생들이 받아들이는 능력이 제각기 다르다는 점은 전달방법의 다양성을 고려하지 않을 수 없게 만들었다. 이를테면 가르침의 내용을 이해하는 정도에 따라 각기 다른 방법으로 설법할 수밖에 없었다.

듣는 이가 이해할 수 있도록 자질에 맞추어 설법을 하다 보니, 뒷사람들은 각기 다르게 표현된 설법의 내용을 두고 이치의 깊고 얕은 차이를 구별하게 된 것이다. 이것이 곧 삼승(三乘)으로서, 성문(聲聞)과 연각(緣覺)과 보살(菩薩)의 세 부류이다.

따라서 이러한 구분은 사실 알아듣는 능력으로서 나눈 것이지, 불교의 궁극적 이치가 그러하다는 의미는 아니다. 다시 말해 이는 중생을 교화하기 위한 방편적인 다름이자 근기의 차이를 나타낸 것일 뿐이다. 그러므로 알아듣고 난 뒤, 즉 깨닫고 나면 모든 중생이 다를 바 없다.

일승(一乘)이란 모든 중생이 처음부터 불승(佛乘)이지만, 이해와 수행의 단계는 다를 수밖에 없다는 생각을 바탕으로 한다.

> 이 마음을 일컬어 불성(佛性)이라 한다. 단지 여러 관점에 의하여 불성이 다르게 표현되나, 관점(門)이 다르다고 해서 따로 어떤 성(別性)이 있는 것이 아니다. 다름이 있을 수 없듯이, 하나(一)가 있다고도 할 수 없다. 하나가 아니므로 능히 모든 관점(諸門)에 해당되는 것이고, 다르지 아니하므로 모든 관점은 일미(一味)이다. 「涅槃經宗要」

하나(一)가 곧 모든 것(一切)이며, 모든 것이 하나이다.「大乘起信論疏」

여기서 일승(一乘)이라 할 때의 하나(一)는, 하나 아님에 대한 하나이다. 다시 말해 다른 것이 있을 수 없다면, 즉 하나 아님이 있을 수 없다면 그 하나도 있을 수 없다는 의미의 하나이다.

이와 같이 하나와 하나 아님을 의미 있게 표현하고 있는 것은, 언어가 실재적(實在的) 경향을 지니고 있기 때문이다. 이를테면 언어란 의미를 전달하기 위한 도구일 뿐이지만, 사람들은 하나라 하면 마치 그 하나가 실재(實在)하는 것으로 받아들이기 때문에 하나가 있다고도 하지 않지만 하나가 곧 일체라고도 한다. 다시 말해 언어란 본질과는 아무런 상관이 없다.

이는 다른 것과 구별되는 하나라면, 벌써 다른 것이 하나가 아니라는 사실을 전제하기 때문이다. 그렇다면 하나를 하나 아닌 것과 대비하여 밝히고, 하나 아닌 것은 하나와 같고 다름을 검토하여 밝힌다고 했을 것이다. 그러나 따로 떨어져 존재하는 하나가 아니기에, 모든 관점이 통한다는 의미가 가능하게 된다. 나아가 다른 것이 아니기에 모든 관점(諸門)이 한 맛(一味)이 되는 것으로서의 하나이다.

다시 말해 여기서 의미하는 하나는, 유일하고 절대적인 것이 아니라 모든 것을 끌어안고 포용하는 의미로서의 하나이다. 따라서 일승(一乘)이라 표현할 때의 하나 역시 기존의 해석을 부정하기 위한 것은 아니다.

승(乘)이란 의탁한다(寄)는 비유로서 사용하는 말로, 실어 나르는(運載) 것을 그 내용(功)으로 삼는다.「大乘起信論疏」

모든 부처님(一切諸佛)이 본래 타고 있다(乘)는 것은 결과에서 원인을 보아 탄(乘) 뜻을 해석한 것이며, 모든 보살(一切菩薩)이 모두 이 법(法)을 타고 여래지(如來地)에 이른다는 것은 원인에서 결과를 보아 탄(乘) 뜻을 해석한 것이다. 「大乘起信論疏」

승(乘)이란 실어 나르는(運載) 것이 맡은 바 임무이니, 그로 인해 깨달음에 이르며 열반에 들게 된다. 그러므로 승(乘)은 곧 수레의 의미이자 방편을 일컫는 표현이기도 하다.

이와 같이 해석한 스님의 견해에 따르면 일승(一乘)이란 포괄적 의미로서의 '하나'와 '탄다'는 의미로 이루어져 있지만, 일승의 의미를 밝히는 내용 가운데 스님의 사상이 오롯이 드러나고 있으며, 아울러 일승이야말로 사상체계의 바탕일 수밖에 없다는 견해도 명료하게 나타난다.

「법화경종요」에서는 이 일승(一乘)을 타는 사람(能乘人)과 타는 법(所乘法)으로 나누고, 타는 법에 있어서도 일승의 이치(理)와 가르침(敎), 그리고 원인(因)과 결과(果)로 구체화하고 있다.

일승(一乘)의 이치(理)란 이 우주 만물이 곧 진리의 세계(一法界)라는 뜻이다. 따라서 진리의 몸(法身)이라고도 하며 여래의 씨앗(如來藏)이라고도 한다. 「法華經宗要」

여래법신(如來法身)과 여래장성(如來藏性)은 모든 중생이 평등하게 소유한 것으로서, 능히 모든 것을 같은 근원으로 돌아가게(同歸本原) 한다. 이 도리로 말미암아 다른 승(乘)이 없다. 「法華經宗要」

이와 같은 관점을 사종교판(四種教判)의 일승(一乘) 분만(分滿) 기준인 보편 원융한 도리(普法)와 연관시키면, 스님의 뜻이 온전하게 나타나게 된다.

이를테면 보편 원융한 도리란 곧 걸림 없는 원만한 이치인데, 여기서 해석하고 있는 일승 또한 모든 중생이 부처의 씨앗을 지니고 있다는 확신이자 걸림 없는 원만한 이치이다. 그러므로 일승이야말로 보편 원융한 도리(普法)이다.

이와 같은 의도는 「보살영락본업경소」에서도 나타나고 있다.

> 일승(一乘)이란 다른 부류가 있을 수 없고, 다 함께 큰 깨달음에 이르지 아니함이 없기 때문에 일승(一乘)이라 한다. 「菩薩瓔珞本業經疏」

이는 곧 스님의 사종교판에서 「화엄경」을 일승만교(一乘滿敎)라고 판단하여 붓다의 가르침 가운데 가장 궁극적인 것이라 보기도 하지만, 「화엄경」만이 더할 나위 없는 경지라고 한 것이 아님을 짐작할 수 있다.

나아가 다른 종파의 주장이나 이론을 모두 수용하고 있다는 점을 생각해도 그러하지만. 두드러진 '열 가지 논쟁의 화쟁(十門和諍)'을 이론 정립의 목표로 삼은 것에서나, 「대승기신론」의 해석에서 여래장을 강조한 의도 또한 일승(一乘)의 확신이 전제되어 있다고 볼 수 있다. 이를테면 일승의 확신은 존재에 대한 스님의 기본적인 시각이었다.

뿐만 아니라 무궁무진한 승(乘)을 모두 인정한 까닭 또한 중생이란 원래 부처가 될 수 있는 씨앗을 지니고 있다는 믿음이 있었기 때문이라고 할 수 있다. 다시 말해 하나로 돌아간다고 할 때의 그 하나에 내재된 포괄적인 의미를 승체(乘體)라 본 것으로, 이는 곧 불성이 본성의 근본원인(性因)임을 의미하고 있다.

이는 「니건자경(尼健子經)」의 표현을 근거로 하여, 그 뜻을 확실하게 밝히고 있는 가운데에도 나타나고 있다.

> 비록 수행방법이 여러 가지가 있어서 배우는 과정이 다르지만, 모두가 같은 불법(佛法)이므로 한 나리를 건너는 것이다.「法華經宗要」

본성의 근원(性因)이 모두 하나로 돌아간다 하더라도, 현상에서의 차별은 어쩔 수 없기에 삼승(三乘)의 구별이 생겨났다는 뜻이다.

그러나 본성에 불성이 있다고 해서 모두가 함께 그리고 동시에 부처가 될 수는 없기 때문에, 거기에는 자연스럽게 여러 가지의 방법을 통해 본성을 닦아 나아가는 작용을 보태지 않을 수 없다. 하지만 그 방법 또한 잘못된 길일 수도 있고 바른 길일 수도 있으며, 바른 길이라 하더라도 여러 가지 수행의 방법이 있게 마련이다.

그러므로 수행하는 방법 또한 다양하게 나누어지지만, 거기에서도 깊고 얕음의 차이는 있다. 따라서 이 모두를 감안한다면, 오랫동안 성불하지 못하는 부류도 있게 마련이다.

그러나 스님은 근본적으로 불성을 지니고 있기에, 단지 본성을 닦아 나가는 여러 가지의 수행은 성불의 방법과 시기를 제시할 뿐 결국에는 일승(一乘)으로 돌아간다고 하였다.

다시 말해 이와 같은 방법들이 외형상으로는 다르게 나타나지만, 스님에 의하면 이 길로 가든 저 길로 가든, 빨리 가든 늦게 가든 모든 중생이 성불한다면 모두가 같은 길일 뿐이다. 그러므로 모든 방법이 궁극적으로 만나게 되는 하나의 본질적인 귀결이 곧 일승(一乘)이지만, 이는 결과적으로 모든 방법을 놓아버려야 가능해지는 길이기도 하다.

따라서 이 과정에는 삼승(三乘)의 구분이란 단지 방편일 뿐이라는 사실이 이해되어야 한다. 스님은 이를 알기 쉽게 설명하기 위해, 승(乘)을 문(門)에 비유하고 있다.

문(門)에도 두 가지 이름이 있으니, 만약 부처의 문(佛門)과 사람의 문(人門)으로 말하면 문은 부처도 사람도 아니다. 만약 송판으로 만든 문(松板門)과 대나무로 만든 문(竹門)으로 말하면, 문은 송판이요 대나무이다. 지금 삼승의 가르침을 일컬어 방편문(方便門)이라 한 것은 송판문과 대나무문과 같다. 문(門)은 곧 방편이다. 「法華經宗要」

부처(佛)나 사람(人)이나 성인(性因)이 다를 바 없으므로 문은 부처도 사람도 아니지만, 재료의 차이로 말한다면 송판과 대나무는 다르다. 이를테면 문은 문이지만 송판으로 만든 문이 있고, 대나무로 만든 문이 있다.

사람이 출입하는 용도는 마찬가지이나, 송판으로 만든 문인가 아니면 대나무로 만든 문인가에 따라 재료로 문을 나눌 수도 있으니, 방편문의 방편이란 것 자체가 송판이나 대나무와 같다는 뜻이다. 다시 말해 재료의 차이가 곧 방편이란 뜻으로, 삼승의 셋이 모두 방편이란 의미이다.

이는 곧 언어로 전달할 수 있는 방법을 통하여 중생의 능력 차이를 재료의 차이로 비유한 것이니, 보편성인 본성의 근본 원인을 제외시키면 남는 것은 특수성의 문제로서 서로 다르게 나타난다는 뜻이다. 그러므로 재료의 문제란 그것이 곧 진리가 아님을 암시한다. 이를테면 송판이나 대나무 그 자체가 문이 아님은 자명한 사실이다.

나무를 태우고 난 뒤 남는 재가 나무가 아니듯이, 나무 속에 있는 불의 성질이 사라졌지만 나무를 태워 불의 성질이 사라졌다는 것을 믿지 않는 사람에게, 나무를 태워 불의 성질이 사라짐을 보이기 위해 나무를 가져온 것과 같다.「法華經宗要」

모든 중생이 일승임을 이해하지 못하는 부류의 사람들에게는 삼승(三乘)을 그대로 끌어와서 삼승 속에 일승이 있음을 밝혀주고자 함이니, 이것이 곧 방편이다. 문제는 방편이라고 해서 이에 그치는 것이 아니라, 방편의 가르침도 해탈에 이르는 길로서 이것 역시 붓다의 가르침임을 밝혀 궁극적인 진리에 이르게 하는 데 있다.

> 삼승(三乘)의 가르침에는 두 종류가 있으니, 하나는 별교(別教)이며 또 하나는 통교(通教)이다. 별(別)이란 셋이 모두 진실이 아니고 방편이다. 교설(教說)에 의하면 아주 오랜 시간(三僧祇劫)에 다양한 수행을 닦고 백겁의 세월에 완전하고 모자람이 없는 수행(相好業)을 닦고, 최후의 몸으로는 선정과 지혜를 닦아 보리수 밑에서 위없는 깨달음을 이루니, 이와 같은 인과로 불승(佛乘)을 삼지만, 불승도 역시 방편이다.「法華經宗要」

삼승(三乘)도 불승(佛乘)도 방편이기는 마찬가지이지만, 이 또한 모두가 해탈로 나아가는 길임에는 다르지 않다는 뜻이다.

불성(佛性)이란 처음부터 삼승이라 해서 다르고 일승이라 구분하고 따진다고 해서 헤아릴 수 있는 대상도 아니다. 불성이란 시간도 공간도 없고, 물질적 질량도 물리적 에너지도 없다. 도대체 '있다(有)'거나 '없다(無)'거나 하는 표현 너머에 있는 것이며, 머리로 헤아릴 수는 없다. 그러나 그것은 허무가 아니라 모든 존재의 근원일 뿐이다.

존재의 본질이자 원리이기도 한 불성이란 '하나(一)'라는 개념이나 '일체(一切)'라는 개념을 모두 초월할 뿐만 아니라, 현상과 본체를 넘어서고 있다. 따라서 어떤 의미에서는 있고, 어떤 의미에서는 없다. 그러나 실상은 그 어느 쪽이 아니라 그 어느 쪽도 넘어선 곳이 된다. 넘어서고 보면 '있을' 수도 있고 '없을' 수도 있다. 때문에 있다고 하든 없다고 하든 간에 그러한 표현은 불성과는 아무런 상관이 없다.

따라서 불성(佛性)이든 혹은 다른 유형무형의 것이든 '있다' '없다'고 하는 표현 자체는, 스님의 견해에 의하면 '있고, 없고'를 초월하게 된다.

그러므로 스님의 사종교판(四種教判)에서 통(通)과 별(別)의 구별을 방편으로 본 것 또한 방편이 방편임을 이해하지 못한다면, 일승(一乘) 역시 무의미한 것이 되고 만다.

> 통(通)의 뜻으로는 모두 허용이 되나, 별(別)로서 보면 삼승(三乘)의 가르침에서 세 가지 이치가 있는 것이 아니고, 일승(一乘)의 가르침에서 하나의 이치가 없는 것이 아닌 까닭에 셋은 방편이요 하나는 진실이니, 비록 하나가 없는 것도 아니지만 그 하나가 있는 것도 아니다. 이런 까닭에 역시 따로 무엇이 있다는 것은 아니다. 「法華經宗要」

'삼승(三乘), 일승(一乘), 분(分), 만(滿)'의 다양한 방편을 넘어서는 그 어떤 것은 표현하는 순간 실재(實在)의 개념으로 전락할 수 있지만, 드러내지 않을 수 없는 상황을 솔직히 시인해야 하는 것이 하나의 진실이다.

그러나 이러한 전제를 하더라도, 전달 될 수 있는 것은 구체적인 언어 표현일 수밖에 없다는 사실이 먼저 이해되어야 한다. 따라서 방편을 방편으로 보지 못하고 집착하는 것, 이것이야말로 붓다의 뜻이 지극히 공정하다는 의미와 멀어지게 된다.

그러므로 스님이 나름대로의 교판체계를 세운 까닭은, 붓다께서 깨달음으로부터 열반에 이르기까지 행한 모든 말씀과 가르침이 모두 지혜의 경지임을 나타내고자 함에 있었다. 다시 말해 표현된 삼승의 방편 한 마디 한 마디가 사실은 모두 일승의 가르침임을 드러내고자 했을 뿐이다.

이와 같은 시각이 곧 대승(大乘)과 소승(小乘), 공(空)과 성상(性相)의 모든 가르침이, 결국에는 중생 모두를 성불의 길로 인도하기 위한 내용이라고 수용한 바탕이기도 하며, 화쟁(和諍)의 이유이기도 하다.

다시 말해 삼승이 곧 일승이요, 일체의 말씀과 가르침이 모두 성불로 가는 길이라는 확신이 사상의 바탕에 전제되고 있으며, 이와 같은 생각이 스님의 저술 전편에 나타나는 관점이기도 하다. 이를테면 이와 같은 확신을 바탕으로 하여 서로 다른 학설과 주장을 모두 화회하여 하나로 돌아가게 함으로써, 일승 성불의 길로 안내하는 일이 곧 스님의 일생을 통한 활동이었다.

따라서 스님이 추구하고자 한 일심(一心)의 구도는 자연스럽게 일승(一乘)의 바탕 위에서 정립된다.

> 하나의 진리란 곧 일심(一心)을 말하는 것이다. 일심의 진리에는 두 종류의 문(眞如門, 生滅門)이 있는데, 두 문은 오직 이 하나의 진실에 의한 까닭으로 하나의 진리(一諦)라 하는 것이고, 한 맛의 길(一味道)이라 하는 것은 오직 일승(一乘)인 까닭이다. 「金剛三昧經論」

스님은 붓다가 설법한 일체의 가르침과 내용은 일불승(一佛乘)에 있다고 보았다. 따라서 붓다의 교설을 두고, '공(空)을 말하고 있다'느니, '유(有)가 중요하다'느니, 아니면 '성(性) 또는 상(相)의 이치를 밝히고 있다'느니, 또는 '돈(頓)이 중요하다, 점(漸)이 중요하다'는 등의 모든 쟁론은 모두 어리석은 자의 망령된 집착일 뿐이라고 하였다.

지혜로운 사람에게 있어서는 오직 하나인 성불의 길이 있을 뿐이므로, 삼승의 모든 가르침의 뜻 또한 결국에는 일불승에서 회통될 수밖에 없다. 다시 말해 일체의 모든 진리가 모두 한 맛(一味)의 깨달음을 얻기 위한 것이므로 모든 가르침이 다 한가지의 내용일 수밖에 없으며, 그 내용 또한 결국에는 일심(一心)의 근본으로 돌아가게 하므로, 일승(一乘)일 수밖에 없다.

> 삼승(三乘)을 닦아 나아가는 사람이나, 네 종류의 성문(聲聞)이나 삼계(三界)에 있는 모든 중생이 능히 일불승(一佛乘)을 타는 사람이며, 모두 부처님이요 모두 보살이다. 모두 불성을 지니고 있어서 장차 부처님의 자리를 잇게 될 것이기 때문이다. 나아가 성(性)이 없는 존재까지 모두 장차 성불하게 될 것이기 때문이다. 「法華經宗要」

모든 부처님과 중생은 서로 다르게 나타나지만, 실상은 본성의 근본이 다르지 않다고 한다. 다시 말해 모든 중생의 본바탕인 본성이 바로 여래(如來)의 법신(法身)이요 여래의 씨앗을 감춘 것(如來藏)이다. 때문에 그로 인해 일체 중생이 한결같이 잃어버린 근본에로 되돌아오는 일승(一乘)이다.

나아가서는 법신이나 여래장이라 부르는 우주세계 역시 일승의 이치이기 때문에 영원히 성불하지 못한다는 존재(闡提)마저 그 법성(法性)만 보게 되면 성불하게 된다고 한다.

결국 원효 스님에게 있어서의 삼승(三乘)과 일승(一乘)은 일승에 대한 삼승이요 삼승에 대한 일승일 뿐이다. 방편이 방편으로서의 의미 외에, 이것이 독립적이거나 고정적인 실체로서 집착함을 거부한 것이나.

이는 곧 가르침의 뛰어남과 열등함, 깊고 얕음이란 결국 다양한 부류를 위한 방편이지만, 그 방편 역시 해탈에 이르게 하기 위한 붓다의 말씀임을 강조함으로써 모든 중생이 성불할 수 있다는 확신 아래 다른 이론이란 있을 수 없다는 논리로써 화회의 이치를 정립하고 있다.

따라서 일체중생이 평등하게 지닌 불성 그리고 그 길로 나아가게 하는 일체의 말씀과 가르침에 나타나는 수 없는 방편들이 결국에는 모두 부처의 길로 나아가는 하나의 모습이며 맛일 뿐이다.

이와 같은 생각으로 건립된 원효 스님의 사상체계를 건축에 비유하자면, 일승(一乘)을 기단(基壇)으로 삼아 일심(一心)으로 쌓아올린 아름다운 탑이라고 표현할 수 있다.

제4장 존재의 이해

원효 스님의 삶이나 사상을 설명하고 있는 글을 만나면, 거기에서 반드시 언급되고 넘어가는 한 권의 책을 발견할 수 있다. 이는 뒷사람들이 스님의 삶과 사상에서 그렇게 느꼈든지 아니면 스님 스스로 찬탄하고 있기에 중요하든지 간에, 사상체계를 정립하는데 있어서 지대한 역할을 한 책이라는 사실은 변함이 없으니, 그것이 바로 「대승기신론(大乘起信論)」이다.

굳이 「대승기신론」만이 스님의 사상 형성에 영향을 끼친 것은 아니라 할지라도, 스님의 사상을 연구하는 모든 이들 역시 「대승기신론」이란 책이 스님의 사상 체계에 바탕이 되었다는 사실을 부정하는 사람은 없다.

이는 스님 자신이 남긴 저술의 목록에서도 「대승기신론」과 관계되는 저술이 가장 많을뿐더러, 스님의 다른 저술에서도 「대승기신론」이 다른 어떤 것보다도 많이 인용되는 책이기 때문이다.

사실 「대승기신론(大乘起信論)」이란 제명 그대로 '대승불교의 믿음을 일으키기 위한 논서'이자 대승불교의 핵심을 명료하게 서술하고 있는 저술로서, 인도의 마명 보살(馬鳴菩薩, Aśvaghoṣa)이 기원후 2세기에 저술한 것으로 알려져 왔다.

그러나 현대의 많은 학자들은 저자와 성립 시기에 대해 전통적인 견해와는 의견을 달리하고 있다. 이는 「대승기신론」의 산스크리트어 원본이 발견되지 않았다는 사실과, 중국 양(梁)나라의 진제(眞諦)와 당(唐)나라의 실차난타(實叉難陀)에 의한 2종의 한역

본만 존재하기 때문이다. 뿐만 아니라 산스크리트어로 된 경전이나 주석서에서, 이 논서에 대한 언급을 찾아볼 수 없는 것도 그 이유 중의 하나이다.

때문에 중국에서 찬술된 위경(僞經)이라는 주장도 있기는 하지만, 당시의 중국 불교학 수준이 이를 찬술할 정도는 아니었다는 점과, 교학의 내용이나 서술된 문법 등을 고려한다면 인도인의 저작이라는 견해가 유력한 논서이다.

「대승기신론」은 크게 서분(序分)과 정종분(正宗分) 그리고 유통분(流通分)의 세 부분으로 구성되어 있으며, 논의 본문인 정종분은 다시 '인연분(因緣分), 입의분(立義分), 해석분(解釋分), 수행신심분(修行信心分), 권수이익분(勸修利益分)'의 5장으로 나누어진다.

이와 같은 「대승기신론」은 일심(一心)과 이문(二門) 그리고 삼대(三大)로서 교리적인 내용을 포괄적으로 섭합하며, 사신(四信)과 오행(五行)으로 수행의 이치를 정립하고 있다.

따라서 「대승기신론」은 이론과 실천의 부분에서 기존의 다양한 사상들을 수용함으로서 대승불교의 진수를 간략하면서도 조직적으로 체계화한 저술로 인정되고 있으며, 아울러 불교사상사에 나타난 논서 가운데 가장 높이 평가되고 있기도 하다.

「대승기신론」이 대승불교에 미친 영향이 컸던 만큼, 이 논에 대한 주석서는 삼 십 여종 이상이 나타나고 있다. 그 가운데서도 수(隋)나라 혜원(慧遠)의 「대승기신론의소(大乘起信論義疏)」와 신라 원효(元曉)의 「기신론소(起信論疏)」, 그리고 당나라 법장(法藏)의 「대승기신론의기(大乘起信論義記)」가 가장 유명한데, 이를 '기신론 3소(起信論三疏)'라 한다.

「대승기신론」에서는 대승(大乘)의 의미를 정의하기를, '대승이란 곧 중생심(衆生心)이며 일심(一心)이라고도 한다'고 선언하고 있다. 뿐만 아니라 '대승에는 마음의 바탕이자 본래심인 진여문(眞如門)과 마음의 활동을 주관하는 생멸문(生滅門)이 있다'고도 하였다. 이와 같은 표현이야말로 대단히 포괄적인 언표이기는 하지만, 대승불교의 의미를 온전하게 살려내고 있다고 평가된다.

본래의 마음이란 모든 존재의 본체로서 나지도(生) 사라지지도(滅) 않으며, 언어로 표현되지 않는 평등함을 의미하는 것으로서 이를 진여(眞如)라 한다.

그런데 마음이 진여뿐이라면 '마음이 일어난다'는 개념은 있을 수 없다. 그러나 일어나고 사라지는 현상이 나타나므로 이를 인정하지 않을 수 없으니, 이를 생멸(生滅)이라 하여 마음의 움직임으로 나누고 있다.

하지만 나지도 않고 사라지지도 않는 마음과 일어나고 사라지는 마음이 다른 것이 아니다. 때문에 나지도 사라지지도 않는 고요한 '진여(眞如)'와 나고 사라지는 '생멸(生滅)'이 같지도 않지만 다르지도 않다고 한다.

따라서 마음의 진여와 생멸로 인해 나타나는 현상존재의 실체 없음을 깨닫는 것과 깨닫지 못하는 경계가 생기게 되는데, 이는 일체(一切)가 '진여' 속에 포용되기도 하지만 모든 현상이 '생멸'로 드러나기도 한다는 뜻이다. 따라서 생겨나고 사라지는 현상만이 전부라고 하는 것은 마음의 한 면만을 본 것에 불과하며, 이와 같은 생각이 잘못임을 깨달을 수 있을 때 마음의 바탕인 본래의 '진여'로 돌아가게 된다.

사상적인 측면에서 본다면, 「대승기신론」은 기존의 중관설(中觀說)과 유식설(唯識說) 그리고 여래장설(如來藏說)을 모두 수용할 뿐만 아니라, 이러한 이론들을 조화시키려는 것이 그 특징이라 할 수 있다. 다시 말해 「대승기신론」에서 제시하고 있는 중요한 주제인 '현상(生滅門)과 본질(眞如門)이 다르지 않다'는 내용을, 각각의 이론에 대입하여 통일을 꾀하고 있다. 때문에 「대승기신론」은 '여래장(如來藏)과 유식(唯識)의 조화를 시도하여 여래장연기설(如來藏緣起說)을 완성하였다'고 평가되며, 「능가경(楞伽經)」「밀엄경(密嚴經)」 등과 더불어 여래장연기사상의 완숙기에 속하는 것으로 받아들여지고 있다.

이는 곧 공(空)을 중심사상으로 하는 중관(中觀)의 학설에 여래장설(如來藏說)과 유식설(唯識說)을 도입하여 체계화를 시도했다는 뜻이다. 이와 같은 점에서 본다면, 「대승기신론」은 대승불교의 근간을 이루는 이론을 모두 수용하고 있는 셈이다.

이와 더불어 「대승기신론」의 '기신(起信)' 즉 '믿음을 일으킨다'는 제목 자체가, 어떻게 믿음을 성취시킬 수 있는지를 중요한 테마로 삼고 있기 때문에 이후의 많은 종파와 학설에 다양한 영향을 끼치기도 하였다.

사상체계의 줄거리를 화회(和會)로 설정한 원효 스님 또한 이러한 「대승기신론」의 영향을 받았다는 사실은 스님의 저술 가운데 「대승기신론」과 관련된 저술이 많다는 것과도 관련이 있다. 이를테면 스님이 저술했다고 전하는 책으로는, 「대승기신론소(大乘起信論疏)」 「기신론별기(起信論別記)」 「대승기신론종요(大乘起信論宗要)」 「대승기신론료간(大乘起信論料簡)」 「대승기신론대기(大乘起信論大記)」 「대승기신론사기(大乘起信論私記)」 「기신론일도장(起信論一道章)」 등이 있었다고 한다. 그러나 안타깝게도 현존하는 것은 단지 「대승기신론소」와 「대승기신론별기」 뿐이다.

그렇지만 「대승기신론」을 수용하는 스님의 시각은 현존하는 저서에서도 잘 나타나고 있는데, 이는 대승불교사상의 양대 조류인 중관사상과 유식사상을 명쾌하게 비판하고, 그 바탕 위에서 「대승기신론」이 체계화되었다는 사실에 중요한 의미를 부여하고 있다는 평가에서 비롯된다.

> 「중관론(中觀論)」과 「십이문론(十二門論)」 등의 중관(中觀) 사상은 모든 옳고 그름의 집착을 다 논파하고, 또한 그 논파했다는 것까지 다 버려서 주체와 대상을 허용하지 않는다. 그렇기 때문에 이러한 주장을 일컬어서 어떤 경론에도 다 통하나 거기에 집착하지 않는 견해라고 한다. 그러나 「유가론(瑜伽論)」과 「섭대승론(攝大乘論)」 등과 같은 유식(唯識)의 이론은 법문을 깊고 얕음으로 판별해서 모두 인정하나, 이것이 융화되지 않을 때는 다른 것을 버리고 자기만의 체계를 세우게 되니, 이러한 입장을 주지만 빼앗지는 않는 견해라고 한다. 「大乘起信論疏幷別記」

이에 따르면 중관(中觀)의 이론은 모든 분별과 집착을 버리게 하고 또 버리게 한 것까지 버려서 주체와 대상을 허락하지 않으니, 이는 가고는 치우치지 않는(往而不偏) 주장이 된다. 여기서의 주체와 대상이란 현상의 세계를 가리키며, 허락하지 않는다는 것은 다시 이에 돌아와 긍정하지 못함을 의미하고 있다.

그러나 유식(唯識) 또한 법문의 깊고 얕음을 판별하여 모두를 인정하지만 스스로 세운 법을 버려서 융화하지 못하니, 이는 주고는 빼앗지 못하는(與而不奪) 이론이라고 하였다. 다시 말해 유식의 체계는 생사의 근본이 되는 아뢰야식(阿賴耶識)과 열반의 본체가 되는 진여(眞如)를 확연하게 구분함으로써 일단 더러움을 떠나 깨끗함으로 돌아가게 되면, 그 더럽고 깨끗함의 차별적인 차이로 말미암아 스스로 세운 법을 두루 적용하지 못하기 때문이다.

이와는 달리 「대승기신론」은 두 주장의 문제점을 모두 허용하면서도 주고 빼앗음이 자유자재하다고 한다.

> 「대승기신론」은 세우지 않음이 없으면서도 스스로를 버리고, 논파하지 않음이 없으면서도 모두를 허용한다. 그리고 두루 허용한다는 것은 그 허용한 것이 허용함의 극에 달하면 두루 섬을 나타낸 것이며, 스스로를 버린다는 것은 준다는 것이 궁극에 달하면 뺏게 됨을 밝힌 것이다. 이를 일러 모든 논(論)의 으뜸이요, 여러 논쟁의 해결사라고 한다. 「大乘起信論疏幷別記」

스님이 「대승기신론」을 두고서 '모든 이론 가운데 으뜸(諸論之祖宗)이요, 여러 논쟁의 해결사(群諍之評主)'라고 극찬하고 있는 것은, '세계의 본질은 공(空)'이라는 중관사상의 부정론이나, '현상은 알음알이(識)에서 비롯된다'는 유식사상의 원리로서는 세계를 통일적으로 또는 전면적으로 해석할 수 없다는 생각에서 비롯되었다고 할 수 있다.

그러나 이와 같은 표현은 단지 「대승기신론」의 관점을 추켜세우기 위한 것이 아니라, 자신의 사상체계를 구축하기 위한 밑그림으로서 「대승기신론」의 견해를 수용한다는 의미로 볼 수 있다.

스님이 「대승기신론소」에서 중관사상과 유식사상을 평가하는 관점에 대해서 후대의 학자들은, '「대승기신론」을 공정하고 정확하게 이해한 것'이라는 견해를 제시하기도 하고, '이와 같은 비판은 어디까지나 「대승기신론」의 특징을 드러내기 위한 방편적인 성격을 띠고 있다'고 주장하기도 한다.

그러나 스님의 삶과 사상체계에서 '일심(一心)'이 차지하는 비중을 생각한다면, 「대승기신론」이 중관사상이나 유식사상이 지니고 있는 이론적 한계를 극복하고자 한 것임을 누구보다 깊게 인식하고 있었을 것이다. 따라서 「대승기신론」의 평가에 있어서도 단순히 「대승기신론」의 특징을 드러내기 위한 방편으로 중관사상과 유식사상을 비판하고 있다는 주장은 지나치게 문제를 축소화시킨 견해이다.

대승불교사상의 흐름을 이끌어 온 양대 조류를 화합시키는 일이야말로 불교에 발을 들여놓은 사람에게 있어서는 그야말로 불의지공(佛意至公)의 온전함을 되살리는 궁극의 의미를 지니고 있다.

이를테면 중관사상의 문제점은 집착을 타파하는 논리로 말미암아 궁극적으로 현실(事相)조차 허용하지 못하게 된 데 있고, 유식사상은 차별의 작용만을 고집하다보니 결국에는 현실을 긍정하지 못하게 된 데 문제가 있다. 따라서 두 이론을 조화시킬 수만 있다면, 이야말로 온전한 세상을 열게 되는 것이고, 편견으로 얼룩진 논쟁을 넘어 진정한 붓다의 뜻에 돌아가게 된다.

따라서 중관사상의 집착을 타파하는 논리에 유식사상의 차별 관념을 접목시킨다면 자연스럽게 현상을 긍정하게 될 것이며, 유식사상의 차별작용에 중관사상의 집착을 타파하는 논리를 조화시킨다면 그 또한 현실을 수긍하게 될 것이라는 가설이 성립한다.

이와 같은 가설이 가능하다면, 중관과 유식은 하나의 체계 속에 통일되는 결과를 가져올 것이다. 그러므로 이와 같은 확신이 '일심(一心)'에 포괄적인 의미를 부여하여, 새로운 개념으로 정립할 필요성이 있다는 착상에 이르렀다고 볼 수 있다.

다시 말해 중관과 유식의 통일적 개념이 전제된다면, 중관사상의 무차별적이며 불변적인 공(空)은 절대적이며 본질적이지만 활동하는 실체로서의 '일심(一心)'으로 받아들여질 수 있게 된다. 그리고 유식사상의 알음알이(識)를 '일심'의 활동으로 해석할 수 있게 되면, 자체에서 깨달음과 깨닫지 못함이나 진실과 망령됨 등이 상호 작용하면서 다양한 현상을 나타나게 할 것이다. 이것이 곧 원효 스님이 설계하고 있는 사상체계의 기본 얼개이기도 하다.

그러나 이는 단순히 드러난 구도로만 볼 때, 「대승기신론」의 견해를 빌려온 것이라고 할 수 있다. 때문에 스님이 「대승기신론」의 평가에 있어서 극찬을 아끼지 않는 이유 또한 여기에서 벗어나지 않았을 수도 있다.

이와 같은 견해가 「대승기신론」을 평가하는 다양한 해석의 문제점을 지적하는 가운데 잘 나타나 있다.

> 이 책이 의도한 바가 깊고 심오해서 옛날부터 이 책을 해석한 사람들 가운데 그 핵심을 갖춘 이가 드물었다. 이는 각기 배운 바를 고집하여 문구에 구애됨으로 인해 능히 마음을 비워 뜻을 찾지 못했기 때문에 저자의 의도에 접근하지 못하였다. 이는 마치 물의 근원만 바라보다 지류에서 헤매는 것과 같고, 혹은 가지와 잎을 파악하기는 했지만 뿌리와 줄기를 잃어버린 것과 같고, 혹은 깃을 베어서 소매를 깁는 것과 같고, 혹은 가지를 꺾는데 뿌리까지 꺾는 것과 같았다. 이제 바로 이 논에 의거해 경전의 본래 취지에 맞도록 하고, 비슷한 뜻은 없애거나 줄였다.
> 「大乘起信論疏幷別記」

이는 곧 당시까지 「대승기신론」이 의도한 바를 제대로 이해하지 못함으로 인해 그 내용이 제대로 알려지지 못했다는 표현이지만, 달리 해석하면 「대승기신론」의 취지를 분명히 수용하겠다는 확신으로도 볼 수 있다.

이와는 달리 원효 스님의 사상 체계에 대한 이론적 근거가 「대승기신론」에 기초한다는 것은 치우친 평가라고 보는 견해도 없지는 않다. 그러나 일반적으로는 스님의 불교사상 형성에 그 이론적 기반을 제공한 것이 「대승기신론」이며, 이 이론적 바탕을 실천으로 옮기게 하는 원리를 「금강삼매경론」에서 서술하고 있다는 관점은 대다수가 인정하는 견해이다.

이와 같은 시각 가운데 극단적으로는 '원효의 불교는 기신론종(起信論宗)이라 불러도 좋을 것'이라는 주장도 나타나고 있으며, '원효의 사상을 체계적으로 볼 수 있는 것은 「대승기신론소」와 「별기」라고 할 수 있다'는 견해도 있다. 나아가 '원효의 일심(一心) 사상은 그의 대표작인 「대승기신론소」와 「별기」 그리고 「금강삼매경론」에 일관되게 나타나는 바, 이것이 곧 원효가 모든 대승 경전을 이해하는 핵심적인 안목이라 해도 지나친 말은 아니다'거나, '「법화종요」는 「대승기신론소」의 일심(一心) 철학을 그 확고한 근거로 삼고 있다'고도 한다.

그러나 무엇보다도 중요한 것은 원효 스님의 사상체계와 구도를 이해하자면, 「대승기신론」을 평가하는 스님의 관점을 빼놓을 수 없다는 점이다. 뿐만 아니라 「대승기신론」을 주석한 저술들의 표현 가운데에는 스님이 해석하는 인식의 체계에 대한 견해가 고스란히 드러나 있기 때문이다.

1. 존재의 의미

인간은 살아 있는 동안, 사는 일은 죽음과 다르다고 생각한다. 다시 말해 인간은 태어나는 순간부터 자신의 삶이 시작되고, 죽는 순간 그것이 끝난다고 생각한다. 그러나 사실 이와 같은 생각은 삶과 죽음이라는 개념에 의해 그렇게 판단하도록 강요당해 왔음을 의미할 뿐이다.

만일 이 우주가 삶과 죽음이란 개념과 같이 분리되고 독립적인 것들로 이루어진 것이라면, 인간의 마음 또한 그렇게 분리될 것이다. 이와는 달리 만약 존재 자체의 시각에서 온전함으로 우주를 이해한다면, 인간의 마음은 있는 그대로의 온전함으로 작용하게 된다.

그러나 우리의 현실은 삶과 죽음이라는 개념에 매달려 오로지 '나'와 '나 아닌 것'을 분별하는데 삶을 허비하고, 자신을 실체화함으로서 온전한 시각을 외면하고 있을 뿐이다. 다시 말해 인간은 '나'와의 관계 내에서만 세계를 판단하고 받아들이기 때문에 스스로 잘못된 이원적 구도를 만들어 냄으로써 존재하는 모든 것을 관통하는 전체성을 의식하지 못하고 있다.

불교에서는 무명(無明)이라고 하는 불완전한 인간존재의 상태가 인식을 결정하기 때문에 그렇게 되었다고 한다. 이는 곧 온전한 인식이란 인간이야말로 불완전한 존재라는 것을 직관할 때 이루어질 수 있음을 암시한다. 바로 여기에 마음의 구조에 관계되는 비밀이 숨겨져 있다.

> 생명을 가진 모든 존재는 아주 먼 예전부터 무명(無明)의 긴긴 밤을 지내면서 망령되게 분별한 여러 가지 상에 취해 꿈속을 헤매어 왔다. 「金剛三昧經論」
>
> 허공이 끝이 없듯이 중생의 수도 한량이 없으며, 삼세(三世)가 끝이 없는 까닭에 나고 죽음 또한 시작도 끝도 없다. 「遊心安樂道」

이에 따르자면 인간이 이 세상에 태어나 자신의 삶을 산다고 하지만 사실은 마음의 본성을 알지 못하는 어리석음으로 인해 허상을 실상으로 착각하여 한바탕 꿈과 같은 삶을 산다고 한다.

여기에서 무명(無明)이란 곧 마음의 본성을 알지 못하는 어리석음을 지칭하는 말이다. 따라서 본성을 알지 못하기에 고통을 실체로 받아들이며, 사는 것을 괴롭다고 여긴다.

불교는 현실존재로서 괴로움을 겪는 인간을 전제로 하고 있으며, 그 괴로움으로부터의 해방만이 인생에서 추구할 만한 가치가 있는 것이라고 한다. 이는 곧 무명(無明)이란 인간에게 구조적으로 지워진 숙명(宿命)이란 의미이다.

이와 같은 표현이 스님의 인간이해에 대한 독창적인 견해일 수는 없다고 하더라도, 존재를 이해하는 단서로서 받아들이고 있다는 사실은 분명하다. 나아가 모든 존재는 영원하지 않는 개체의 흐름이며, 인간 또한 여기서 벗어나지 않는다고 한다.

인간의 삶이란 태어나서 늙어가고 병들고 죽는 모습, 즉 생로병사(生老病死)로 나타나는 변화의 현상이지만, 이 또한 윤회의 흐름 속에 반복되는 찰나에 불과할 뿐이다. 그러나 이러한 실상을 깨닫지 못하니, 망령되이 분별한 여러 가지 모습을 실상으로 받아들여 꿈속의 꿈과 같은 삶을 실제로 착각하며 산다. 때문에 스님은 이와 같이 끝없이 반복되는 삶을 허공의 끝없음에 비유하고 있다.

문제는 인간이 사는 것이 괴롭다고만 생각하지, 괴로움의 원인에 대해서는 진지하게 되돌아보지 않는다는 데 있다. 이는 말할 것도 없이 '나'라고 생각하는 그 '나'가 영원히 변하지 않을 것이며, 그 '나'가 생각하는 모든 것이 이루어지기를 바라기 때문이다. 다시 말해 실체로서의 영원한 '나'가 존재하지 않음을 직시할 수 없게 만드는 무명(無明)을 이해하지 못한다는 데 있다.

따라서 문제의 해결 방법 역시 문제 속에 드러나 있다. 이는 가

상의 절대자를 상정해야 하는 것도 아니며, 이 세계밖에 허구의 세계를 건설해야 하는 것도 아니다. 괴로움이란 바로 자신에 대한 무지와 오해로부터 비롯되었기 때문에, 그 무지와 오해를 알아차려야 함에 있을 뿐이다.

> 중생이 오랫동안 생사(生死)의 바다에 빠져 열반의 언덕으로 나아가지 못하는 까닭은 오로지 의심하는 마음(疑惑)과 잘못된 집착(邪執) 때문이다.「大乘起信論疏幷別記」
>
> 중생이 시작도 없는 처음부터 모든 존재가 본래 생겨나는 것이 아님(無生)을 알지 못하여, 망령된 생각으로 잘못 이해하여 나와 내 것을 헤아리고, 안으로는 감정(六情)을 내세워 그로 인해 분별하는 마음을 내고, 밖으로는 대상(六塵)을 지어 이것이 실재(實在)한다고 집착하니, 이 모두 내 마음이 지어낸 것임을 알지 못한다.「大乘六情懺悔」

'나(我)'와 '내 것(我所)'이란 항상(恒常)되고 유일하며 또 주재(主宰)함을 의미한다. 그러나 이는 존재의 법칙인 연기(緣起)로 보면 모두 부정되어 지는 것, 즉 어리석은 집착으로 인해 만들어진 허상일 뿐이다.

사실 모든 존재는 끊임없이 변화하고 있으며, 인간 또한 그 변화에 따를 뿐 아니라, '나' 또한 그 변화 속에 있다. 이는 곧 '나'가 변하지 않는 실체로서의 '나'가 아니라는 뜻이다. 실제로는 순간순간 변화하고 있음에도 불구하고, 단지 모든 사고와 감각이 단절되지 않고 일어난다고 생각하기 때문에, 자신을 언제나 동일한 '나'라고 생각하고 있을 뿐이다.

스님은 이를 '분별하는 병'이라고 하지만, 사실은 잘못된 믿음과 집착으로부터 모든 문제가 생기게 된 것이다. 때문에 이를 위해 또 다른 이론을 제시하여 새로운 집착을 만들려고 시도하지는 않는다. 인간이 벗어나고자 하는 망상이란 본래 인간의 마음속에 있는 믿음들로부터 시작된 것이기 때문이다. 그러므로 의심하는 마음과 잘못된 집착으로 둘러싸인 인간의 삶을 바로 보아야 한다.

이를테면 망령된 생각 즉 실재(實在)한다고 믿고 싶은 집착은 말할 것도 없이 욕망을 버리지 않았기 때문이다. 따라서 분별과 집착으로 인해 생겨난 망상분별에 매달리게 되고, 이로 인해 마음이 대상세계를 분별하여 고착화시킨다. 그리고는 거꾸로 고착화되고 단편화된 영역을 세계의 실제 모습으로 받아들인다.

달리 표현하자면 인간은 모두 자신이 나름대로 생각하고 꾸며놓은 환상의 세계에 살고 있다는 뜻이다. 사실 '나'라고 하는 것은 '나는 독자적이고 주체적인 존재'라는 생각과 '나 외의 것은 나와 다르다'고 믿는 확신에 사로잡혀 있음을 의미한다. 바로 이와 같은 생각이 '나'와 '남'을 가르고, '나'와 '대상'을 다르다고 보게 되는 것이고, 이것이 곧 고통의 원인이 된다.

때문에 스님은 이와 같은 사실을 깨닫는 것과 깨닫지 못함의 차이가 극락과 윤회의 불길을 갈라놓는다고 한다.

> 수많은 부처님께서 극락세계를 아름답게 하신 것은 억겁의 세월 동안 탐욕을 버리시고 고행을 하신 덕분이며, 모든 중생이 윤회의 불길 속에서 헤매는 것은 헤아릴 수 없이 많은 세상을 살아오면서 탐욕을 버리지 않았기 때문이다. 「發心修行章」

윤회를 벗어나지 못하는 인간의 삶을 나고 죽는 괴로움의 바다(苦海)라고 표현한 것이나, 인간존재의 현실을 불길 속(火宅)이라고 한 것은 모두 망상분별로 인해 나타나는 실상을 나타낸 것이다. 그러나 이는 단지 마음의 작용으로 인해 나타난 현상에 대한 표현이다. 다시 말해 윤회는 곧 탐욕과 집착으로 인해 생긴 것이다.

이와 같이 인간이 탐욕과 집착에 매달리게 된 근본적인 원인은 무명(無明)으로 말미암기 때문에, 스님은 「본업경소(本業經疏)」에서 무명을 '진여(眞如)를 깨닫지 못함'이라고 정의한다.

> 「기신론」에서 이르기를, 우주 만법의 본체인 진여(眞如)를 깨닫지 못한 까닭에 마음이 진리에 부합하지 못하여 홀연히 망령된 생각이 생긴다. 이를 무명(無明)이라 한다. 「菩薩瓔珞本業經疏」

'무명'이란 존재세계가 그대로 진리세계임을 알지 못하는 것, 즉 '있는 그대로'의 모습이 곧 진리의 실상이지만 인간의 편견이 '있는 그대로'의 세계를 쪼개고 분별하여 받아들인다는 뜻이다.

'무명(無明)'이란 초기 불교 이래로 인간 존재의 실상을 해명하는 가장 기본적인 개념으로 정착되어 왔지만, 후대로 오면서 종파마다 그 의미를 확대 부연함으로써 약간씩 관점을 달리하게 되었다. 이를테면 진여(眞如)에 대하여 진여가 아님으로 받아들이는 견해가 있는 반면 유식(唯識)에서는 근본번뇌의 하나라고 보거나 때로는 의혹을 뜻하기도 한다. 그리고 「대승기신론」에서는 이와 같이 깨닫지 못함의 의미로 정의하기도 한다.

사실 무명(無明)은 인류의 삶과 더불어 나타난 어리석음의 다른 이름으로서, 고대 인도에서는 '자신을 믿지 않는 단절의 견해로서 암흑으로 인도하는 것'이라고 하였다. 이를테면 분별하는 지식에 집착하면 암흑에 빠지므로, 참된 지혜는 분별하는 지식 이상의 절대적인 것으로 온전히 신을 아는 것이라는 의미를 내포하고 있다.

후대로 오면서 무명은 인간을 대상 세계에 속박시키는 두 원리

(明과 無明)의 하나로서, 어리석은 자는 무명에서 떠돌며 해탈의 세계에 도달할 수 없다는 의미로 확장되게 된다. 그 과정에서 무명은 '올바른 지혜가 없다'는 뜻과 '맹목적'이란 의미를 동시에 지니는 개념으로 정립된다.

따라서 소승불교에서는 과거에 지은 행위의 결과들이 무지하고 맹목적인 힘으로 나타나는 것이라 하였고, 대승불교에 와서는 모든 존재의 본성을 스스로 깨닫지 못한 근본적인 무지(根本不覺)라고 하였다.

그러나 유식(唯識) 사상의 심층의식에서는 깨달음과 깨닫지 못함이 동시에 있다고 함으로써, 무명은 바로 이 심층의식의 깨닫지 못함에 해당된다고 한다. 이는 곧 인간이란 깨닫지 못함의 바탕 위에서 깨달음을 이루는 존재이기도 하지만, 이를 달리 생각하면 인간은 이미 깨달음의 존재이지만 무명에 의하여 깨달음이 드러나지 못하고 있는 상태라는 뜻이기도 하다.

따라서 인간존재는 무명으로 말미암아 윤회를 반복하게 되고 또 불길 속을 헤어나지 못하고 있다고 비유되지만, 이는 사실 깨닫지 못한 상태를 달리 표현한 것에 지나지 않는다. 하지만 빛을 떠나서 그림자를 찾을 수 없듯이, 깨닫지 못함이 있어야 깨달음도 있다는 것은 이들이 원래 다르지 않기 때문이다. 따라서 깨닫지 못함이나 깨달음 또한 처음부터 따로 존재하는 실체가 아니기에 버리거나 취해야 할 그 무엇은 아니다.

다시 말해 중생이 사는 세상 자체가 바로 진리의 세계이며 본래의 모습이지만, 무명으로 인한 집착으로 말미암아 허상을 만들게 되었고, 그 허상의 세계에 스스로 구속된 것이다. 이를테면 사람은 태어나서 죽는 날까지 탐욕과 집착에 매달려 끌려 다닌다.

이는 마치 잠을 잘 때 잠이 마음을 덮어, 망령되이 자기 몸이 큰물에 떠내려가는 것을 보고 단지 이것이 꿈속 마음의 짓인 줄은 모르고 실지로 물에 빠진 것이라 크게 두려워하며, 아직 깨닫지 않은 채로 다시 다른 꿈을 꾸면서 '내가 본 것은 꿈이며 사실이 아니다'고 하는 것과 같다. 심성이 총명하기 때문에 꿈속에서 꿈인 줄 알고 곧 물에 빠졌던 것에 겁을 내지 않으나 그래도 아직 자기 몸이 침상에 누워있는 줄은 몰라서 머리를 움직이고 손을 흔들어 애써 완전히 깨어나려고 한다. 완전히 잠에서 깨어나서 앞의 꿈을 돌이켜 보면 물과 떠내려간 몸이 모두 존재하지 아니하며 오직 본래대로 잠자리에 고요히 누워 있음을 볼 뿐이다.「大乘六情懺悔」

이와 같은 비유에서도 드러나듯이, 스님은 무명으로 인한 망상의 집착으로 나타난 현상세계를 부정하고 있다. 그러나 스님이 현상세계를 부정한 것은 무명을 깨닫기 위한 방법으로서 부정한 것이지, 현실 자체를 무조건 부정한 것은 아니다. 무명이 사라지고 집착을 걷어내면, 현실 그대로가 곧 일법계(一法界) 즉 진여(眞如)이기 때문이다.

다시 말해 인간을 구속시키는 것은 현상세계 그 자체가 아니라 현상세계에 무의식적으로 매달리고 집착하는 인간의 탐욕이다. 따라서 부정되어야 하는 것은 현상세계가 아니라 인간의 이기적이고 계산적인 집착 즉 무명(無明)이다.

마음이 무명(無明)을 따라 무상(無常)한 마음을 만들지만, 그 영원성은 항상 그대로이고 변화되지 않는다. 이와 같이 일심(一心)이 무명을 따라 무수한 중생심(衆生心)을 만들지만, 일심은 영원하고 그 자체는 둘이 아니다.「大乘起信論疏幷別記」

이는 곧 존재 자체의 온전함이란 다름 아니라 무명을 깨달음에서 비롯된다는 의미이다. 인간의 번뇌 역시 무명의 다른 모습이기에, 무명이 사라지고 나면 괴로움도 번뇌도 함께 사라진다.

따라서 무명이 절대적인 것이라 보지도 않으며, 마찬가지로 깨달음의 세계를 실체화하지도 않는다. 왜냐하면 무명의 깨달음에 집착한다든가 아니면 깨달음의 세계로 나아가야 한다고 하면, 이 또한 이미 이원적으로 나누고 구별하는 근원적인 잘못을 범하게 되기 때문이다.

세상에 존재하는 그 어떤 것도 그 자체는 모두 온전한 것이기에, 단순히 인간의 관점에 의해 관념화되거나 분석될 성질은 아니다. 이를테면 '무명'이나 '깨달음'이란 것 또한 처음부터 존재한 것이 아니라, 집착과 탐욕에 물듦으로서 무명이 된 것이기 때문이다. 다시 말해 존재에 관한 그 어느 경우에라도 본질은 합리화될 수 없는 성질을 지닌다.

> 일체법(一切法)이 일법(一法)에 들어있기 때문에 하나 가운데서 한량없음을 알 수 있고, 일법이 일체법에 들어있는 까닭에 한량없는 가운데서도 하나를 알 수 있다. 능히 서로 걸림이 없는(相入) 까닭은 엎치락뒤치락하여 거울이 그림자를 비추듯이 실제로 생겨남이 아닌 까닭에 걸림이 없다. 「晉譯華嚴經疏」

모든 존재가 실재(實在)한다고 믿는 생각은 상대적 차원을 인정하는 데서 출발한다. 이는 곧 밝음(明)과 어두움(無明)을 어리석은 자는 둘이라 하지만, 지혜로운 자는 그 성품에 다르지 아니함을 분명히 아는 것과 같다.

비유하자면 몸에 병이 있을 때는 환자라고 하지만, 이미 병이 나은 뒤에는 환자가 아니듯이 환자와 건강한 사람은 다른 사람이 아니라 바로 동전의 양면이다. 마찬가지로 생겨나고 사라진다는 것 또한 이와 같은 상대성을 인정함으로써 일어나는 분별이기에, 참된 지혜로 나아가는 길 역시 번뇌와 고통을 부정함으로서 완성되어지는 것은 아니다.

본래의 마음, 즉 본성이라 표현되는 온전한 마음이란 곧 대상을 따르는 무명이 활동하지 않는 마음을 의미한다. 따라서 무명이 소멸된다는 것은 단지 대상화된 마음이 사라지는 것이지, 주체로서의 마음이 사라진다는 뜻은 아니다. 이를테면 파도는 바람으로 인해서 드러나지만, 파도가 사라진다고 해서 물이 없어지는 것이 아닌 것과 마찬가지이다.

이것이 곧 주어진 현상을 그대로 인정하되, 단지 그것이 근원적인 실체의 모습이 아님을 깨닫게 함으로써 존재의 의미를 온전하게 하려는 것이다.

2. 번뇌와 괴로움

인간 행동의 대부분은 의도적으로 이루어진다기보다는 오히려 무의식적인 자극에 의해 충동되고 또 강요된다고 할 수 있다. 하지만 인간의 행동이 무의식적인 충동으로부터 비롯된다는 표현을 이해하기는 쉽지 않다.

그러나 불교의 가르침에서는 이와 같은 생각, 즉 의식의 저 깊은 곳에 숨어있는 무명(無明)으로 말미암아 인간의 삶이 괴로움과 번뇌로 얼룩지게 되었다고 한다. 따라서 무명의 실체를 밝히고 그것을 넘어서는 방법을 궁구하는 일이 불교의 사유세계가 지향하는 기본원리이자 궁극의 목표가 된다.

마찬가지로 원효 스님의 사상체계에서도 무명과 번뇌의 연관성을 구명하는 작업은 대단히 중요한 의미를 지니고 있다. 이는 말할 것도 없이 어리석음과 깨달음의 심리작용을 통일적으로 설명해야 하기 때문이다.

그런데 원효 스님은 「대승기신론소」에서 무명(無明)을 해석하면서, '무명(無明)의 의미는 「이장의(二障義)」에서 광범위하게 분별해 놓았다'고 표현하고 있다.

여기서 언급하고 있는 「이장의」는 장애(障碍) 즉 번뇌를 「유가론」의 교설을 중심으로 한 현료문(顯了門)과 「대승기신론」의 교리를 중심으로 한 은밀문(隱密門)의 두 범주로 나누어 설명하고, 두 문(門)을 연관시킴으로써 번뇌의 의미를 회통(會通)시키고 있는 저술이다.

「이장의」에 따르면, 장애의 근본은 지애(智礙)인 무명(無明)이라고 한다. 이를테면 장애란 잘못된 견해와 인식을 포함하는 것으로, 근본적으로는 진리를 알지 못하는 데서 나타난다.

이와 같이 「이장의」에서는 유식(唯識)의 이론을 바탕으로 무명의 의미를 구체적으로 밝히고 있지만, 「본업경소」에서는 무명으로 말미암아 생기는 번뇌를 일곱 가지의 견해와 여섯 가지의 집착으로 세세하게 나누고도 있다.

이는 곧 무명의 실체를 밝힘에 있어서 특정한 견해나 학설에 치우치지 않고 모든 이론을 두루 수용하고 있다는 것을 의미한다. 하지만 그 또한 필요에 따라 부분적으로 인용한 것이 아니라, 기존의 이론들을 보다 더 큰 하나의 체계 속에 묶고자 하는 의도에서 그렇게 한 것이다.

우주 만법의 본체인 진여(眞如)를 온전히 수용하지 못하여 삼계(三界)의 업(業)을 짓는 결과를 일으킨다. … 이숙식(異熟識) 가운데 13종류의 영향력(薰習)이 항상 흘러 끊어지지 않는다. 이 식(識)을 법계(法界)라고 하는 까닭은 능히 삼계의 모든 존재가 종자를 지니기 때문이다. 계(界)란 곧 지닌다(持) 또는 원인(因)의 뜻이다. … 번뇌 가운데 크고 작음을 따라 모두 13으로서 근본을 삼고, 무명이 머무는 자리(無明住地)와 더불어 이 열 셋이 근본을 이루기 때문이다. 「菩薩瓔珞本業經疏」

스님은 번뇌가 일어나고 사라지는 이치를 밝히는 가운데 「본업경소」에서 제시하는 13가지 영향력(薰習)이나 「이장의」에서 인집(人執)으로 열반의 과(果)를 방해하는 번뇌장(煩惱障)과 법집(法執)으로 보리(菩提)의 과(果)를 방해하는 소지장(所知障)을 함께 수용하고 있다. 이는 이들 모두를 무명(無明)의 현상으로 보았기 때문이다.

사실 유식(唯識)이란 해탈의 심리를 정립하고 있는 이론체계로서, 이를 조직적인 심리학으로 정리하고 있는 초기 경전이 「해심밀경(解深密經)」이며, 「능가경(楞伽經)」에서는 이를 더욱 체계화시키고 있다. 이러한 유식의 근본 이론은 인간의 어리석음과 깨달음의 두 가지 심리작용을 심층의식에 의해 통일적으로 설명하고자 하는데 있다.

이와 같은 유식사상이 중국으로 건너온 것은 크게 나눠 세 과정에 의해 이루어지는데, 먼저 세친(世親)의 「십지경론(十地經論)」을 위주로 한 지론종(地論宗)과, 무착(無着)의 「섭대승론(攝大乘論)」과 세친의 「섭대승론석(攝大乘論釋)」을 받아들인 섭론종(攝論宗), 그리고 마지막으로 17년간의 인도 유학을 마치고 돌아온 현장(玄奘) 스님의 주장을 따르는 법상종(法相宗)으로서 「성유식론

(成唯識論)」을 위주로 한 종파가 그것이다.

그런데 일반적으로는 현장 스님 이전의 유식을 구유식(舊唯識)이라 하고, 이후를 신유식(新唯識)이라고 하는데, 이는 인도에서도 크게 세 부류로 나누어진 이론체계를 각기 일부분만 도입함으로서 나타난 차이를 그렇게 표현한 것이다.

원효 스님이 유식사상을 무명(無明)의 해석에서 인용하고 있는 것은, 유식의 학문적 체계 자체가 해탈에 대한 심리세계의 통일적 개념에 있음을 인정했기 때문이기도 하지만, 무명의 구체적인 실상을 제시하려면 심층심리의 묘사로 나타나는 개념이 필요했다고도 할 수 있다.

> 만약 삼계(三界)가 모두 괴로움임을 깨닫고 또한 괴로움이 생기는 원인을 안다면, 자연히 괴로움의 원인인 업(業)을 짓지 않을 것이다. 이러한 도리로 말미암아 만약 괴로움의 원인을 온전히 알지 못함이 있다면, 무명(無明)의 힘이 능히 삶을 이끄는 업을 발생시킨다. 만약 무아(無我)를 이해하고 나와 남이 평등함을 이해한다면, 어찌 구태여 스스로 과보를 받는 업을 지을 수 있겠는가. 「二障義」

읽는 이가 이해하고 받아들일 수 있도록 도와주는 것이 글을 쓰는 목적이라면, 그것이 설령 유식(唯識)의 개념이든 중관(中觀)의 해석이든 가릴 필요는 없을 것이다.

때문에 스님은 「이장의」에서 무명으로 인한 번뇌의 발생원인과 괴로움의 내용에 대해서 각각의 관점별로 세세하게 나누어 설명하고 있을 뿐만 아니라 괴로움의 근원에 대해서도 여러 각도로 분석하고 있다. 이를테면 심층적 의식의 변화로 인해 생기는 괴로움(根本煩惱)과 그에 따라 파생되는 괴로움(枝末煩惱)까지 낱낱이 분류함으로서 무명의 근본 의미를 단순하고 명쾌하게 밝히고 있다. 이는 말할 것도 없이 무명으로 인한 번뇌가 삶을 이끌고 가는 세력이 되기도 하지만, 삶을 구속하기 때문이다.

그런데 이와 같이 분류하는 가운데 오관(五官) 작용을 비롯하여, 이를 통합하는 의식(意識)은 물론 심층적인 부분(七識)을 의(意) 또는 말나식(末那識) 전식(轉識) 등으로 표현하고 있으며, 더 깊은 심층의식인 팔식(八識)에 대해서는 아뢰야식(阿賴耶識) 이숙식(異熟識) 아리야식(阿梨耶識) 등의 용어들을 모두 인용하여 사용하고 있다. 이는 곧 스님이 신구유식(新舊唯識)을 모두 받아들였다는 증거일 뿐만 아니라, 나아가 그 개념의 통일을 시도했다고도 볼 수 있다.

그러나 무엇보다도 유식의 개념들을 인용하여 번뇌의 실상을 구체화하여 현료문(顯了門)으로 묶고 있는 것은, 드러나는 것만이 전부가 아니라 나타난 것의 이면에 숨겨진 뜻까지 올바로 파악해야 한다는 의미가 담겨져 있다.

이는 「대승기신론」의 체계에서는 인간의 번뇌에 대한 구체적인 실상이 낱낱이 드러나지는 않기 때문에 유식으로서 무명의 실상을 분석하고자 한 의도가 내포되어 있기 때문이다. 그러므로 스님은 「대승기신론」에서 설명하는 두 가지 장애설(二碍說)을 은밀문(隱密門)의 범위 안에 모두 휩싸서 하나로 묶는다.

다시 말해 「대승기신론」의 체계를 사상 구도의 근본으로 삼았다는 것은 분명하지만, 인간의 괴로움에 대한 구체적인 설명이 부족하기 때문에 무명의 발생원인과 그 연결고리를 조직적인 심리학으로 풀어내고 있는 유식의 분석을 인용하여 괴로움의 실상을 구체화하고 있다.

사실 「이장의」에서는 괴로움의 실체와 원인이 구체적으로 언급된다.

첫째, 자성(自性)으로 보면 번뇌장(煩惱障)은 인집(人執)이 근원이 되는 근본번뇌(根本煩惱)와 그에 상응하는 법(法)과 발생하는 업(業)과 감응하는 과보(果報)도 번뇌장체(煩惱障體)에 포함된다. 그러나 소지장(所知障)은 법집(法執)이 근원이 된 망상의 분별과 법(法)에 대한 집착과 무명(無明) 등을 체상(體相)으로 한다.

둘째, 팔식(八識)으로 보면 번뇌장(煩惱障)의 체(體)는 아뢰야식(阿賴耶識)과 상응하지 않고, 오직 칠종전식(七種轉識)과 함께 일어난다. 이 가운데 애(愛)와 무명(無明)은 칠종식(七種識)에 통하며, 교만함(慢)은 이식(二識)에 통하고, 성내는 것은 오직 칠말나식(七末那識)에만 통하지 않으며, 의심(疑)과 사견(四見)은 오직 의식(意識)에만 있으며, 살가야견(薩迦倻見)은 의(意)와 의식(意識)에 있다. 그러나 소지장(所知障)의 체상(體相)인 법집무명(法執無明)은 오직 육의식(六意識)과 칠말나식(七末那識) 등 두 마음에만 있을 뿐이고, 여타의 마음에는 통하지 않는 것이니, 이는 추구하는 성질이기 때문이다.

셋째, 얽어맨다(纏)는 의미와 마음을 어둡게 한다(隨眠)는 관점으로 보면, 깨달음을 막는 본질적인 어리석음(本惑)과 이에 따르는 어리석음(隨惑) 등의 두 어리석음(二惑)이 일어날 때, 거기에 묶이는 뜻을 얽어맨다(纏)고 한다. 얽어맨다는 것은 영향력(薰習)을 발생한 종자(種子)의 부류가 따라와 깊이 잠복해서 깨닫지 못하게 하므로 마음을 어둡게 하는 것(隨眠)이라 한다. 이와 같이 마음을 어둡게 하는 것과 얽어맨다(纏)는 것은 모두 장애의 체성(體性)을 지닌다.

얽어맨다(纏)는 것은 곧 마음을 묶어서 선(善)을 닦는데 장애가 되는 것(隨煩惱)들을 이르는 것으로서 '여섯, 여덟, 열' 종류 등으로 나누어진다. 그리고 마음을 어둡게 하는 것(隨眠)이란 곧 근본번뇌(根本煩惱)로서, 현재의 행동(現行)이 번뇌를 일으키는 것을 얽어맨다(纏)고 하고, 이 종자가 끊어지지 않고 지속적으로 상하게 하고 해치는 것을 수면(隨眠)이라 한다.

나아가 소지장(所知障) 역시 두 가지의 종자가 있으니, 이는 성(性)의 인연과 분별이다. 이 가운데서도 세 종류의 분별하는 모습(有覺, 無覺, 相內)을 들어 현재 행동의 씨앗(現行種子)은 모두 분별이며, 이것이 이숙식(異熟識)에 영향력을 주어 같은 종류의 성(性)을 생기게 하고, 또 현재의 행동을 일어나게 함으로서 소지장의 체(體)가 된다.

넷째, 바른 습관(正習)으로 보면, 두 가지 장애의 체성(體性)이 바로 깨달음을 막는 것을 정장(正障)이라 한다. 그러나 앞뒤의 습관으로 말미암아 뒤의 기운을 사라지게 하는 것이 서로 비슷하여 구별하기 어려운 것을 습기(習氣)라고 한다. 이는 총체적으로 두 가지가 있는데, 별습기(別習氣)와 통습기(通習氣)이다. 별습기는 오직 번뇌장에만 있을 뿐이며 소지장에는 없다. 이 별습기에도 현재의 행동(現行)과 종자(種子)가 있다. 그러나 이들 번뇌장의 습기는 번뇌장 가운데 포섭되지 않으니, 이는 능히 이승(二乘)의 길을 가로막지 않기 때문이다. 형상에 집착하는 분별심은 법공(法空)의 진리에는 미혹함이니, 이는 바로 소지장의 체성(體性)이 된다. 통습기(通習氣)라고 하는 것은 두 장애 가운데 남아있는 모든 습기를 말한다. 이는 드러나지도 않고 그 원인이 되는 것도 아니고, 단지 습기(習氣)의 종류일 뿐이며 능히 감당하는 성질이 없다.

다섯째, 다섯 가지 법(心法, 心所有法, 色法, 心不相應行法, 無爲法)으로 보면, 이장(二障)이 드러나는 것은 바로 마음의 움직임(心所有法)에 포섭되는데, 이에 따르는 것을 들면 심법(心法)과 색법(色法)과 심불상응법(心不相應法)이며, 또한 상응행법(相應行法)과 이에 따르는 것은 모두 포섭되는 것이다. 이는 마음(心法)의 단계로서 두 가지의 장애를 밝힌 것이다.「二障義」

이와 같은 내용이 곧 괴로움의 실체와 원인을 명료한 관점(顯了門)으로 밝히고 있는 부분이다.

물론 『이장의』란 저술 자체가 유식의 심층심리 개념을 바탕으로 하여 번뇌의 실상을 밝히고 있지만, 33회의 인용 가운데서도 유독 「유가론(瑜伽論)」의 정의를 17회나 인용하고 있다는 것은 곧 유식(唯識)에서 분석한 개념들을 현료문(顯了門)에 대입하고 있다는 뜻이다.

그러나 이와 같은 명료한 모습(顯了相)을 모두 포섭하는 장애(障)의 개념이 은밀한 모습(隱密門)이라고 하였다.

> 은밀문(隱密門)에 의하여 두 가지 장애(二障)를 밝히면, 여섯 가지 물든 마음(六種染心)은 번뇌애(煩惱碍)의 체성(體性)이며, 근본무명(根本無明)은 지애(智碍)의 체성이다. 여섯 가지의 물든 마음(執相應染, 不斷相應染, 分別智相應染, 現色不相應染, 能見心不相應染, 根本業不相應染) 가운데 처음의 둘은 육식(六識)에서 일어나며, 세 번째의 물듦은 칠식(七識)에서 일어나고, 그 다음 뒤의 세 가지 물듦은 팔식(八識)에서 일어난다. 자세한 것은 「기신론별기」에서 설명하고 있으니, 이는 거듭 설명하지 않는다. 이와 같이 번뇌애의 여섯 가지 물든 마음은 현료문(顯了門)의 두 가지 장애에 모두 포섭된다. 그러나 근본 무명은 여섯 가지의 물든 마음이 의지하는 근본으로 가장 극히 미세하고 심히 어둡게 하고 깨닫지 못하게 하는 것이다. … 나고 죽음 가운데 어느 것(法)도 무명(無明)보다 더 미세한 것이 없지만, 근본을 이루는 데는 오직 이것이 으뜸이 되어 홀연히 비로소 일어나므로 시작도 없는 무명(無始無明)이라 한다. 「二障義」

유식(唯識)의 개념을 인용하여 구체화하고 있는 다섯 가지의 관점을 무명의 실상으로 보고 있지만, 은밀문(隱密門)에서 제시한 여섯 가지의 물든 마음(六種染心)이 구체적으로 드러나게 될 때 현료의 모습(顯了相)이 된다고 함으로써 이는 사실상 유식의 이론을 포섭하고 있다.

여기서 현료(顯了)란 명백한 것(vyakta) 또는 말씀이 명료한 것(dipta)을 가리키며, 은밀(隱密)이란 말하는 사람의 뜻은 전달되지만 현료처럼 글로 드러나는 것이 아니라 글 속에 숨겨진 뜻이란 의미를 지닌다. 따라서 '현(顯)'은 방편이 되고, '밀(密)'은 진언(眞言)이 된다.

그러므로 스님은 「기신론」에서 나타나는 번뇌애(煩惱碍)의 체성인 여섯 가지 물든 마음(六染心)이 곧 유식에서 말하는 두 가지 장애와 같다고 설명하면서, '자세한 것은 「기신론별기」에서 설명한다'고 표현하고 있다.

이는 「기신론별기」에서 부연 설명하고 있다는 뜻이지만, 달리 생각하면 유식(唯識)의 명료한 관점은 「대승기신론」의 은밀한 관점 속의 한 부분일 뿐이라는 의미이다. 따라서 이는 무명의 구체적인 실상을 「대승기신론」의 체계로 수용한다는 뜻이기도 하다.

이와 같이 유식의 이론을 도입하여 구체적인 심층심리의 단계를 밝히고 있다는 것은, 스님의 사상체계가 어느 한 편에 치우치지 않았다는 사실을 여실하게 보여주는 면이다.

그러나 팔식(八識)에 나타나는 세 가지의 물듦(三染)을 「대승기신론」의 삼세(三細)와 연결시켜, 무명의 발단을 「대승기신론」의 체계로 설명하고자 한 시도는 스님의 독창적인 발상이기도 하다.

결과적으로 번뇌의 장애(煩惱障)란 그 본성(體性)이 드러나는 모습(功能)을 따른 것이니 원인으로서 결과를 설명한 것으로 해석하며, 알음알이의 장애(所知障)는 차별과 진여(眞如)의 양 속성에 대한 알음알이이기에 주되(與) 다시 뺏으며(奪) 부수되(破) 다시 세움(立)으로써 가능하다고 한다.

번뇌장(煩惱障)이란 탐내고 성내는 등의 어리석음이다. 번거롭고 수고로움을 성질로 하니 마땅히 현행(現行)을 일으켜 몸과 마음을 괴롭게 하고 어지럽히므로 번뇌(煩惱)라고 한다. 이 번뇌의 본체는 드러나는 모습(功能)으로부터 이름을 지은 것이다. 또한 능히 미혹한 세계(惑界) 내에서 다시 번뇌의 과보를 내니 유정(有情)을 핍박하여 적정(寂靜)을 멀리하게 하는 까닭에 번뇌라고 한다. 이는 원인 가운데서 결과를 설명함으로서 이름이 된 것이다. 「二障義」

소지장(所知障)이란 차별성(差別性)과 진여성(眞如性)의 두 가지 지혜를 모두 보는 까닭에 소지(所知)라고 한다. 법집(法執) 등의 어리석음(惑)이 지혜의 성질을 가로막아 현관(現觀)을 이루지 못하게 하고 경계의 성질(境性)을 은폐하여 관심(觀心)을 나타내지 못하게 하니, 이런 뜻으로 말미암아 소지장이라고 한다. 「二障義」

번뇌의 장애(煩惱障)란 다름 아니라 욕심이나 성냄 등의 어리석음으로 몸과 마음을 수고롭게 하며 어지럽고 혼란스럽게 하는 장애이다.

이에 대해 알음알이(所知)란 곧 지혜로서 중생이 지닌 본성을 밝게 비춘다는 뜻을 지니고 있다. 그러나 존재에 대한 집착 등과 같은 어리석음이 지혜의 성질을 가려서 나타나지 못하게 하고, 꿰뚫어보는 마음이 나타나지 못하게 하는 괴로움이 생기니 이것이 알음알이의 장애(所知障)가 된다.

이와 같이 스님은 무명(無明)의 원인을 밝히기 위해 유식(唯識)의 두 가지 장애설과 「대승기신론」 중심의 두 가지 장애설을 모두 종합하고 있다. 그러나 이를 달리 말하자면, 스님이 당시 중국에서 성행하던 신유식(新唯識) 이론을 흠모하여 당나라로 건너가고자 했지만, 오로지 유식만을 주장한 현장(玄奘) 스님과는 다른 차원의 안목을 지녔음을 알 수 있다.

뿐만 아니라 존재의 실상을 고집멸도(苦集滅道)로 이해하는 불교의 상호기능적 연관에서, 근본문제란 오로지 현실존재의 실제모습(實相)에서 비롯된다는 사실로부터 이에 대한 원인을 구체적으로 밝히고자 한 입장은 오로지 원효 스님에게서만 볼 수 있는 독특한 시각이다.

또한 「이장의」에서 '자세한 것은 「대승기신론소」에서 밝힌다'고 했듯이, 「대승기신론소」에서 두 가지 장애설을 해석하면서 이와 같은 의미를 분명하게 하고 있으며, 특히 아뢰야식(阿賴耶識)과 삼세(三細)의 관계로서 본질과 현상의 문제를 풀어간 시각은 스님의 탁월한 견해라고 할 수 있다.

그리고 「대승기신론」에서는 깨닫지 못한(不覺) 여섯 가지의 물든 마음(六染心)을 번뇌의 장애(煩惱碍)라 하고 근본무명(根本無明)을 지혜의 장애(智碍)라고 하는데 대해, 유식에서 말하는 두 가지 장애는 사실상 「대승기신론」에서 말하는 번뇌의 장애 속에 모두 포함된다고 보았다. 그러나 지혜의 장애(智碍)는 유식사상과 같이 분별하는 현료(顯了)의 관점에서는 표현하기 힘들다고 함으로써 「대승기신론」의 체계가 보다 포괄적임을 분명히 하고 있다.

나아가서는 자신도 모르게 저절로 업(業)을 짓게 된다는 사실을 깨닫지 못하는 것을 지혜의 장애라고 함으로써 지혜의 장애란 유식사상이 처음부터 깨끗하다는 차별적인 의미로 받아들인 진여(眞如)에 대한 집착이며, 이 때문에 스스로 발이 묶이게 된 것을 의미한다고 보았다.

따라서 유식(唯識)의 심리세계는 「대승기신론」의 관점이 제시하는 체계 속에 포함되지만, 이는 낮은 단계로서의 의미라기보다는 구체적인 내용을 제시하는 입장임을 인정하는 것이며, 스님 또한 그 구체적인 입장을 펼치는 근거로 인용하고 있다.

3. 생멸(生滅)의 근거

「대승기신론」의 핵심은 일심(一心)에 있으며, 원효 스님이 「대승기신론」의 구도를 바탕으로 하여 자신의 사상체계를 구축했다는 사실은 부인할 수 없다.

그러나 문제는 마음의 문제를 다루면서 심층적 구도로서만 마음을 언급한다면, 이는 분석되어진 또 다른 이론이 될 수밖에 없다는 점에 있다. 다시 말해 무명으로 인해 나타나는 현상을 이해한다고 하더라도, 현상이 드러나는 인과의 관계가 설명되지 않는다면 마음은 마음이고 현상은 현상일 수밖에 없기 때문이다.

달리 말하자면 존재한다는 것은 이론이 아니라 실재이기 때문에 스스로의 의식을 변형시키지 않는 한, 언제까지나 사상과 이론의 틀 속에서 벗어나지 못할 것이다. 뿐만 아니라 현상의 인과에 직접적으로 참여할 수도 없다.

따라서 이론을 바탕으로 하여 존재의 실재로 나아가려면, 생기고 사라지는 인과(因果)의 현상이 연결되어야 할 것이다. 그렇지 않다면 마음에 관한 어떤 이론도 언제나 형이상학일 뿐이다.

> 일심(一心)의 체(體)는 본각(本覺)인데, 무명(無明)을 따라 움직여 생겨나고 사라짐(生滅)을 만든다. 생겨나고 사라지는 현상(生滅門) 속에 여래(如來)의 성품이 숨어있지만 겉으로 드러나지는 않는다. 이를 이름 하여 여래장(如來藏)이라 한다. 「大乘起信論疏幷別記」

이에 따르면 마음(一心)의 본체에 무명(無明)의 바람이 불어 생겨나고 사라지는 현상이 나타난다고 하는데, 이를 설명하기 위해 '무명(無明), 일심(一心), 본각(本覺), 여래장(如來藏)' 등의 개념을 모두 인용하고 있다.

그런데 여기서 언급하고 있는 '여래장'이란 개념은 '진여(眞如), 불성(佛性), 법계(法界), 제일의공(第一義空), 자성청정심(自性淸淨心)' 등과 같은 뜻으로 사용되는 용어로서, 중생이 어리석음 속에 있지만 불성(佛性)을 지닌 존재이기 때문에 언제든지 부처가 될 가능성이 있다는 의미를 지니고 있다.

스님은 이와 같은 '여래장'을 '무명'과 연결시켜, 생겨나고 사라지는 현상을 설명하고자 한다.

> 오로지 무명(無明)이 근본이 된다. 무명보다 더 미세한 물듦(染法)이 앞서 있는 것이 아니다. 이 뜻으로 말미암아 홀연히 일어난다고 말한다. 「大乘起信論疏幷別記」

이는 생겨나지도 않고 사라지지도 않는 진여(眞如)의 세계에, 생겨나고 사라지는 변화를 일으키게 하는 원인으로서의 무명(無明)이 있다는 뜻이다.

이와 같은 표현은 자연스럽게 무명은 무엇이며, 어디에서부터 생긴 것인가라는 의문을 수반하게 된다. 다시 말해 근본적인 무명이 어디에서부터 처음으로 생긴 것(有始)인가, 아니면 시작도 끝도 없는 것(無始)인가에 대한 의문이다.

이를테면 무명(無明)이 진여(眞如)와 동시에 생긴 존재라는 의미의 '어디서부터 시작 되었다고 할 수 없다'고 하면, 수행에 의해서 무명을 끊는다는 것은 불가능하다. 이는 시작이라는 뜻이 없는(無始) 진여 역시 사라짐(斷滅)이 없기 때문이다.

그러나 이를 시작이 없는 것이 될 수 없다고 해서 '어디서부터 시작되었다'고 한다면, 무명은 그 단초가 있는 것이 되고 그렇게 되면 진여와는 별개로 인식되는 오류를 가져온다.

> 불생멸심(不生滅心)이 생멸(生滅)과 화합한다는 것은, 생멸(生滅)과 불생멸(不生滅)이 화합한다는 것이 아니다. '하나도 아니지만 다른 것도 아니다(非一非異)'는 것은 불생멸심이 본체(本體)를 들어 움직이므로 마음과 생멸은 다른 것이 아니다. 그러나 항상 생멸하지 않는 성질(不生滅性)을 잃지 않기 때문에 생멸과 마음은 하나가 아니다. 또 만약 하나라면 생멸에 대한 알음알이(識相)가 모두 사라질 때 마음의 본체도 역시 사라짐에 따라야 한다. 이렇게 되면 모든 것이 일시적으로 존재할 뿐이라는 견해에 떨어진다(墮於斷邊). 그러나 만약 이와 다르다면 무명(無明)의 바람이 영향을 끼치며 움직일 때, 고요한 마음의 본체는 인연을 따르지 않는다. 이렇게 되면 모든 것은 영원히 존재한다는 주장에 떨어진다(墮常邊). 이러한 두 극단을 떠나므로, 하나도 아니지만 다른 것도 아니다. 「大乘起信論疏幷別記」

이에 따르면 불생멸심(不生滅心)의 본체와 생멸(生滅)하는 현상은 서로 화합하나, 이는 하나가 아니며 그렇다고 다른 것도 아니라고 한다. 그러나 만일 어느 한 면에 집착한다면, 이것이 곧 생겨나고 사라짐이 있거나 아니면 영원하다는 견해에 빠지게 된다.

마찬가지로 생멸(生滅)한다는 입장이나 불생불멸(不生不滅)한다는 견해에 동조한다면, 무명(無明) 역시 시작이 있거나(有始) 시작이 없는(無始) 것이 된다.

문제의 핵심은 대상의 실재(實在)나 비실재에 관한 어떤 표현일지라도, 그 자체의 실상과는 아무런 관계가 없다는 데 있다. 이는 인간의 사고나 의사소통에서 무엇을 가리키는 데 사용하는 언어란 인간이 파악하고 이해하는 영역에 속하는 사물과 개념에 근거를 두고 있기 때문이다. 이를테면 인간은 비교나 대조의 방법을 사용하지 않고서는 다른 어떤 개념과 관련되어 있지 않은 개념을 만들 수는 없기 때문이다.

그 시작이 있느냐 없느냐의 문제 또한 단지 이와 같은 표현일 뿐이다. 따라서 무명의 기원이 무엇이냐에 대한 해석 역시 근원적인 생멸과 진여의 문제로 환원된다.

> 진여문(眞如門)은 모습(相)을 드러내지 않고 단지 이치(理)만 드러낸다. 모습을 드러내지는 않으나 없애지는 않으므로 모습을 포함할 수 있다. 그러나 모습을 지워 남아 있지 않는 까닭에 모습(相)을 보이는 것은 아니다. 그러나 생멸문(生滅門)에서는 이치를 거두고 현상적인 모습(事)을 드러낸다. 그러나 그 또한 이치를 거둘 뿐 깨뜨리지 않으므로 그 이치를 포함할 수 있다. 이치를 거두기만 하고 드러내지 않는 까닭에 역시 체(體)를 보인다. 「大乘起信論疏幷別記」

진여문(眞如門)에는 이치(理)만 온전히 갖추어져 있고, 사물의 모습(相)은 잠재적으로만 포함되어 있다. 그러나 생멸문(生滅門)에는 이치는 드러나지 않지만, 이 이치를 근거로 하여 온갖 사물의 모습이 드러나고 있다. 이것이 곧 이치를 근거로 할 뿐이지 이를 깨뜨리지 않는다는 뜻이다. 다시 말해 이치는 순수하게 그대로 남아있되, 오로지 모습만 드러난다.

이와 같이 보면 진여문에서는 본질과 현상을 모두 포함하지만 단지 이치만 있을 뿐이며, 생멸문에서는 현실적으로 드러나고 있다는 의미가 된다. 이는 곧 진여문과 생멸문이 근거하는 입각지가 다르다는 뜻이다.

이를 누고 스님은 '이치(理)와 모습(相), 전체적인 모습(通相)과 개별적인 모습(別相), 존재(法)를 드러나게 하는 생성능력, 그리고 표현의 차이'라는 네 가지의 근거로서 관점들의 차이를 해석하고 있지만, 궁극적으로는 진여문과 생멸문이 별개의 문이 아니라 모두 일심(一心)속에 내재한 것이라고 한다.

> 심법(心法)이 비록 하나이지만 두 개의 문(二門)이 있다. 진여문(眞如門) 가운데에는 대승(大乘)의 체(體)가 있고, 생멸문(生滅門) 가운데에는 체(體)와 상(相)과 용(用)이 있다. 대승의 뜻은 이 세 가지에 지나지 않는다. 그러므로 일심(一心)으로 대승의 뜻을 드러낸다. 「大乘起信論疏幷別記」

이에 따르면 마음의 본질은 곧 일심(一心)이지만, 일심의 이문(二門) 즉 진여문(眞如門)과 생멸문(生滅門)에 모두 체(體)가 있다고 한다.

그런데 진여문의 체는 본질로서의 체(體)를 지칭하는 것이므로 문제될 것이 없지만, 생멸문에도 체(體)가 있다는 것은 쉽게 수용할 수 없는 부분이다.

스님은 진여문에도 체가 있고 생멸문에도 체가 있다고 했지만, 이는 두 개의 체가 따로 존재한다는 의미는 아니라고 한다. 이를테면 진여문의 체는 자체로서의 본체이지만, 생멸문의 체는 현상과 연결되는 근원이란 의미로 사용된 것일 뿐이다. 다시 말해 사물의 모습(相)이나 드러남(用)은 무명(無明)의 작용으로 말미암아 나타나는 현상이므로, 생멸문의 체(體)란 현상과 연결되는 의미로서의 체(體)이다.

그러므로 진여문의 체와 생멸문의 체는 홀로 있는 본체와 현상적인 것과 관계하는 본체와의 문제가 된다. 따라서 이 현상적인 것과 관계하는 체(體)를 여래장(如來藏)이라 한다.

> 여래장(如來藏)이란 곧 선(善)과 불선(不善)의 원인이 되며, 능히 모든 마음이 향하는 바대로 만들어낸다. 이는 마치 어린 아이가 여러 가지 목적을 가지고 다르게 성장하는 것 같다. 이와 같은 뜻이 바로 이 생멸문 속에 감추어져 있으므로, 일심(一心)을 여래장이라 한 것이며, 이러한 뜻을 일심의 생멸문(生滅門)으로 나타낸다.「大乘起信論疏幷別記」

그러므로 체는 다 같은 체이지만, 홀로 있는 본체(體) 즉 변하지 않는 청정함의 근원에서는 진여(眞如) 또는 여래(如來)가 되며, 현상적인 모습과 관계하는 체(體)가 되는 경우에는 여래장(如來藏)이 된다.

달리 표현하자면 모든 존재의 본체는 현상과 상호 의존적이며, 현상을 떠나서는 그 어떤 본체도 있을 수 없다. 따라서 진여(眞如)와 생멸(生滅)이 일심(一心) 속에 있지만, 일심은 색깔도 없고 크기도 없고 형태도 없으며, 어떤 고정된 실체가 아니다.

그러므로 일심을 헤아리는 것은 일심의 실체 없음을 인식하는 것이지만, 인식 자체도 사실은 아무 것도 아니다. 궁극적인 것은 어떤 고정된 실체가 없다는 사실이다. 그러나 그렇다고 해서 일심이 텅 빈 그릇과 같은 것은 아니다.

때문에 진여문의 체와 생멸문의 체는 다 같은 본체이지만, 경우에 따라 다른 이름으로 부르게 되는 '진여(眞如)'와 '여래장(如來藏)'의 관계로 환원된다. 물론 여기에서의 진여(眞如)는 어디까지나 순수한 본체임에는 틀림없다.

> 타고난 그대로의 본성이 맑고 고요한 마음(自性淸淨心)을 일컬어 여래장(如來藏)이라 한다. 「大乘起信論疏幷別記」

여래장(如來藏) 또한 가장 맑은 본래의 마음이다. 다시 말해 여래장 역시 어디까지나 순수한 본질이다.

문제는 마음이 물질을 받아들인다 하더라도 물질의 영역에 속하는 것이 아니며, 또한 마음은 물질이 아닌 것과 관계된다고 하더라도 물질이 아닌 것으로서 물질 이상의 영역에 머물고 있는 것도 아니라는 점이다.

이것이 곧 마음이 구속되지 않음이다. 마음은 사물을 비추지만, 비춘다는 마음의 작용은 물질과 물질이 아닌 것 그 어디에도 속하지 않는다. 이것이 바로 마음의 작용이다.

따라서 진여(眞如)와 여래장(如來藏)이 다를 바 없지만, 단지 현상적인 것과 관계되는 본질로서의 체(體)를 여래장이란 개념으로 설정한 것이다. 다시 말해 여래장은 현상존재를 설명하기 위한 연결고리이다.

스님은 이와 같은 이치를 부연설명하기 위해 「대승기신론」의 해석에서 「능가경(楞伽經)」의 전거를 인용하고 있다.

> 적멸(寂滅)이 곧 일심(一心)이고, 일심이 곧 여래장(如來藏)이다. 「大乘起信論疏幷別記」

모든 존재의 본래 모습은 생겨나고 사라짐이 없는(不生不滅) 오직 일심(一心)뿐인 고요한 경계(寂滅)인데, 이 때의 마음이 곧 진여문(眞如門)이다.

그러나 한편으로 일심의 본체는 본래 고요한 것이지만, 무명(無明) 때문에 움직여 생멸(生滅) 현상을 일으키게 된다. 이 때의 마음이 곧 여래장이다. 이와 같은 여래장의 마음이 생멸문(生滅門)이 된다.

이와 같이 스님은 일심(一心)과 여래장(如來藏)으로서 본질과 현상의 양 속성을 지닌 존재의 이치를 밝히고 있다. 이를테면 모든 존재는 본성의 측면에서 보면 생겨나는 일도 없고 사라지는 일도 없이 본래 고요할 뿐이지만, 현상적인 측면에서 보면 무명(無明)에 따라 움직이면서 생겨나고 사라짐을 만든다.

그러므로 여래장에는 자연스럽게 두 가지의 뜻이 있게 된다. 즉 하나는 여래장(如來藏)이 진여(眞如)일 경우, 여래장이 무명으로 말미암아 물들여질 경우에도 여래장 자체는 그대로이다. 그러나 다른 하나는 여래장이 무명과 관련되어 생겨나고 사라지는 현상적 존재로 드러나지만, 무명(無明)이 체(體)를 갖추고 있지 않기 때문에 모든 현상 또한 본체가 없다.

> 태어남과 죽음이라는 두 가지 이치가 곧 여래장(如來藏)이다. 세간의 말로써 그것을 표현하기 때문에 죽음(死)이 있고 태어남(生)이 있게 되지만, 여래장에는 태어남과 죽음이라는 것이 없다. 「大乘起信論疏幷別記」

여래장에 태어남과 죽음이 있다고 할 때의 나고 죽음이란 무명으로 말미암은 현상이지만, 이 또한 무명의 화합이기에 존재는 본체가 있을 수 없다. 그러므로 생멸문에는 여래장이라는 본체와 무명으로 인해 나타나는 현상이 있다.

따라서 진여(眞如)의 이치와 생멸(生滅)의 이치는 다를 수밖에 없다.

진여문(眞如門) 가운데 이치(理)라고 말하는 것은 비록 진여(眞如)라고 말하지만 이 역시 잃을 수 없나. 그렇다고 해서 없는 것도 아니다. 부처님이 있든 없든, 부처의 본성과 모습은 영원한 것이어서 변하고 바뀌는 것도 아니고, 파괴될 수도 없다. … 생멸문(生滅門) 속에서 말해지는 이치는 비록 이치의 체성(體性)이 생멸(生滅)의 모습과는 거리가 있지만, 상주(常住)의 성질로서 영원하지는 않다. 이는 무명(無明)의 인연을 따라 나고 죽음(生死)에 전전하기 때문에 비록 실제로는 번뇌에 물들여지지만, 스스로의 본성(自性)은 언제나 맑고 고요하다. 「大乘起信論疏幷別記」

진여(眞如)란 마음의 본질 그 자체로서 영원하며, 파괴 할 수 없다. 때문에 이를 진여라고 부르지만, 이름 자체는 임시로 붙인 것일 뿐이다. 그러므로 진여 자체는 부처가 이 세상에 나왔거나 나오지 않았거나 관계없이 확립되어 있는 진리이다.

그러나 생멸문(生滅門)에서 말하는 이치(理)란 여래장(如來藏)의 드러남이다. 이를테면 인간이란 본질은 변하지 않지만, 무명(無明)에 의해 그 마음은 오염되어 생멸(生滅)의 모습으로 나타난다. 그러므로 이러한 모습은 스스로의 본성(自性)을 지키지 못하는 것이 된다. 따라서 '마음이 있는 그대로의 진실한 모습'과 '마음이 현실에서 여러 가지로 전개되는 모습'의 두 가지 경우가 나타나게 된다.

마음(一心)에 두 개의 문(二門)이 있다고 나눈 이유는, 현실존재를 넘어서는 보다 근원적이며 본래적인 여래장을 밝히고자 함에 있다. 그러나 이는 여래장을 통하여 나타나는 현실존재가 본래의 모습이 아님을 알게 하여, 근원이자 우주적 주체로서의 마음(一心)으로 돌아가게 하려는 의도에서 이다.

이를 달리 표현하자면, 인간은 번뇌를 끊을 필요도 없이 부처라는 사실이다. 왜냐하면 번뇌는 무명으로 인해 마음이 지어낸 것이기 때문이다. 이것이 곧 마음의 문제이다.

그러므로 깨닫고 보면 미혹은 없어지지만, 깨달음도 동시에 없어진다. 이것이 참된 깨달음이며, 이러한 깨달음을 얻기 위해 반대로 미혹을 깊이하며, 미혹이 깊을수록 깨달음도 깊어진다. 때문에 참된 깨달음은 깨달음의 흔적을 남기지 않는다고 한다. 다시 말해 자성(自性)을 꿰뚫는 깨달음에는 무명(無明) 또한 아무런 방해물이 되지 않는다. 무명이란 차별을 짓는 생각에서 생겨나는 만큼, 차별적 사고를 극복하자마자 그것이 곧 진여이자 여래장의 세계이다.

결과적으로 여래장(如來藏)이란 현상을 가능하게 하는 근거로서의 본질이기에, 현상의 모든 존재는 모두 여래장에 뿌리를 두고 있는 것이 된다. 따라서 진여와 여래장의 관계는 본질 그 자체와 현상이 가능할 수 있는 근거로서의 의미이다. 때문에 여래장이란 현상과 본질을 연결하는 개념으로 설정된 것이며, 이러한 관점은 「대승기신론」의 체계와 그 맥락을 같이 하고 있다.

그러나 스님은 여래장(如來藏)을 유식(唯識)의 장식(藏識)으로까지 연결시키고, 나아가 삼세육추(三細六麤)의 독창적인 정의를 통하여 구체적으로 생멸(生滅)의 근거를 명확하게 제시함으로써 자신만의 독특한 견해를 정립시키는 데까지 나아가고 있다.

제5장 인식의 체계

1. 일심(一心)

(1) 본질로서의 일심

본질이란 개념은 인간의 눈앞에 펼쳐지는 세계 너머에 알 수 없는 그 무엇이 있을 것이라는 느낌으로 다가오지만, 사실상 이는 인간 의식의 한계를 드러내는 표현일 뿐이다. 말할 것도 없이 본질이란 개념은 인간의 사고구조에서 파생된 말이기 때문이다.

따라서 본질과 현상이란 분리된 채로 나타나지도 않으며, 나누어진 개념 또한 처음부터 존재하지 않는다. 그러나 본질을 찾아나서는 노력조차 하지 않는다면 인간의 의식은 닫히고 말 것이다.

때문에 노자(老子)의 「도덕경(道德經)」을 상징하는 표현처럼 되어버린 '도를 도라고 하면 이미 영원한 도가 아니다(道可道非常道)'는 전제는, 궁극적인 것을 표현하기는 해야 하는데 표현하자면 어쩔 수 없이 언어의 실재성에 떨어질 수밖에 없는 한계를 드러내는 의미를 대변하고 있다.

그러므로 표현되지 않는다고 하더라도 본질이 무엇인가에 대한 의문에 접근하고자 하는 이에게는, 언어의 실재성이라는 함정은 피할 수 없는 일이기도 하다. 다시 말해 세상은 인간을 둘러싼 사물과 이름으로 이루어져 있지만, 엄밀하게 말해서 이름은 이를 지칭하고자 하는 인간의 약속된 도구적 표현 외에 아무 것도 아니다. 마찬가지로 인간이 궁극적인 것을 지칭하고자 이를 '불성(佛性)'이나 '도(道)'라고 표현한다고 해도, 그것은 단지 인간이 그 의미를 찾아가는 방향일 뿐이다.

그러나 방향을 지시하는 의미만을 지녔다고 해도, 사실상 모든 종교적 표현이나 궁극적 의미에 대한 규범적인 정의에서는, 본질적인 것과의 일체감 즉 깨달음에 이르면 현상의 허구성에 대한 집착은 사라진다고 기술하고 있다. 때문에 모든 이는 이를 표현하고자 한다.

원효 스님 역시 이와 같은 시도에서 존재의 본질에 대한 표현의 한계에 도달했던 것이고, 이 과정에서 혹시라도 언어의 실재성에 떨어질 위험을 피하기 위해 여러 가지의 방법을 동원하고 있다. 이를테면 궁극적인 경지를 나타내고자 하는 개념의 표현에 있어서, 이전까지 나타난 술어를 모두 인용하고 있다고 할 정도로 다양하게 언급하고 있다.

그러나 이를 아무리 다르게 표현한다고 해도, 이것 역시 개념이나 단어로서는 오히려 이러한 의미에 묶일 수밖에 없는 한계를 드러낸다.

이와 같은 시도를 또 다른 시각에서 본다면, 스님이 택한 방법은 모든 경전과 여러 가지 학설에 대해서 동일한 가치와 의의를 인정하고 있는 셈이 된다. 뿐만 아니라 이와 같은 입장을 바탕으로 하여 스님의 사상이 화쟁(和諍)을 지향하고 있음도 명료하게 드러난다.

대승(大乘)의 본체(體)란 고요하고 텅 비어(空寂) 있으나 … 이를 크다고 말하고자 하니 안(內)이 없는 곳에 들어가도 (밖에) 남는 것이 없고, 작다고 말하고자 하니 아무리 큰 것으로 덮어 싸도 오히려 남는 것이 있다. 「大乘起信論疏幷別記」

(대승의 본체는) 능히 가까움을 멀게 하고 먼 것을 가깝게 하며, 무거움을 가볍게 하고 가벼운 것을 무겁게 한다. 비록 실제로 이러한 일이 있지만, 헤아릴 수 있는 경계가 아닌 까닭에 바로 우러러 믿어야 한다. 「無量壽經宗要」

만약 이 진리(法門)에 든 사람은 한 생각에 능히 끝이 없는 삼세(無邊三世)를 드러낼 수 있고, 온 우주세계(十方世界)를 한 티끌 속에 넣을 수 있으니, 이와 같은 도술(道術)을 어찌 가히 생각으로 헤아릴 수 있겠는가. 「晉譯華嚴經疏序」

이것이 곧 스님이 나타내고자 하는 본질의 세계이다. 구체적으로는 '대승의 본체(大乘之體)' '헤아릴 수 없는 경계(非思量境)' '진리세계(法門)' 등의 표현으로 나타내고 있다.

이와 같은 개념들의 실제적인 의미는 근원적이라는 뜻을 명확히 나타내면서도, 아울러 모든 존재의 근원을 이루는 까닭에 가장 순수한 의미의 '그 무엇'을 지칭한다고 할 수 있는 것들이다.

그러나 그 이름을 무엇이라 하든지 그 구도를 어떻게 그려놓았건 간에, 알 길도 없고 표현할 길도 없는 '그 무엇'으로부터 현상의 차별이 타나나고 있다. 그것이 바로 '불성(佛性)'의 근원이기 때문에 '대승의 본체'라 부르건, '헤아릴 수 없는 경계'라 하든 간에, 그것은 단지 본질에 대한 이름일 뿐이다.

그렇다고는 해도 이와 같은 용어 가운데 원효 스님이 가장 비중있게 사용하고 있으며, 기존의 의미를 모두 포괄하고자 하는 의미를 내포하고 있는 개념이 바로 '일심(一心)'과 '일미(一味)'이다.

따라서 원효스님의 사상을 두고 '일심(一心)의 체계'라거나 '화쟁(和諍)의 사상'이라고 표현하는데 주저하는 이는 없다. 이는 곧 스님의 저술 어느 책을 보아도 반드시 서로 다른 이론을 화회시키는 부분(攝門)을 설정하여 견해의 차이를 조화시키려는 뜻이 명백하게 드러나 있지만, 그와 같은 논리를 정립하는 부분에서는 언제나 '일심'과 '일미'를 언급하고 있기 때문이기도 하다.

구체적으로는 서로 다른 주장을 회통시키는 방법에 있어서 '인정하되 그것만이 옳다고는 하지 않으며, 논파하되 그것이 쓸모없다고 버리지는 않는다(立而不得破而無失)'는 논리를 적용하고 있다. 이와 같은 방법이 스님의 저술 곳곳에서 발견되고 있기에, 스님의 사상을 연구한 후인들은 이를 '화쟁의 논리'라고 한다.

그러나 기존의 사유체계를 '인정하되 취하지는 않고, 논파하되 버리지는 않는다'고 표현할 수 있다는 것은, 자신의 세계가 이를 모두 포섭할 수 있을 때 가능한 일이다. 그렇게 본다면 스님 역시 기존의 개념들을 모두 수용할 수 있는 포괄적 개념의 필요성을 느꼈음이 틀림없었을 것이다.

문제는 '본질'이란 앎을 초월하고, 의식 자체의 너머에 있기 때문에 알 수 없다는 점이다. 때문에 본질을 설명할 수 없다고도 하며, 때로는 아무런 의미도 갖지 못한다고도 한다. 하지만 이런 표현이야말로 본질에 대한 영원한 이미지일 뿐이다. 이는 곧 인간이 본질을 이해하지 못한다는 뜻이지만, 역설적으로 이를 깨닫는 일이야말로 인간을 초월하는 그 무엇과 하나 됨을 의미한다.

그러므로 인간은 '그 무엇'을 표현할 수 없으면서도, 아울러 표현하지 않을 수 없다. 바로 이와 같은 입장에서 기존의 개념을 포괄하고자 스님이 빈번하게 사용하는 용어가 '일심(一心)'이다. 다시 말해 '일심'은 스님의 사상체계에서 궁극적인 경지를 지칭하는 개념이자 근원적인 그 무엇에 대한 이름이다.

하지만 '일심'이란 개념은 스님이 처음으로 사용한 용어가 아니다. 이를테면 「화엄경」의 '삼계는 오로지 한 마음이다. 마음 밖에 따로 진리가 없고 마음과 부처와 중생, 이 셋이 다름이 없다(三界唯一心 心外無別法 心佛及衆生 是三無差別)'는 표현에서 '일심(一心)'이란 말이 나타난다. 이는 곧 우주 삼라만상의 모든 존재는 모두 일심에 의해서 일어난 것이므로, 부처나 중생도 결국 일심으로 돌아가면 다를 바 없다는 뜻이다.

불교의 가르침을 사상사적으로 볼 때, 모든 진리 가운데 마음이 가장 중요하며 존재하는 것의 근본이 된다는 이론은 처음부터 있어왔다. 따라서 '마음이 진리의 근본(心爲法本說)'이란 주장에서부터 마음에 대한 이론은 다양하게 전개되어왔다. 이를테면 원시불교 이래 모든 불교이론의 전개과정은, 마음과 알음알이(心識)에 대한 이론정립의 발달사라고 해도 과언이 아니다.

일심(一心)은 바로 이와 같은 과정에서 틀을 갖춘 개념이다. 그러므로 일심이란 모든 존재의 불변하는 진여(實體眞如)를 가리키고 있다는 데는 이의가 없다. 그러나 이와 같은 일심(一心)을 어떤 관점에서 어떻게 해석하고 있는가는 대단히 중요한 문제이다.

> 대승의 진리(大乘法)에는 오로지 일심(一心)만 있을 뿐이다. 이 일심 외에 또 다른 진리가 존재하는 것이 아니다. 단지 무명(無明)이 일심을 어리석음으로 유혹하여 번뇌의 물결을 일으켜 여섯 가지 길(六道)의 윤회로 흘러가게 한다. 그러나 비록 윤회의 파도를 일으킨다고 해도 일심의 바다에서 벗어나지 않고, 일심의 움직임으로 말미암아 육도(六道)를 짓는다. 그러므로 널리 중생을 구하겠다는 소원을 나타낼 수가 있는 것이며, 육도는 일심 밖에 있는 것이 아니기 때문에 능히 동체대비(同體大悲)를 일으

킬 수 있다. 「大乘起信論疏幷別記」

스님의 견해에 따르면 일심(一心)은 여섯 가지 길(六道)의 윤회 가운데 어느 길로 가든 모두 다 같이 지니고 있다. 그리고 모든 것은 일심에서 떠날 수 없으므로, 나의 본성이나 나 외의 어떠한 본성도 다르지 않다고 한다.

보살(菩薩) 또한 다름 아니라 이와 같은 사실 즉 본질적인 면에서 하나(同體)라는 진리를 깨달은 자이다. 나아가 부처도 중생도 일심으로 돌아가면 다르지 않다는 것은 부처가 곧 중생(佛陀卽衆生)이며 중생이 곧 부처이기 때문이다. 이를테면 현상이 본질과 다르지 않다는 믿음 이것이 곧 하나의 근원이라는 의미이다.

다시 말해 중생이란 일심에 나타난 어리석음이나 착각을 고통의 원인으로 받아들이는 자이지만, 부처란 이 어리석음과 착각이 일심에 스치는 바람(無明)임을 깨달은 자일 뿐이다. 다시 말해 어리석음으로 인해 나타나는 모든 것도 일심 속에 있으며, 이를 무명의 허상임을 깨달음으로서 부처가 되는 것도 일심 속에서 나타날 뿐이다. 때문에 부처와 중생이 별개가 아니라고 한다.

이와 같이 일심(一心)을 존재의 근원으로 전제한다는 것은, 현상의 차별에 대해 어느 것이 더 좋고 더 나쁜가를 판단할 필요는 없다는 뜻이기도 하다. 이를 테면 현상이란 마치 풀잎이 수그러지는 것도 구름이 걷히는 것도 바람이 있음을 나타내듯이, 궁극적인 진리를 드러내고 있을 뿐이다.

문제는 일심(一心)을 존재의 근원이라 표현한다고 해서, 시간과 공간을 초월하는 개념을 언제 어디에 있다고 지적할 수는 없다는 점이다. 다시 말해 일심이 만약 시간과 공간의 속성을 지녔다면 당연히 사라질 것이며 정지해 있지 않을 것이고, 또한 일심이 어떤 것이라면 모든 것을 초월할 수 없을 것이며, 존재의 속성을 지닌나년 생겼다가 사라지는 운명을 피할 수 없을 것이기 때문이다.

> 전생심(前生心)을 구하려 하나 영영 얻을 수가 없다. 얻을 수 없으니 무엇이 없어졌다고 하겠는가. 이와 같이 있지도 않은 전생의 마음이 사라진 것도 아니니, 마찬가지로 지금의 마음이 생겨난다는 것도 인정할 수 없다. … 이와 같이 지금의 마음이 생겨남을 인정할 수 없다면, 이 마음이 사라진다는 것도 취할 수 없다. 이런 까닭에 생겨나지도 않고 사라지지도 않는다고 한다. … 마음의 진리가 사라짐도 생겨남도 없는 것처럼, 이 밖의 모든 진리 또한 이와 마찬가지로 보아야 한다. 「金剛三昧經論」

이와 같이 일심(一心)은 인식할 수 있는 '그 무엇'이 아니다. 인식 할 수 있는 그 무엇이 아니므로 주체와 대상이라는 말은 의미를 잃고 만다. 나아가 주체와 대상을 초월한 것이므로 모든 대립 또한 처음부터 존재하지 않는다.

이는 인간이 습관적으로 익혀온, '있다'거나 '없다'는 기준이나 감각의 너머에 있으므로 상상할 수도 없으며, 더구나 말로 표현할 수는 없다. 이를 무엇이라고 표현해버리면 '있다'는 의미가 되지만, '표현할 수 없다'는 말조차 이를 전제하고 있으니, 이 또한 잘못된 이해방법이다.

그러나 주체와 대상의 대립을 초월함으로써 인식의 대상이 될 수 없지만, 인식의 대상이 아니라고 해서 아무런 활동능력도 없다는 뜻은 아니다. 오히려 일심은 무한한 활동능력을 지니고 있지만, 그 자체는 형태나 개념으로 이해될 수 없을 뿐이다.

다시 말해 일심이란 시간과 공간의 제약을 받지 않을 뿐더러 판단과 생각도 없는 오직 순수함 그 자체로서, 모든 것의 근원이자 뿌리이다. 그러나 이 근원으로부터 모든 것이 나타난다.

> 세계가 끝이 없지만 허공의 밖을 벗어나지는 않듯이 온갖 경계 또한 무한하지만 모두 일심(一心) 속에 있다. 「遊心安樂道」

존재하는 모든 것이 일심(一心) 속에 있다는 것은, 모든 정신적 물질적 현상이 일심에 의해 근거를 얻게 된다는 의미이다. 그러므로 비록 한없는 차별 세계를 전개하더라도 일심의 근원을 떠날 수는 없다.

이와 같이 마음이 근원적인 그 무엇의 의미를 지닌다는 것은, 감각으로 받아들인 대상을 파악하는 구조에 대한 역설적인 추론을 통해서 감지되는 것과 같다. 이를테면 감각이 제시하는 정보를 종합할 수 있는 그 무엇 즉 감각적인 지각보다 더 근본적인 무엇인가가 존재해야만 다양한 감각정보를 종합할 수 있기 때문이다. 이때의 그 무엇을 일러 마음이라 지칭한다면, 이것이 곧 근원적이란 의미이다.

문제는 이와 같은 일심이 현상의 차별세계를 드러내게 한다는 측면에서는 현상과 본질의 관계를 설정하지 않을 수 없다는 점이다.

> 심법(心法)이 비록 하나이긴 하지만, 거기에 두 개의 문(門)이 있다. 「大乘起信論疏幷別記」

일심(一心)의 두 문이란 곧 진여문(眞如門)과 생멸문(生滅門)이다. 진여문이란 나고 사라짐이 없는 본질의 세계이지만 생멸문이란 생겨나고 사라짐이 끝이 없는 차별적인 현상계이다.

따라서 '일심이문(一心二門)'으로서의 진여문은 발생도 소멸도 없고 증가도 감소도 없으며 차별도 없는 절대적인 일심의 본질적인 측면이며, 생멸문은 나타남과 사라짐이 있으며 증가와 감소도 있으며 차별도 있는 일심의 현상적인 측면이 된다.

그런데 일심의 진여문은 모든 존재의 근원(一法界大總相法門體)으로서 언어로는 도저히 표현할 수 없지만, 굳이 나타내자면 두 종류의 뜻이 있다고 한다.

> 진여(眞如)를 언설(言說)로 분별하면 두 종류의 뜻이 있다. 하나는 여실공(如實空)이며, 또 하나는 여실불공(如實不空)이다. 「大乘起信論疏并別記」

진여(眞如)를 '진실한 공(如實空)'이라고 한 것은 글자 그대로 진여 자체를 의미한다. 다시 말해 진여의 본래성은 온갖 생각을 초월하여 절대적인 것이므로, 일체의 언어나 사고를 부정해버렸다는 의미에서는 공(空)과 같다. 그러나 이때의 공(空)은 단순히 '한 물건도 없다'고 표현할 때의 '텅 빈(虛)' 의미나 '없다(無)'는 뜻과는 다르다. 이를테면 공의 의미는 진여의 진실한 모양 그대로를 드러내고 있다.

그러나 한편으로는 진여를 '한량없는 공덕(如實不空)'이라 해석함으로써 진여의 공능을 나타내고 있는데, 이는 곧 진여가 참으로 실재하는 것이며, 그 자체는 온갖 맑고 깨끗한 성질과 능력을 구비하였기 때문에 실제로 한량없는 공덕을 지니고 있다는 뜻이다.

이와 같은 진여의 두 뜻은 일심(一心)의 본질에서는 '진실한 공'이 되지만, 현상적인 것과 관계하는 측면을 '한량없는 공덕'으로 나타낸 것임을 알 수 있다. 다시 말해 '진실한 공'으로서의 일심은 본체를 의미하며, 생멸현상을 연출하는 마음은 '한량없는 공덕'이 된다.

그러나 생멸현상을 드러내게 하는 생멸문에도 이치(理)가 있다고 한다.

> 아뢰야식(阿賴耶識)에는 두 종류의 뜻이 있다. 모든 존재(一切法)를 거느린다(攝)는 뜻과 모든 존재를 만들어낸다(生)는 뜻이다. … 이 두 뜻은 오직 생멸문(生滅門)에만 있다. … 일심(一心)의 뜻은 넓기 때문에 전체적으로 두 문(眞如, 生滅)을 포함하고 있지만, 이 식(識)의 뜻은 협소하여 생멸문에만 있다. 「大乘起信論疏幷別記」

생멸문의 작용으로 나타나는 아뢰야식은 모든 존재를 거느리기도 하지만 모든 존재를 만들어내기도 한다. 이는 곧 생멸문이 현상적인 것과 관련된 일심(一心)의 또 다른 공능이지만, 이는 단지 모든 존재를 만들어낸다(生)는 생멸작용뿐만 아니라 모든 존재(一切法)를 거느린다(攝)는 의미를 함께 지니고 있다.

따라서 일심(一心)에서의 본질과 현상은 진여문과 생멸문으로 환원되지만, 이 또한 진여문에서는 '진실한 공(如實空)'과 '한량없는 공덕(如實不空)'으로, 생멸문에서는 '만들어냄(生)'과 '거느림(攝)'의 공능으로 해석함으로써 본질적인 면과 현상적인 면을 다함께 수용하고 있다.

그러나 이 뜻은 다르지 않다고 한다.

> 불생멸심(不生滅心)이 생멸(生滅)과 화합한다는 것은, 생멸(生滅)과 불생멸(不生滅)이 화합한다는 것이 아니다. '하나도 아니지만 다른 것도 아니다(非一非異)'는 것은 불생멸심이 본체(本體)를 들어 움직이므로 마음과 생멸은 다른 것이 아니다. 그러나 항상 생멸하지 않는 성질(不生滅性)을 잃지 않기 때문에 생멸과 마음은 하나가 아니다. 「大乘起信論疏幷別記」

불생불멸(不生不滅)이 생멸(生滅)과 화합하지만 이는 하나도 아니며 둘도 아닌(非一非二) 것과 마찬가지로 아뢰야식(阿賴耶識)이 깨달음(覺)과 깨닫지 못함(不覺)의 두 뜻을 지니듯이, 이치(理)와 현상(事)은 다르기도 하지만 다르지 않기도 하다.

이는 곧 '있다'는 견해는 '없다'는 생각과 마찬가지로 모두 속박으로부터 이루어진 잘못된 인식과 마찬가지이다. 이를테면 '있다'와 '없다'를 인식하는 주체를 전제로 하기 때문이다. 다시 말해 인식의 주체나 인식의 대상이라는 것은 변화의 흐름 속에서 상호 의존해서 작용하는 집합체의 조합에 불과하므로 인식 주체를 기준으로 한다는 것 자체가 부당전제일 뿐이다.

그러므로 현상차별의 이치와 현상자체를 별개의 실체로 인정하고서는 생멸현상을 이해할 수는 없다.

> 두 문(眞如, 生滅)이 각기 모든 존재를 모두 포함하고 있다는 뜻은, 이 두 문은 서로 떨어질 수 없기 때문이다.
> 「大乘起信論疏幷別記」

두 문으로 나누어진다고 하더라도 서로 떨어질 수 없는 성질을 지녔다는 것은 일심(一心)에서의 본질과 작용을 분명히 한 것이다.

<table>
<tr><td rowspan="4">일심
(一心)</td><td rowspan="2">진여(眞如)</td><td>이치(理)</td><td>진실한 공(如實空)</td></tr>
<tr><td>현상(事)</td><td>한량없는 공덕(如實不空)</td></tr>
<tr><td rowspan="2">생멸(生滅,
阿賴耶識)</td><td>이치(理)</td><td>모든 존재를 포함(融攝)</td></tr>
<tr><td>현상(事)</td><td>모든 존재를 만듦(生出)</td></tr>
</table>

이와 같이 진여(眞如)와 생멸(生滅)에 각각 이치(理)와 현상

(事)을 둔 것은 진여와 생멸이 일심(一心)의 원리와 작용으로서의 의미를 지닌다 하더라도 진여가 이치뿐이라면 현상은 근거할 곳을 잃는 것이며, 생멸이 현상뿐이라면 현상은 근원을 잃고 말 것이기 때문이다. 이를테면 진여는 생멸의 근원적 원리이며, 생멸은 진여에 근거를 두고 있다.

이를 달리 생각해보면 일심(一心)에 진여와 생멸의 두 문이 있음을 인정하고 있는 것은, 인간의 마음에 내재하는 대립적인 양면성을 지적한 것이라고도 볼 수 있다. 그러나 또 다른 측면에서는 진여와 생멸의 두 문은 서로 대립하던 중관사상과 유식사상의 두 견해를 빗대어 표현한 것이기도 하다.

그러나 진여와 생멸의 내용으로 보면, 진여는 모든 존재의 전체적인 모습(通相)으로 보편성을 지니지만, 무명(無明)과 결합하여 모든 존재를 현상으로 드러나게 하는 생멸은 곧 특수성이라고도 볼 수 있다.

> 비록 심체(心體)가 생멸(生滅)하지만 항심체(恒心體)는 상주(常住)한다. 하나가 아니지만 다른 것도 아니기 때문에 심체(心體)는 둘이 아니지만 하나의 성질(一性)도 없고, 움직임(動)과 고요함(靜)은 하나가 아니지만 다른 성질도 없다. 「大乘起信論疏幷別記」

일심(一心)에서 진여(眞如)와 생멸(生滅)의 두 문을 세웠지만, 진여는 생멸로 전개될 수 있으며 생멸 또한 진여로 환원될 수 있는 이치를 동시에 지니고 있다.

이를테면 두 문이 일심에 작용하여 이치와 현상의 모든 존재(理事一切法)를 포섭하니, 이치(理)와 현상(事)의 모든 존재를 포섭한 일심은 거꾸로 두 문에 작용하여 각각의 입장에서 이치와 현상의 모든 존재를 포섭한다.

따라서 두 문이 일심에 의한다는 말은 두 문이 일심의 이치와 현상의 두 면 가운데 하나를 차지하고 있다는 뜻이 아니라, 진여문(眞如門)이 의지하는 것도 일심(一心)이요, 생멸문(生滅門)이 의지하는 것도 일심(一心)이라는 뜻이 된다. 즉 진여문은 진여문대로 일심의 이치와 현상이며, 생멸문은 생멸문대로 그 자체가 곧 일심이다. 일심이 두문(진여, 생멸)이란 다른 것이 아니라 바로 이와 같은 뜻이다.

그러므로 '일심이문(一心二門)'에서의 일심(一心)은 모든 존재의 전체적인 모습으로 가장 포괄적인 개념 또는 최상위 개념으로서의 범주를 의미하며, 개체적인 모습으로는 사물의 종류에 대한 분별이 된다. 말하자면 존재와 본질에 관한 전반적인 관념을 모두 다루는 것이 곧 일심이다.

따라서 진여와 생멸에 내포된 의미를 생각한다면, 진여란 단순히 본질의 문제를 다루려는 것이라는 정의를 내릴 수는 없으며, 생멸 또한 단순히 현상의 존재를 드러내려는 것은 아니다.

다시 말해 모든 존재가 그렇다고 하더라도, 존재 자체가 그렇게 분리된 것은 아니다. 이를테면 진여에 대한 본질적인 의미와 생멸현상에 나타나는 이치는 사실 동전의 양면이다. 이는 물건을 '팔고, 산다'고 할 때 파는 것과 사는 것은 다른 개념으로 보지만, 실상을 팔지 않으면 사는 것도 없는 것과 마찬가지이다.

이와 같이 진여와 생멸의 개념을 설정하여 일심 속에서 본질과 현상존재를 이해한다고 하더라도 본질과 현상이 진여와 생멸로 있는 것은 아니며, 그렇다고 해서 객관적인 현상을 전혀 무시할 수 있는 것도 아니다. 즉 실제에 있어서는 그것 나름대로의 작용을 하고 있기 때문이다. 그렇기 때문에 '있는 것도 아니지만 그렇다고 없는 것도 아닌 것(非有而非無)'이다.

다시 말해 '있는 것도 아니고, 없는 것도 아니다'라고 말하는 것은, 이에 관해서는 관념적으로 아무런 말도 할 수 없다는 것을 뜻한다. 그러나 이것 나름대로의 작용은 있기 때문에 아무런 말도 할 수 없는 것도 아니다.

때문에 「대승기신론」에서는 근본적인 근원(本體)으로서의 진여(眞如)의 존재에 대한 증명의 가능성을 '말을 떠나는 것(離言)'과 '말에 의지하는 것(依言)'에 의한다고 한다.

그러나 원효 스님에 의하면 '말을 떠나는 것'은 스스로의 기준이 달라지는(自宗相違) 잘못을 저지르는 것이며, '말에 의존하는 것'은 자신의 말이 서로 어긋나게 되는(自語相違) 과실이 된다고 한다. 그러므로 그와 같은 오류를 타파하고 '말을 끊음(絶言)'으로써 '말을 끊지 않는다(不絶言)'고 한다. 이와 같은 표현 또한 스님의 탁월한 견해이기도 하다.

(2) 일심의 포괄성

원효 스님에게 있어 일심(一心)이란 모든 존재의 근거이지만, 단순히 '존재의 본질은 일심'이라 선언한다고 해서, 일심이 모든 이론을 화합하고 회통(會通)시킬 수 있는 원리가 되지도 않을뿐더러 새로운 세계 해석의 당위성을 갖추는 것은 아니다.

따라서 일심(一心)은 당연히 포괄적 의미를 내포하는 개념이 되어야 한다.

> 법(法)이란 중생심(衆生心)이다. 자체(自體)를 법(法)이라 한다. 대승(大乘)의 일체제법(一切諸法)이 모두 따로 체(體)가 있는 것이 아니라 오직 일심(一心)으로서 자

체(自體)가 된다. 그러므로 법을 중생심이라 한다. 이 마음이 일체를 포섭(攝)한다는 것은 대승법과 소승법이 다름을 나타낸다. 이 마음이 제법(諸法)을 통섭(通攝)하는 까닭에 제법자체(諸法自體)가 오로지 이 일심(一心)이다. 소승(小乘)에서 일체제법(一切諸法)이 각기 자체(自體)를 지니고 있다는 것과는 다르다. 그런 까닭에 일심(一心)이 대승법(大乘法)이 된다.「大乘起信論疏幷別記」

이는 대승의 진리(大乘法)로서의 일심(一心)이 소승의 진리(小乘法)와는 다르다는 선언이다. 이를테면 소승의 본체(體)는 개체로서의 본체(自體)를 각기 소유하고 있는데 반해, 대승의 진리인 일심은 일체를 모두 포섭하는 본질이라는 뜻이다. 따라서 존재하는 모든 것의 본질은 일심이며, 이것이 곧 대승법(大乘法)이자 중생심(衆生心)이다.

말하자면 일심(一心)은 모든 존재를 저마다 그 존재가 되게 하는 공통적인 오직 하나의 본체(體)이다. 그러므로 중생심이 곧 일심이자 대승법이 된다.

그러므로 일심은 대승과 다르지 않은 절대적이며 동일한 하나를 지칭하는 두 가지 이름이 된다. 그리고 이때의 대승은 본질을 지칭하기 위해 사용한 개념으로, 소승에 대해 대승이라 할 때의 대승과는 의미가 다르다. 이를테면 '대승의 본체'라는 표현은, 대승이라는 본체를 뜻하고 있다.

일심(一心)의 의미를 이와 같이 해석하는 시각이 곧 스님이「대승신기론」을 해석하는 기본적인 입장이며, 아울러 일심의 포괄적 성격을 드러낸 것이기도 하다.

그러므로 스님에게 있어서의 일심(一心)이란 부처의 세계이자 동시에 중생심(衆生心)이기 때문에, 중생의 마음 역시 이치나 현상(理事)을 두루 끌어안게 된다. 따라서 일심은 본질에도 현상에도 걸리지 않는(眞俗無碍) 초월적 개념으로서, 합일을 지향해야 하는 당위성도 아울러 지니게 된다.

그러나 단순히 기존의 개념들보다 더 근원적이며 포괄적이라는 의미만을 부여했다면, 일심은 역동성도 당위성도 지니지 못하게 된다. 다시 말해 새로운 세계 해석을 위한 기본적인 전제는 그 자체가 본질이면서 또한 그대로가 현상의 가능 근거로서의 본질이지 않으면 안 된다.

> 일심(一心)은 차별의 상(相)을 취함을 멀리하고, 분별의 집착을 벗어나고, 삼세(三世)에 걸쳐 평등하지 않는 바가 없고, 허공과 같이 두루 하지 않는 데가 없고, 있거나 없거나 하나이거나 다르다거나(有無一異) 하는 등의 극단에 떨어지지 않는다. 「金剛三昧經論」

일심(一心)이 객관과 주관, 시간과 공간, 그리고 개념을 모두 떠난 본질이라고 밝히는 것은, 단순히 마음의 본질을 정립하려는 것이 아니라, 인간이 가장 본질적이라 생각하는 모든 개념이나 관념을 모두 수용하려는 의미를 지니고 있다. 이와 동시에 가장 근원적이고 본질적이라 생각되는 것으로서의 의미를 부여함으로써 일심 그 스스로의 빛을 드러나게 한다.

이를테면 가장 근원적인 존재는 주객의 분열이나 대립적인 시각으로 파악하거나 이해할 수가 없다는 사실을 말하고 있다. 그러므로 일심(一心)은 주관과 객관의 대립 및 분열 이전의 직관적이고 신비적인 체험 없이는 이를 파악하거나 이해할 수 없다는 관점에서 제시한 포괄적 개념이 된다.

이와 같이 일심(一心)에 포괄적 의미를 부여하는 것은, 일체의 객관화나 대상화로서는 그 무엇이라 지칭하든 간에 현상의 근원이라 할 수 없으며, 그렇게 해서 얻은 개념은 결코 존재의 본질이 될 수 없음을 강조하는 것이다. 다시 말해 모든 존재를 포섭하는 의미로서의 본질은 객관적 대상이 되어서는 안 될 뿐만 아니라 주객의 대립으로 나타난 존재들을 포괄하는 더 큰 의미의 그 무엇이어야 한다.

문제는 주관이나 대상의 대립을 초월한 것은 이미 인간의 사유형식으로는 이해될 수 없으므로, 생각으로는 헤아릴 수 없게(思議路絶) 된다는 데 있다.

그러나 사유의 대상이 아니라고 해서 그것이 생멸현상과 연결되지 않는다면, 이는 개념의 단순한 반복에 불과할 뿐이다. 때문에 일심은 사유의 대상이 아니지만 무한한 공능(功能)으로 드러난다고 한다. 다시 말해 일심은 본질로서의 의미와 더불어 현상을 드러내게 하는 근원으로서의 속성을 지니고 있으므로, '일심이 비록 한없는 차별세계를 전개한다고 할지라도, 근원적으로는 일심의 근원을 떠날 수는 없다'고 한다.

말하자면 진정한 주체로서의 일심은 이미 인식의 대상이 아니기 때문에 이를 대상화하거나 객관화시키려고 하자마자 주체이기를 포기하지 않을 수 없게 된다. 그러나 인식활동에 의해서 획득될 수 없다고 해서 곧 없다(無)거나 존재가 아닌(非存在) 것은 아니다. 왜냐하면 일심은 모든 분별을 떠났지만 그 공능은 현상으로 드러나기 때문이다.

비유하자면 괴롭다고 느끼는 마음은 나와 남을 달리 보고 나와 대상을 분리시키는 이원적 인식에 바탕을 두고 있다. 그러나 이와 같은 이치를 깨닫는다는 것 또한 대상화될 수는 없다. 왜냐하면 깨달음이라는 개념 자체가 나누어지지 않는 전체를 주체와 객체로 나누기 때문이다. 이와 같이 주체와 객체로 분리시키는 것이 분열의 원천이기도 하지만, 이를 넘어선다면 본질의 세계가 곧 현상이요 현상이 곧 본질임을 자각하는 것과 마찬가지이다.

따라서 일심은 스님에게 있어서 하나의 개념도 아니며 대상 또한 아니지만, 모든 존재현상이 거기서부터 나오는 이 모든 것의 근원이다. 다시 말해 일심은 주관과 대상이 나누어지지 않는 근원이자 포괄적인 이해의 내용 그 자체이다. 그러나 또 다른 측면에서는 일심이 근본적인 무명의 작용에 의하여 분열의 원천이 되기도 하므로, 일심은 곧 중생의 마음이라고도 한다.

일심에 이러한 의미를 부여하는 스님의 근본적인 입장은, 모든 상대적인 개념을 뛰어넘은 절대 경지를 드러내고자 함에 있다. 여기서 절대라고 한 것은 상대에 대립한 절대가 아니라, 상대와 절대라는 것조차 넘어서서 그 모두를 포섭하는 경지를 가리키는 것으로, 이와 같이 고차원적인 실재의 장을 진실한 세계라고 보았다.

> 걸림이 없는(無障無碍) 법계(法界)의 법문(法門)은 법(法)이 없으면서도 법 아님이 없고, 문(門)이 아니지만 문 아님도 없다. 이는 곧 큰 것도 아니지만 작은 것도 아니고(非大非小), 모자란 것도 아니지만 넘치는 것도 아니고, 움직임도 아니지만 고요함도 아니고, 하나도 아니지만 많은 것도 아니다. 큰 것이 아닌 까닭에 아주 작게 해도 남는 것이 없고, 작은 것이 아닌 까닭에 큰 허공으로 해도 남음이 있다. 급하지 않은 까닭에 능히 삼세(三世)의 세월을 품으며, 늘어지지 않기 때문에 전체를 통째로 순간 가운데 밀어 넣는다. 고요함도 아니지만 움직임도 아닌 까닭에 생사(生死)는 열반이 되고, 열반이 생사가 된다. 하나(一)도 아니지만 많음(多)도 아닌 까닭에 일법(一法)이 곧 일체법(一切法)이며 일체법이 곧 일법이다.
> 「晉譯華嚴經疏序」

절대적인 세계로 들어가는 문은 특정한 진리를 표방하는 것이 아니라, 모든 진리에 통용되며 모든 세계에 통하는 길이다. 이를 테면 크고 작은 연장적 상대성, 빠르고 느리다는 시간적 상대성, 움직이고 고요함이라는 운동의 상대성 그리고 부분과 전체라는 구조적 상대성을 초월해 존재한다.

이는 곧 과거와 미래로 이어지는 무한한 시간이 영원이 아니라 오히려 시간에 구애받지 않는 바로 이 순간이 곧 영원임을 자각하는 것과 마찬가지이다. 만약 이 사실을 깨닫기만 하면, 영원한 생명이라는 것도 수천 년을 사는 것이 아니라 바로 지금 이 자리에서 이 순간을 느끼며 온전히 사는 것을 의미할 뿐이다.

따라서 차별적 현상이 곧 일심의 드러남이라고 하는 것은, 존재의 원리가 온전함이라는 의미이기도 하다. 때문에 시간과 공간의 절대성을 전제로 한 사유방식에 의해서는 결코 일심은 이해되지 않는다. 마찬가지로 실체와 현상을 각각 독립된 실재(實在)로 보려는 인식방법 또한 적용되지 않는다.

> 두 문(二門)이 이와 같은데 어찌하여 일심(一心)이라 하는가. 더럽거나 맑거나 간에 모든 존재(染淨諸法)는 그 본성이 둘이 아니고, 진실 되거나 망령되거나 간에 두 문은 결코 다르지 않기 때문에 하나(一)라고 한다. 이 둘이 없는 경지가 모든 존재의 참된 모습이다. 그러나 이는 텅 빈 것이 아니라, 그 본성이 신해(神解)하다. 이런 까닭에 마음이라 한다. 그러나 이미 둘은 없으니 어찌 하나가 있을 수 있는가. 하나인 것도 사실 없는데 누가 이를 일러서 일심이라 할 수 있겠는가. 이와 같은 이치는 말을 떠나있고 생각을 끊어버림으로 무엇으로써 이를 가리켜 나타낼지 알 수 없다. 그래서 억지로 이름을 붙여 일심(一心)이라 할 뿐이다. 「大乘起信論疏幷別記」

일심(一心)이란 진여(眞如)와 생멸(生滅)을 두루 껴안으니 이런 뜻에서 하나이지만, 이미 둘이 없다는 상대성을 떠난다면 하나라고 할 수도 없다.

마찬가지로 두 문(心眞如, 心生滅)이 각기 한 쌍의 긍정과 부정을 함께 포함하고 있으니, 이는 결국 이중의 긍정과 부정이 된다. 그런데 이중의 부정을 절대부정이란 말로 바꾸어 보면, 사실상 내용으로는 절대부정이 절대긍정으로 비약하는 역설적 논리이다.

달리 말하자면 만약 모든 것이 '하나'의 근원에서 생겼다 사라지는 것이라는 통찰력을 얻는다면, 이렇게 볼 수도 있고 저렇게 볼 수도 있다고 느끼는 모순의 감정마저도 감각에 반대되는 느낌과 마찬가지로 역시 '하나'가 될 것이다. 이를테면 모든 것이 '공(空)'하다고 할 때 '공'하다고 느끼는 생각 역시 '공'하다. 뿐만 아니라 일어나는 모든 일이 그대로 자연스럽고 옳다면, 나쁘고 자연스럽지 못하다고 생각하는 일도 역시 모두 옳고 자연스럽다.

이와 같이 모든 존재의 본질은 말과 생각을 넘어서 있지만, 굳이 이름을 붙이자니 어쩔 수없이 일심(一心)이라 한 것이다. 따라서 온갖 존재가 비록 한없는 차별세계를 전개한다고 할지라도 근원적으로는 그 본성이 똑같은 것이며, 진여와 생멸의 두 문이 서로 다를 수는 없다. 그러나 본체는 허공일 수 없고, 그 자체가 신묘한 것이기에 그것을 마음이라 한다.

따라서 '자아(自我)'는 무아(無我)이면서 우주적인 존재이지만, 오히려 존재하는 그 관념마저 부정되어야 한다. 진여와 생멸의 합일 또한 이와 같은 의미에서 이해된다면, 부단히 변화하는 상대적 현상 그 자체가 바로 절대적 실상이다.

그러므로 진여와 생멸이 하나도 아니지만 둘도 아니다(不一不二)고 할 때, 둘이 아니라고 하는 것은 마음에 나타난 현상존재는 이미 마음에 있음을 의미한다. 즉 대상인 현상존재와 마음은 불가분의 관계를 맺고 있다. 다시 말해 마음의 세계와 현상의 세계를 근본적으로 둘로 나누는 것을 넘어서고 있기에 마음과 현상은 하나이다.

결국 인간의 경험과 언어표현을 거부한다는 뜻의 일심 즉 본질적 경계는 오히려 어디에서나 자유로운 경지에 이르럼을 의미하고 있다. 이는 삶과 죽음이 교차하는 생사(生死)의 현실계를 초월하려는 것이 아니라, 삶과 죽음을 초연히 받아들일 수 있는 마음을 지시하는 내용이 된다. 이 전제를 받아들이는 한, 본질의 세계를 나타내고자 한 일심은 궁극적 실재로서의 존재론적 위상과는 거리가 멀다.

(3) 존재의 근원

스님은 일심(一心)에 포괄적 성격을 부여하여, 자신이 구축하고 있는 사상체계의 바탕이자 세계 해석의 근원이란 의미를 부여하고 있다.

그러나 일심이 포괄적 개념으로서의 본질이라 하더라도, 현상과 연결되지 못한다면 이는 단지 기존의 개념을 넘어서기 위한 설명만을 덧붙였다는 시각을 벗어나지 못하게 된다.

때문에 일심은 본질과 현상을 연결하는 근거로서의 의미를 갖추지 않을 수 없다.

> 심법(心法)이 비록 하나이지만 여기에는 두 문(二門)이 있다. 진여문(眞如門) 가운데에는 대승(大乘)의 체(體)가 있고, 생멸문(生滅門) 가운데에는 체(體)와 상(相)과 용(用)이 있다. 「大乘起信論疏幷別記」

마음의 본질(心法)이 일심(一心)이며, 이 일심이 진여와 생멸로 나누어진다는 구도는 기존의 이론과 다를 바 없다. 그런데 진여문(眞如門) 가운데 대승의 체(體)가 있다는 점은 의심할 바 없으나, 생멸문(生滅門)에도 체(體)가 있다는 표현은 새로운 해석을 필요로 한다.

다시 말해 진여(眞如)가 대승의 본체라는 것은 진여 자체가 처음부터 본질로서의 의미를 지니고 있다는 뜻이지만, 생겨나고 사라지는 생멸(生滅) 속에 본체가 있다는 것은 일심(一心)이 순수한 본질일 수 있는가에 대한 의문을 수반할 수밖에 없다. 왜냐하면 본체란 사라지지 않는 것으로서 다른 사물과 구별되는 고유의 존재를 의미하지만, 현상이란 지각되거나 관찰되는 감각의 대상을 지칭하고 있기 때문이다.

따라서 형식적인 대립과 반대를 초월한 일심(一心)의 세계를 실체로 규정하거나 정의할 수는 없지만, 여기서의 표현처럼 일심 가운데 생겨나고 사라지는 본체가 따로 있다고 하여 현상과 본질을 동시에 나타낸다는 것은 생멸(生滅)의 체(體)가 순수한 본질일 수 없다는 오해를 불러일으키기에 충분하다.

문제는 이것만이 아니라 진여의 본체와 생멸의 본체는 어떻게 다르며, 진여와 생멸의 양 속성을 지닌 일심이 어떻게 해서 현상으로 드러나는가도 역시 의문의 핵심이 된다.

물론 스님은 생멸에 체(體)를 인정함으로서 본질과 현상을 연결시키려는 의도를 드러낸 것이지만, 여기서 말하는 마음의 본질이 존재의 마지막 근원이라 한다면 이는 모든 존재의 본질일 것이며 그 자체가 곧 진여이기 때문이다.

마음의 생멸(生滅)은 무명(無明)에 의해 이루어지고,

생멸하는 마음은 본각(本覺)을 따라 이루어진다. 그렇다고 해서 두 개의 체성(體性)이 있는 것이 아니며, 서로 버리거나 떨어져있지 않으므로 화합이 된다. … 하나도 아니지만 다르지도 않다(非一非異)는 것은 불생멸심(不生滅心)이 그 바탕으로 볼 때는 움직인 것이 되므로, 마음과 생멸이 다르지 않지만(非異) 항상 불생멸성(不生滅性)을 잃지 않으므로 생멸과 마음이 하나가 아니다(非一). 또 만약 생멸과 마음이 하나라고 한다면, 생멸에 대한 알음알이(識相)가 사라질 때 마음과 몸의 본체도 또한 사라지게 되어, 모든 것은 변한다는 주장에 떨어지게 된다. 만약 그 둘이 다르다면 무명(無明)의 바람에 의해 움직일 때, 고요한 마음의 본체는 인연을 따라 응하지 않는 것이 되어, 마음은 영원하다고 주장하는 견해에 빠진다. 이 두 가지 주장을 떠나기에 하나도 아니지만 다른 것도 아니다(非一非異)고 한다. 「大乘起信論疏幷別記」

이는 곧 진여(眞如)의 세계와 생멸(生滅)의 세계라는 두 마음이 따로 있는 것이 아니지만, 이 또한 같은 것이라고 할 수 없다는 뜻이다. 나아가 진여와 생멸이 하나도 아니고 다른 것도 아니라고 하지만, 현상은 분명히 무명(無明)으로 인해 나타난다.

이와 같은 관점은 결국 본질과 현상을 잇는다는 것과 그리고 이를 설명한다는 것은 언어를 떠나고 초월하는 길일 수밖에 없음을 의미하고 있다. 때문에 스님도 이를 고심하지 않을 수 없었다는 것은, 스님의 저술 전편에 걸쳐 같은 말을 반복하고 있는 것으로도 알 수 있다.

문제는 본질과 현상을 어떻게 동시에 표현할 수 있느냐에 있다. 이를테면 진흙 속의 구슬을 표현하고자 할 때 구슬은 구슬이요 진흙은 진흙일 수밖에 없지만, '진흙 속의 구슬'인 것과 마찬가지이다.

진여문(眞如門) 가운데서는 곧바로 대승체(大乘體)라 하고, 생멸문(生滅門) 가운데서는 그저 자체(自體)라고 하는 것은 그럴만한 깊은 까닭이 있다. 「大乘起信論疏幷別記」

이를테면 생멸(生滅)의 입장에서는 '자체(自體)'라 표현하고, 진여(眞如)의 시각에서는 '대승체(大乘體)'라고 한 것은 그저 의미없이 그런 것이 아니라, 여기에는 깊은 뜻이 있다고 한다. 즉 '본체'와 '자체'라는 다른 표현을 사용한 의도는 근본적인 성질로는 서로 통한다고 하더라도, 이것이 지칭하는 범주를 달리한다는 의미이다.

다시 말해 생멸문(生滅門)이 현상적인 사물의 모습을 드러내므로 '체(體)'라는 개념을 부여할 수 없지만, 굳이 '자체(自體)'라고 표현한 것은 진여문에서의 '본체'와 생멸문에서의 '자체'는 그 뜻과 의미에 있어서 적용범위가 다름을 암시하고 있다.

생멸문(生滅門)에도 역시 자체(自體)가 있다고 한 것은, 단지 체(體)로서 상(相)을 따른 것이다. 「大乘起信論疏幷別記」

여기서 말하는 자체(自體)란 본질로서의 본체를 지칭한 것이라기보다는 현상존재의 근원이라는 의미를 나타내려 한 것으로 볼 수 있다. 그러므로 궁극적인 입장에서 대승의 본체라고 표현할 수 있는 것은 곧 진여문(眞如門)에 나타나는 본체(體)이지만, 현상존재의 측면에서 존재를 가능하게 하는 근원으로서 '자체(自體)'라는 개념을 적용한다는 뜻이 된다.

이는 곧 본체(體)가 이치적인(理) 입장에서 말하는 주체적 개념이라면, 자체(自體)는 사물(事)의 입장에서 모습과 변화의 근거로서 말하는 발생 가능성의 의미를 내포하고 있다.

이와 같이 현상의 근거로서 생멸문(生滅門)에 설정한 근원을 '자체'라고 표현한 것은, 일심(一心)이 아무리 포괄적인 개념이라 하더라도 현상과의 연결고리를 배제할 수 없기 때문이다.

그런데 현상이 생겨나고 사라진다는 것은 무명(無明)으로 말미암아 일어나는 것이니, 현상존재의 가능 근거인 생멸문의 '자체(自體)'는 무명과 화합하지 않을 수 없다.

> 일체법(一切法)이 생도 없고 멸도 없음(無生無滅)으로서 본래 고요하니 오직 이것이 일심(一心)이다. 이와 같은 것을 이름하여 심진여문(心眞如門)이라 한다. 이런 이유에서 고요하다(寂滅)는 뜻을 일심이라 한다. 그러나 이 일심의 본체(體)가 본각(本覺)이지만 무명을 따라 움직여 생멸(生滅)을 짓는다. 이런 까닭에 이와 같은 시각에서 보면 여래(如來)의 본성이 감추어져 드러나지 않으니, 이를 일컬어 여래장(如來藏)이라 한다. 「大乘起信論疏幷別記」

일심(一心)이나 진여(眞如)와 마찬가지로 적멸(寂滅), 본각(本覺), 여래장(如來藏) 등도 그것이 지칭하는 바의 의미는 다르지 않다. 그러나 이와 같이 본질적인 의미를 지칭하는 개념이 다양하다는 것은 각각의 용어들은 그 나름대로의 의미로서 적용되는 경우가 다르다는 뜻도 된다.

따라서 이는 본질과 현상을 이을 고리로서의 개념 또한 있다는 것이며, 여기서의 '여래장(如來藏)'이 바로 그와 같은 용어가 된다.

> 스스로의 본성이 맑고 고요한 마음(自性淸淨心)을 일컬어 여래장(如來藏)이라 한다. 그러나 마음이 무명(無明)의 바람으로 말미암아 생겨나고 사라지는 현상을 지으니,

이런 까닭에 생겨나고 사라지는 현상은 여래장에서 일어난다고 말한다. 「大乘起信論疏幷別記」

맑고 고요한 마음으로서의 여래장은 진여(眞如)의 본체로서 변함이 없지만, 무명(無明)에 의해서 현상을 드러내게 하는 것도 여래장이다. 하지만 무명으로 말미암아 물들여질 경우에도 여래장 자체는 그대로이므로 여래장은 본질과 현상이 다르지 않다는 사실을 나타내는 개념이 된다.

따라서 진여의 본체(體)와 여래장의 본체(自體)는 다 같은 순수한 본질이지만, 그 해석에 있어서는 미묘한 차이가 생기게 된다.

그러나 현상을 초월한 순수한 존재를 본질이라 한다면, 일심(一心)과 여래장(如來藏)의 관계 또한 문제가 되지 않을 수 없다.

진여문(眞如門) 가운데 속하는(攝) 사법(事法)은 곧 분별성(分別性)이니, 모든 존재(諸法)가 생겨나지도 않고 사라지지도 않으며(不生不滅) 본래 고요한(本來寂靜) 것이지만 다만 어리석은 생각(妄念)으로 차별을 만들기 때문이다. 그러나 생멸문(生滅門)에서 말하는 사법(事法)은 의타성(依他性)이니, 모든 존재는 인연으로 화합하여 생멸(生滅)이 있기 때문이다. 「大乘起信論疏幷別記」

진여문(眞如門)에 속하는 현상 존재(事法)는 단지 어리석은 생각으로 인한 차별일 뿐이다. 따라서 진여문은 진여(眞如)와 분별된 것(分別性)으로 구성된다고 할 수 있다. 이와는 달리 생멸문(生滅門)의 현상 존재(事法)는 생멸(生滅)과 의타성(依他性)으로 이루어진다.

그러나 진여문(眞如門)과 생멸문(生滅門)이 이와 같다면, 두 문은 별개로 간주될 수 있는 문제가 생기며, 이와 더불어 진여문에 나타나는 현상이 생멸문에 나타나는 현상과는 어떻게 다른가라는 의문이 남게 된다.

> 진여문(眞如門)은 모든 존재(諸法)의 통상(通相)으로 통상 외에 따로 제법(諸法)이 없다. 모든 존재(諸法)는 모두 통상(通相)에 포섭(攝)된다. 「大乘起信論疏幷別記」
> 생멸문(生滅門)은 진여(眞如)가 곧 선(善)과 불선(不善)의 인(因)이 되고 외부의 연(緣)과 화합하여 모든 존재(諸法)를 지어낸다. 비록 실제로 모든 존재(諸法)를 지어내지만 그 본성(眞性)은 항상 파괴되지 않는 까닭에 이 문(門)에서도 역시 진여(眞如)를 포섭(攝)한다. 「大乘起信論疏幷別記」

진여(眞如)는 본질 그 자체이지만, 생멸(生滅) 현상은 진여를 본질로 하여 드러나는 모습이다. 그러므로 진여는 존재의 보편적 개념 즉 전체적인 모습(通相)이 된다. 이는 곧 진여문이 본체와 현상을 모두 포섭하는 존재의 근원이라는 의미이다.

그러나 생멸문에 본체(體)와 모습(相)과 변화(用)가 있다는 것은, 진여(眞如)의 개념 대신 여래장(如來藏)으로써 현상으로 드러나는 본질을 지칭한 것이 되어 진여와 생멸이 본체(體)와 자체(自體)로 나누어진다고 해도, 생멸 현상 또한 본체와 현상이 연결되어 있다.

하지만 여래장의 본체가 생멸(生滅)한다면, 이것이 사라질 때 진여의 본체는 그대로인가라는 의문이 뒤따르게 된다.

> 심체(心體)가 생멸(生滅) 한다는 것과 항심체(恒心體)가 상주(常住) 한다는 것은 하나(一)도 아니지만 다른(異) 것도 아닌 까닭에 심체(心體)는 둘이 아니며(不二) 하나의 성(一性)도 없다고 한다. 이는 움직임(動)과 고요

> 함(靜)은 하나가 아니지만(非一) 그렇다고 다른 성질(異性)도 없는 것과 같다. 그러므로 물(水)을 두고 말한다면, 이어진다는 관점(相續門)에서는 흐름이 있지만 생겨나고 사라진다는 관점(生滅門)에서 본다면 항상 움직이지 않는(恒不動) 것과 같이 영원한 것도 아니고(不常) 끊어지는 것도 아니다(不斷).「大乘起信論疏幷別記」

마음의 본체(心體)가 생멸(生滅)하는가 아니면 영원한가는 물의 흐름과 정지함을 보는 관점과 같다고 한다. 이는 마치 정지된 순간의 필름들이 움직임을 나타내는 화면과 같이, 움직이는 화면에 집중할 것인가 아니면 정지된 필름에 집착할 것인가의 문제와 마찬가지이다. 따라서 영원(常)하다거나 무상(無常)하다거나 아니면 움직임(動)과 고요함(靜)이란, 하나가 아니지만(非一) 그렇다고 다른 것도 아니다(非異).

여래장(如來藏) 역시 영원한 것(常住)도 아니지만 사라지는 것(斷滅)도 아니다. 만약 항상 움직이지 않는 것(恒不動)을 영원한 것으로 보면, 영원한 것(常住)과 나고 사라지는 것(生滅)은 두 가지 개념(二元化)이 될 것이다. 마찬가지로 항상 움직이지 않는 것(恒不動)을 사라짐(斷滅)으로 보면, 생멸(生滅)하는 관점에 매달리게 될 것이다. 때문에 생겨나고 사라지는 것이지만, 여기에만 집착하는 견해를 초월하는 의미에서의 영원으로 받아들여야 한다.

그렇다고 해도 현상을 드러나게 하는 근본적인 원인은 무명(無明)으로 인해서이다. 따라서 여래장(如來藏)이 무명과 화합하여 생멸(生滅) 현상을 짓는다면, 시초가 있음(生死有始)을 인정하게 되는 모순을 동반하게 된다.

> 심체(心體)는 본래 고요한데 연(緣)을 따라 움직인다고

하면 생사(生死)의 시초(有始)가 있다는 잘못이 없게 된다. 이는 움직임과 고요함이 서로 서로 바뀜으로써 그 시초가 없는(無始) 것과 같다. 「大乘起信論疏幷別記」

영원한가(常) 아니면 무상(斷滅)한가라는 견해에 집착한다면, 이것이 곧 근본적인 오류를 범하는 동어반복의 모순이 된다. 다시 말해 본래 고요한 것이 어느 시점에서 움직이기 시작한다는, 그 시작이 있다는 생각 자체가 바로 두 가지의 시각 즉 상대적 관념에 떨어진 것이기 때문이다.

그러므로 여래장 본체의 생멸(生滅)로 인해 현상의 다양한 모습이 드러난다고 하더라도, 이는 모두 전체적인 모습(通相) 즉 진여(眞如) 자체에 포섭되는 것이므로, 일심(一心)은 그대로 근원적인 본질로서의 자리를 확립하게 된다.

결과적으로 현상 존재가 드러날 수 있는 근거로서의 본체에는 여래장(如來藏)이란 개념을 적용하고 있으며, 이 여래장의 양 속성을 바탕으로 현상과 본질을 연결하는 구도를 설정하고 있다.

그러나 이와 같은 구도 자체를 설정한다고 하더라도, 근원적으로는 일심(一心) 즉 마음의 본체(心體)는 영원한가 아니면 생멸(生滅)하는가의 문제를 떠날 수는 없다. 이와 같은 근원적인 문제는 존재의 본질과 현상과의 형식적인 대립과 반대로 귀결된다.

상주(常住)한다고 할 때는 다른 것을 따라 이루어지는 것이 아니므로 본체(體)라 한다. 변한다(無常)고 할 때는 다른 것을 따라 생멸(生滅)하므로 상(相)이라 한다. 이렇게 보면 본체(體)는 영원하다(常)고 하고 모습(相)은 변한다(無常)고 할 수 있다. 그러나 생멸(生滅)이란 생겨남이 아닌 생김(非生之生)과 사라짐이 아닌 사라짐(非滅之滅)이기에 생멸(生滅)이다. 이는 곧 마음의 생겨남(心之

生)과 마음의 사라짐(心之滅)인 까닭에 생멸이라 하므로 심체(心體)의 생멸도 이와 같다. 「大乘起信論疏幷別記」

영원하다(常)는 것은 생멸(生滅)의 관점에서 본 견해일 뿐이다. 따라서 생겨나고 사라진다는(生滅) 것은, 단순히 '생겨난다는 그것(生之生)'이거나 '사라진다는 그것(滅之滅)'이 아니라, '마음이 일어나고(心之生)' 또는 '마음이 사라지는(心之滅)' 것으로 이해해야 된다.

그러므로 생겨나고 사라진다는 집착을 초월할 수 있다면, 생겨나고 사라지는 현상의 모습은 바로 그대로가 진여의 모습이다. 이는 생겨나고 사라지는 현상이 '있다(有)'고 생각하는, 즉 현상이 실체라는 생각이 사라지는 순간, 지각은 존재하지만 지각하는 자를 알지 못하며, 사고하는 자는 없고 사고는 있음을 알아차리는 것과 같다. 이것이 곧 진여의 본성이며 동시에 현상존재의 드러남이다.

그러나 이는 현실의 영역을 넘어선 초월적 세계라든가, 생멸현상과 분리된 어떤 상태를 지시하는 것은 아니다. 생겨나고 사라지는 현상이야말로 존재 자체가 온전하게 드러나는 곳이기 때문에 이러한 상태를 어떤 개념으로 나타낼 수는 없다. 왜냐하면 이를 문제 삼는 그 자체가 잘못이기 때문이다.

다시 말해 어떤 관점에서 본 것이냐에 따라 개념의 정의가 달라질 수 있지만, 근원의 문제 즉 일심(一心)으로 돌아가면 영원과 생멸의 양 속성을 함께 볼 수 있다. 마찬가지로 여래장(如來藏)이 무명(無明)으로 인하여 현상 존재를 드러나게 하지만, 대상이 없다면 마음도 없다.

결국 진여문(眞如門)과 생멸문(生滅門)은 본질 그 자체와 현상적인 것을 연결하는 본질과의 관계로 설정된 것이다. 따라서 본질 그 자체로서의 본체를 진여(眞如)라 한다면, 현상적인 것과 관계하는 본질이 여래장(如來藏)이 된다. 다시 말해 다 같이 본체라는 개념을 적용시키고는 있으나, 본질과 현상의 연결고리 즉 현상 존재가 곧 본질의 드러남이란 의미를 나타내고자 여래장이란 개념을 활용하고 있다.

따라서 생멸문에 있는 현상적인 모습 역시 결국 어리석은 생각(妄念)에 의해 분별된 것들이며, 이러한 경지에서는 무엇과 관계하는 본질인 여래장도 있을 수 없다. 그것이 관계할 수 있는 그 무엇도 단지 어리석은 생각에 의해 분별되어진 것들에 지나지 않기 때문이다. 이러한 경지에서는 일심(一心)이 곧 진여(眞如)이다. 그러나 현실적인 현상을 전제하는 한, 홀로 있는 진여와 무엇과 관계하는 진여(如來藏)는 어디까지나 구별될 것이다.

때문에 진여문(眞如門)과 생멸문(生滅門)이 나누어지게 되고, 또한 이 두 부분을 아울러 품고 있는 일심(一心)도 근원의 의미를 지니게 된다.

2. 일미(一味)

(1) 『금강삼매경론』

종교란 인류의 역사와 더불어 시작된 문화체계의 하나로서 모든 민족에게서 공통적으로 나타나는 현상이지만, 초기에는 가르침 자체를 의미하는 좁은 뜻으로 이해되었다. 그러나 후대로 오면서 초

인간적이며 초자연적인 힘에 대한 인간의 경외(敬畏)와 신앙의 총체적인 체계를 일컫게 된다.

그 과정에서 지역과 환경에 따른 다양한 가치들을 수용하게 되지만, 어떤 종교라도 그 가르침의 내용에 있어서는 현세와 내세의 참된 삶에 대한 추구를 궁극의 목적으로 한다는 것은 마찬가지이다. 이는 말할 것도 없이 주어진 삶에서 생기는 긴장과 갈등을 해소하려는 데 의미를 두고 있기 때문이다.

따라서 모든 종교에서는 초월적인 것과 세속적인 것은 근본적으로 다르다고 함으로써, 세속적인 가치를 넘어서서 영원한 진리의 세계로 나아가야 한다고 주장한다. 그러나 종교들마다 그에 대한 내용과 거기로 나아가는 방법은 각기 다르게 제시하고 있다.

불교는 처음부터 인간을 존재론적으로 이해했다기보다는 실존적으로 이해했다고 할 수 있다. 이를테면 불교에서는 모든 존재의 참된 본성을 '고(苦, duhkha)'라고 전제하는데, 이는 인간을 괴로움으로부터 벗어날 수 없는 존재로 이해한다는 의미이다.

이와 같은 시각은 인간을 매우 현실적으로 이해한 것이지만, 아울러 실존의 현실을 매우 부정적으로 해석하고 있음을 말하는 것이기도 하다. 때문에 인간이 지닌 모든 문제를 스스로 해결할 수 있는 방법을 제시하여, 온전한 삶을 추구할 수 있는 길을 열어두었다.

이에 따르면 온전한 삶은 존재를 고(苦)라고 정의하는 부정적 해석의 근거이자 모든 고통의 근본적인 원인으로 제시하는 무명(無明, ajnana)의 실체를 올바르게 이해하는데서 출발한다.

무명은 일반적으로 진리를 알지 못한다는 '무지(無知)'를 의미하지만, 불교의 교리 발달과정에서 여러 학파가 생겨나면서 무명에 대한 이해방식도 서로 다르게 나타난다. 그러나 무명이 모든 괴로움의 근본적인 원인이라는 것에 대해서는 일치하고 있다.

이를테면 원시불교의 12연기(十二緣起)에서는 무명으로부터 태어나고 늙고 병들고 죽는 고통이 생긴다고 하지만, 대승불교의 유식학파(唯識學派)에서는 식(識)의 전변(轉變)이 일어나게 되는 근본원인을 무명이라 하며, 중관학파(中觀學派)에서는 무명이 공(空)임을 밝힘으로써 무명을 형이상학적 실체로 파악하는 부파불교의 해석을 부정하고 있다.

이와 같이 무명(無明)에 대한 해석이 비록 다르다고 하더라도, 무명의 실체를 바로 알고 온전한 삶으로 나아가기 위해서는 진제(眞諦)와 속제(俗諦)를 구별할 필요가 있다고 한다. 여기서의 제(諦, satya)란 '거짓이 없는 참다운 진리' 또는 '변하지 않는 진리' 등을 뜻한다.

구체적으로 언어적 표현을 넘어서는 궁극적 진리이자 어떤 것도 독립적 실재성을 갖지 않은 현상세계의 참된 본질로 간주되는 보편적인 공(空)의 세계를 진제(眞諦)라고 하며, 이에 대해 의사소통이라는 실질적 목적을 위해 인정되는 경험적 실재를 속제(俗諦)라 한다. 다시 말해 진제는 제일의제(第一義諦)라고도 하는데, 이는 성자(聖者)가 깨달은 참다운 진리의 가르침을 의미하며, 이에 대해 속제는 세속제(世俗諦)라고도 하며 '현상계 차별화의 원리' 또는 '세속의 실의(實義)', '범부(凡夫)가 알고 있는 이치', '세간적인 진리' 등을 말한다.

이와 같은 구분은 진제로 나아감이 곧 온전한 삶의 길이자, 부정적인 현실존재를 벗어나는 통로임을 의미하고 있다. 그러나 대승불교는 진리의 세계와 세속의 세계가 다르지 않다는 전제로부터 시작된다. 다시 말해 진리의 세계란 사물의 실상이 공(空)함을 말하며 세속의 세계란 무상(無常)의 세계이지만, 실존하는 존재로서의 인간은 진제의 길로 나아가야 함과 동시에 속제의 세계에 속해 있음도 잊어서는 안 된다고 한다.

흔히 이를 중도(中道)라고 하는데, 이는 양 극단을 초월한다는 의미를 담고 있다. 이를테면 인간은 세속에 살고 있지만 언제나 진제의 세계를 추구해야 하며, 진제의 진리를 얻었다 하더라도 세속의 이치를 잊어서는 안 된다는 뜻이다.

이것이 곧 존재하는 현실에서 진리로 사는 길이며, 진리 역시 현실을 떠나서 존재하는 것이 아니라는 진속원융(眞俗圓融)의 세계이다. 말하자면 현실을 부정하지도 않지만 현실에 안주하지도 않고, 현실을 초월해 나아가는 길이다.

바로 여기에서 우주 속 존재로서의 근원적인 질문은 그 답을 모색하고자 하는 실천이 동반되지 않고서는 얻을 수 없다는 결론에 이르게 된다. 다시 말해 존재의 이치를 해명하기 위하여 논리적으로 일반화한 명제의 체계는 사실 관념적으로 조직된 이론이라는 사실을 알아야 한다는 뜻이다. 이는 곧 실천을 통해 객관적 실재를 체득하는 수행이 요청된다는 의미이다.

원효 스님 역시 무엇보다도 진리의 세계와 세속적인 현상이 서로 다르지 않다는 입장에서, 세속적인 진리와 출세간적인 진리가 따로 존재하지 않음을 밝히고 있다.

스님의 견해에 따르면, 진제와 속제로 나눈다는 것 자체나 깨끗하다거나 물들었다는 말로 분별하여 한편에만 가치를 인정한다는 것 역시 집착에 지나지 않는다고 하였다. 이는 곧 세속적인 가치는 말할 것도 없지만 진리라고 하는 것까지 집착하지 말아야 이것이 진정으로 온전한 길이요 온전한 삶이라는 의미이다.

사실상 세상에는 진리를 전한다고 하면서 자신과 타인을 미혹하게 하는 말들이 수없이 많다. 설령 그것이 불교의 의미를 밝히고 있거나 아니면 정신적 수행을 통해서 깨달음의 세계를 묘사하거나 간에, 다양한 이론과 논리들이 있다. 그러나 따지고 보면 이와 같은 표현들이 진리 그 자체는 아니다. 말할 것도 없이 진리란 언어로 표현되어지는 것이 아니기 때문이다.

그러나 계란껍질이나 포도껍질이 그 근처 어딘가에 영양분이 있을 것이라는 사실을 말해주듯, 이와 같은 표현들 또한 진리를 전하고자 하는 방편으로서의 역할에는 모자람이 없다. 문제는 방편이 방편임을 이해하느냐 하는 점에 있다. 달리 말하자면 궁극적으로 지향해야 하는 길은 이론 자체가 아니라 삶 속에서 펼쳐지는 행동이어야 하기 때문이다.

이와 같은 이론을 실천으로 연결시키고 있는 「금강삼매경론」은 「대승기신론소」와 함께 스님의 사상을 체계화시키는 데 핵심적인 역할을 한 저술이라는 평가를 받아왔다. 이는 말할 것도 없이 두 저술이 서로 밀접한 체계와 구성으로 완성되어, 진속원융(眞俗圓融)의 사상을 이론과 실천의 부분에서 완벽하게 연결시키고 있다는 이유에서이다.

다시 말해 「대승기신론소」가 진속원융의 무애(無碍)사상을 근간으로 한 이론적 체계를 수립하고 있다면, 「금강삼매경론」은 그 이론을 바탕으로 한 실천의 원리 즉 일미관행(一味觀行)의 구체적인 지침을 명시함으로써 실천수행의 길을 구체화시키고 있다.

사실 「금강삼매경」은 「대승기신론」의 논리를 기본적인 바탕으로 하고 있지만, 이론적 차원에서의 논리전개보다는 실천행동의 이치를 구체적으로 밝히고 있는 경전이다.

때문에 이 경전을 처음으로 주석한 원효 스님은 「금강삼매경론」에서, '묶어서 말하면 일미관행(一味觀行)이며, 열어서 말하면 십중법문(十重法門)'이라고 경전의 내용을 요약하고 있는데, 이는 곧

「금강삼매경」이 실천행의 구체적인 내용을 구축하고 있다는 해석이다. 때문에 실천행을 중시하는 선종(禪宗)에서는 한결같이 「금강삼매경」을 선종 성립의 근거로 삼고 있기도 하다.

「금강삼매경」에는 이 경전이 나타나기 이전까지의 이론적 교설들이 모두 망라되어 있다고 해도 과언이 아니다. 이를테면 대승불교의 공(空) 사상이 전편에 걸쳐 나타나고 있으니, 구체적으로는 「금강경」과 「중론」, 「반야심경」 등에 나타나는 문구와 비슷한 내용들이 언급되고 있다. 그리고 '삼계의 허망함은 단지 마음이 지은 바이기 때문이다(三界虛妄但是一心作)'는 「화엄경」의 교설과 '비록 출가하지 않았지만 재가에도 머무르지 않는다(雖不出家不住在家)'는 「유마경」의 사상도 나타난다. 뿐만 아니라 「법화경」의 일승삼승(一乘三乘) 및 '장자의 궁핍한 아들(長者窮子)'의 비유도 나타나고 있으며, 「열반경」의 중요 개념인 '불성이 없는 중생(一闡提)'과 상락아정(常樂我淨)이란 용어도 인용되고 있다. 나아가서는 「능가경」과 「기신론」의 불성여래장(佛性如來藏), 본각시각(本覺始覺), 명상분별(名相分別), 정지(正智) 등의 이론들을 활용하고 있으며, 「범망경」과 「영락경」의 보살 52위설과 삼취정계(三聚淨戒), 참회(懺悔)를 비롯하여 섭론종(攝論宗)의 9식설(九識說)과 초기 선종의 이입설(二入說) 및 수일입여래선(守一入如來禪) 등 7세기 중반 당시까지 중국에서 성행한 불교 사상의 대부분이 망라되어 있다. 때문에 「금강삼매경」을 달리 「섭대승경(攝大乘經)」 즉 대승을 모두 포섭하는 경전이라고 지칭하기도 한다.

그런데 이와 같은 「금강삼매경」이 언제 어디에서 나타났는지에 대한 기록이 불분명하여, 이에 대한 이론(異論)들이 분분하다. 이를테면 중국 도안(道安, 314-385)의 「양토이경록(涼土異經錄)」에는 「금강삼매경」이 있었으나 현존하지는 않는다고 하였으며, 양

나라(梁, 445-518) 때 승우(僧祐)가 편찬한 「출삼장기집(出三藏記集)」에는 오래 전에 사라진 것으로 기록되어 있다.

이보다 훨씬 뒤 당나라 때의 정태(靜泰)가 편찬한 중경(衆經) 목록인 「정태록(靜泰錄), 663」과 도선(道宣)이 지은 불전(佛典) 목록인 「대당내전록(大唐內典錄), 664」, 그리고 「대주간정목록(大周刊定目錄), 695)」 등에는 이 경전의 이름이 나타나지 않는다.

그러나 이 목록들보다 뒤에 편찬된 지승(智昇)의 「개원석교록(開元釋敎錄), 730」에는, 잃어버렸던 것을 찾아서 편입한다고 하며 현존본 속에 기재해 놓고 있다.

이와 더불어 「금강삼매경」을 연구한 초기의 이론들에서는, 이 경전에 나타난 이입설(二入說)이 달마(達磨)의 이입사행설(二入四行說)에 영향을 끼친 것이라고 하였다. 그러나 이 경전에 현장(玄奘)의 신역 용어가 나타난다는 사실들이 지적되면서 이 경전의 근거를 확실하게 하기 위해서 달마의 이입사행설을 인용했다는 주장이 나타났고, 이로부터 이 경전이 중국에서 만들어진 위경(僞經)이라는 견해가 제기되기도 했다.

그러나 누가 언제 이를 편찬했는지에 대한 견해에는 아직도 정설이 없는 상황이다. 당나라 초기 중국에서 종래의 불교학설에 정통한 자가 모든 학설을 망라하여 지었다는 설도 있지만, 신라의 대안(大安)이라는 설도 있고, 원효 스님이 먼저 「금강삼매경론」을 쓰고 대안이 「금강삼매경」으로 정리했다는 설도 있다. 나아가서는 「송고승전」 '원효전'에 기록되어 있는, 이 경전을 얻게 되는 설화를 바탕으로 하여 원효의 저작이라는 주장도 있다.

특히 원효의 저작이라고 주장하는 경우는, 경전이 나오게 되는 과정을 설명한 「송고승전」의 기록을 보아도 그러하고, 원효의 주석과 함께 이 경전의 존재가 알려지고 있기 때문이기도 하다.

경전의 편찬자가 누구이든지 간에, 중국의 불전 목록에 「금강삼매경」의 이름이 나타나지 않다가 다시 언급되었다는 사실만으로 본다면, 「금강삼매경」이 신라에 전해졌을 당시에는 아무도 관심을 두는 이가 없었던 것은 분명하다. 그러나 이를 스님이 해석함으로써 그 가치를 인정받아 널리 퍼지게 되었던 것이다. 그리고 스님의 논서가 중국에 전해짐으로써 「금강삼매경」을 재발견하게 되고, 그로 인해 현존하는 경전으로 알려지게 된 것이라고 유추할 수 있다.

이는 곧 스님의 해석서인 「금강삼매경론」으로 인해 「금강삼매경」이 실로 심오한 내용을 담고 있는 경전임을 알았다는 뜻이기도 하다. 이와 같은 사실 역시 이전까지는 중국에서도 아무런 관심을 가지지 않았다는 의미가 된다.

「송고승전」의 '원효전'에는 이 경전이 용궁에서 나왔다고 하는 신비스러운 이야기를 전하고 있다. 하지만 이는 「대반야바라밀다경」이 용궁에 오랫동안 감춰져 있던 것이라는 설화를 인용하여, 「금강삼매경론」을 이에 빗대고 있는 것이기도 하다.

사실 「금강삼매경」에서는 마음을 신선이 사는 동굴이라고 표현하는 부분도 나타나고 있다. 그러나 용궁은 위대한 사상가의 마음속을 비유한다는 전례에 따르면, 「송고승전」에서 '용궁에서 나왔다'고 한 묘사는 아마도 스님의 식견에 대해 중국 사람들이 놀라워하며 찬탄했던 심정을 그대로 옮겼다고 보는 것이 옳다.

이와는 달리 이 경전이 위경(僞經)이라고 주장하는 입장에서는, 이 경전이 너무도 조직적이고 체계적이기 때문이라고 한다. 그렇지만 원효 스님은 이에 대하여 전혀 이러한 기색이 없을 뿐만 아니라, 오히려 「대승기신론」이나 '구식설(九識說)' 등이 이 경전에서 주장하는 바를 근거로 하고 있다고까지 하였다.

스님의 「금강삼매경론」에 인용된 문헌들은 크게 나누어 삼십여

종에 달하고 있다. 아울러 「금강삼매경론」이 「기신론별기」나 「기신론소」보다 뒤에 저술되었다는 점을 알 수 있는데, 이는 「금강삼매경론」에는 「기신론소」와 「이장장(二障章)」의 내용이 여러 번 인용되지만, 「금강삼매경론」이 그 저술들에서 언급된 적은 한 번도 없기 때문이다.

이와 같은 사실들은 「금강삼매경론」을 저술할 당시에는 스님의 사상이 완숙기에 접어들었음을 뜻하는 것이기도 하고 또한 스님의 사유세계가 오롯이 반영되어 있다는 의미이기도 하다.

「송고승전」에서는 이러한 사실을 밝히기라도 하듯이, 스님이 「금강삼매경론」을 강설할 때, 그 행동이 너무나도 자유자재하여 도무지 무엇이라 할 수 없다고 기록하고 있다. 뿐만 아니라 「금강삼매경론」을 찬술한 스님의 인연 설화 또한 신비스럽게 표현되어 있다.

> 신라의 왕후가 심한 종기를 앓아 아무런 의약도 효험이 없었다. 왕과 왕자와 신하들이 산천의 신령스런 사당에 빌었으나 조금도 차도가 없었다. 어떤 무당이 말하기를 '사람을 타국으로 보내어 약을 구해 와야 병을 고칠 수 있다'고 하였으므로, 왕은 곧 사자를 보내 바다 건너 당나라로 가서 약을 구해오게 하였다. 사자는 바다 가운데서 홀연 한 노인이 물결을 박차고 나와 배 위로 오르는 것을 보았는데, 그 노인은 사자를 안내하여 바다 속으로 들어갔다. 거기에는 화려한 궁전이 있었다. 검해(鈐海)라는 용왕은 신라 사자에게 '그대 나라의 왕후는 청제(靑帝)의 셋째 딸이다. 우리 궁중에는 전부터 「금강삼매경」이 있는데, 이는 이각(二覺)을 원만하게 통한 보살행을 보인 경이다. 지금 그대 나라 왕후의 병에 의탁해서 이 경을 널리 알리는 인연을 짓고자 함이니, 이 경을 내놓아 그대 나라에 유포시키고자 한다'고 말하고는, 한 30장쯤 되는 뒤섞

이고 흩어진 경전을 사자에 주면서, '이 경이 바다를 건너다 나쁜 일(魔事)을 당할지도 모른다'고 하여, 용왕은 칼로 사자의 장딴지를 찢고는 그 속에 경을 넣고 봉하여 약을 바르니 감쪽같았다. 용왕이 말하기를, '대안(大安) 성자로 하여금 이 흩어진 경전의 차례를 바로 잡아매게 하고, 원효법사를 청하여 주석서(經疏)를 짓고 강연하게 하면 왕후의 병은 틀림없이 낫게 된다. 가령 설산의 영약도 이보다는 못하다'고 하였다. 용왕의 전송을 받고 사자는 다시 배를 타고 귀국하여 왕께 보고하였다. 자세한 보고를 들은 왕은 기뻐하며 먼저 대안 성자를 불러다가 경의 차례를 정하고 책으로 만들게 하였다. 그러나 대안이란 헤아릴 수 없는 인물이었다. 특이한 차림새로 항상 시장에서 동발을 치고 다니며 '대안! 대안!'이라 외쳤으므로 사람들이 그를 대안이라 하였다. 왕의 부름을 받은 대안은 '왕의 궁궐에 들어가고 싶지 않으니 경만 가져 오라'고 하여, 가져온 흩어진 경전을 차례대로 배정하여 팔품(八品)으로 만들었는데 모두 부처의 뜻에 부합하였다. 그리고 나서 대안은 '빨리 가져가서 원효로 하여금 해석하게 하라. 다른 사람은 안 된다'고 하였다. 원효가 그 경을 받은 것은 바로 그의 고향에 있을 때였다. 그는 사자에게 '이 경은 본각(本覺)과 시각(始覺)의 두 깨달음을 줄거리로 삼고 있다. 내가 깨달음의 인연을 지을 수 있도록 책상을 만들어 달라' 하고는, 소의 두 뿔 사이에 붓과 벼루를 두고 처음부터 끝까지 소가 끄는 수레에서 경의 해석서 5권을 조성하였다. 그래서 왕의 청에 의해서 황룡사에서 강설하기로 하였는데, 이 때 경박한 무리가 그 해석서(新疏)를 훔쳐 가버렸다. 그래서 원효는 왕에게 그 사실을 알리고, 3일을 연기하여 다시 책을 써서 3권을 완성하였으므로 이를 약소(略疏)라 한다.「宋高僧傳」

「송고승전」이 전하는 이야기를 있는 대로 받아들인다면,「금강삼매경」이란 경전이 이 때 처음으로 나타난 것이 된다. 다시 말해 용궁에서 흩어진 채로 보관되어 있던 것을 정리하여 순서를 정한 것은 대안 스님이며, 경전에 대한 주석서를 지어 세상에 널리 유포한 이는 원효 스님이었다는 것은, 「금강삼매경」의 성립과 편찬 과정을 짐작할 수 있게 하는 부분이다.

그런데 이 이야기에서 간과할 수 없는 점은, 본각(本覺)과 시각(始覺)을 주된 줄거리로 하여 원만한 보살행(菩薩行)을 설명한 「금강삼매경」을 해석하고 강연을 할 인물은 원효 스님뿐이며, 스님만이 그 일을 할 수 있기 때문에 용왕과 대안 성자가 지명하였다는 사실이다. 이는 다름 아니라 원효 스님이 한 일은 누구나 할 수 없는 일, 오직 그만이 할 수 있는 일이라는 뜻이기도 하다.

또한 스님이 주석서를 지을 때, 처음부터 소가 끄는 수레를 타고 소의 두 뿔 사이에 붓과 벼루를 얹어놓고 글을 완성하였다는 내용은 스님이 체계화한 이각(二覺)의 특이함과 유례없는 창의성을 비유하고 있는 것이기도 하다. 이는 곧 소가 끄는 수레를 탄다는 것은 수레를 의미하는 '승(乘)'의 뜻을 빌어 대승을 비유한 것이며, 두 뿔 사이에 붓과 벼루를 놓았다는 것은 「금강삼매경론」이 시각과 본각을 근본 줄거리로 삼고 있음을 상징하고 있다.

(2) 실천행으로서의 일미(一味)

「금강삼매경」은 모두 8품으로 이루어져 있는데, 서품(序品)에 이어 일심(一心)과 여래장(如來藏)의 본체를 밝히는 무상법품(無相法品), 수행의 방법으로서 여섯 가지의 분별없는 견해를 제시하는 무생행품(無生行品), 생멸문(生滅門)의 내용을 밝히는 본각리품(本覺利品), 진여문(眞如門)의 실재를 서술하는 입실제품(入實際品), 진속(眞俗)을 떠나되 이를 부정하지 않는 입장을 드러내는 진성공품(眞性空品), 널리 모든 이론을 거두어들여 동일한 일미

(一味)임을 밝히는 여래장품(如來藏品), 그리고 마지막으로 의심을 없애는 부분인 총지품(摠持品)으로 구성되어 있다.

이와 같은 내용을 바탕으로 하여 유기적으로 배열되어 있는 「금강삼매경」은, 불교사상의 흐름에 있어서 중요한 쟁점으로 부각되었던 이론의 대부분을 망라하고 있다.

스님은 「금강삼매경」을 주석하면서 먼저 경전의 취지를 밝힌 다음, '금강삼매(金剛三昧)'의 의미를 해석하고 있다.

> 삼공(三空)의 바다는 진(眞)과 속(俗)을 원융(圓融)하여 맑다. 맑기 때문에 융화해도 하나가 아니다. … 하나가 아니면서 둘은 융통하였으므로 진이 아니면서도 속이 되지 않고, 속이 아니면서도 진이 되지 않는다. 두 가지를 융통해도 하나가 아니기 때문에 진과 속의 본성(性)이 성립되지 않음이 없고, 물들고 맑은 모습(染淨相)이 갖추어지지 않음이 없다. 「金剛三昧經論」

때문에 진속(眞俗)을 원융(圓融)하고 있는 「금강삼매경」이야말로 '이치가 없으면서도 지극한 이치이며, 그렇지 않다고 하면서도 모두를 수용하는(無理之至理 不然之大然)' 도리를 펼치고 있는 경전이라 단언하고 있다.

그런데 바로 이 내용이 스님의 사상을 접할 때 빠지지 않고 언급되는 표현으로서, 서로 다른 입장들을 모두 수용한다는 의미를 절묘하게 드러내고 있다. 이를테면 이치 없는 지극한 도리(至理)나 그렇지 않으면서도 그러함이란 단지 이치 없음에 대한 이치이거나 부정을 통한 긍정에 국한되는 것이 아니기 때문이다.

마찬가지로 진(眞)과 속(俗)을 두루 한다(圓融)고 해서 이 또한 모두에 걸쳐 있다는 의미도 아니며, 수용한다는 뜻 역시 단순히 포괄적 개념으로 대체한 것도 아니다. 이는 진과 속을 두루 한다고 해도 하나가 아니기 때문에, 진속(眞俗) 혹은 물듦과 깨끗함(染淨)의 상대적 개념을 넘어설 때 비로소 가능함을 의미하고 있으니, 이것이 곧 온전한 세계이다.

그러므로 이를 깨닫는다는 것은 곧 본래의 자리로 되돌아가 온전함을 회복하는 일이 된다. 다시 말해 존재하는 만물 속에서의 일심(一心)이 곧 본래 자리이며, 이는 이미 모든 존재가 온전하게 지니고 있음을 체득하는 상태이다.

일심의 근원에서는 있고 없음의 관념으로부터 자유로워질 뿐만 아니라 있고 없음은 모습(相)에도 머물지 않게 된다. 그리하여 홀로 맑을 때, 그리고 이와 같은 마음으로 존재의 세계를 마주할 때 마음은 대상으로부터도 아무런 구속을 받음이 없이, 진속(眞俗)을 가리지 않고 모두를 수용하게 된다.

따라서 이는 단순히 진속의 이원론을 극복하는데서 머무는 것이 아니라, 오히려 진속을 초월함으로서 현실을 온전하게 받아들인다는 뜻이다. 다시 말해 주객을 넘어서서 '둘이 아닌(不二)' 세계를 수용하기에 진제(眞諦)만이 진리라고 집착하지는 않는다.

진속을 원융한 마음 또한 때로는 있는 것처럼 때로는 없는 것처럼 나타나지만, 그것은 있다고도 할 수 없으며 없다고도 할 수 없는 초월적인 존재(法)이자 모습(相)이다. 때문에 이 마음은 진속(眞俗)이나 이사(理事)의 그 어느 것도 차별하지 않지만, 필요에 따라서는 방편으로서의 진(眞)도 되고 속(俗)도 되며, 물든 모습(染相)으로도 맑은 모습(淨相)으로도 나타나는 마음이다. 이것이 곧 '금강삼매(金剛三昧)'의 마음이자 일심(一心)이다.

말하자면 나(我)도 공(空)하며 존재도 공하고, 공이라는 관념조차 공하다는 깨달음이 곧 금강삼매(金剛三昧)의 마음이다. 이와 같은 마음의 작용이 '이치가 없는 지극한 이치이며, 그렇지 않으면서도 모두를 수용한다(無理之至理 不然之大然)'는 뜻이 된다.

따라서 '이치가 없는 지극한 이치'란 곧 일상적인 이치가 아니라는 뜻이지만, 일상적 이치가 아니기에 오히려 가장 일상적인 이치에 철저한 것이기도 하다. 다시 말해 삶이란 사유의 형식이 아니지만, 온전한 삶이란 '있는 그대로'를 받아들이는 데 있기 때문이다.

나아가 삶은 항상 일상에서 이루어지므로, 지극한 이치에 따르는 진리는 밖에서 구해지는 것도 아니지만 안에서 이상화되는 것도 아니다. 다만 스스로의 삶에서 온전하게 드러나기에 지극한 이치가 될 뿐이다.

때문에 스님은 「금강삼매경」을 경전 가운데 가장 위대한 말씀을 담고 있다고 보았다. 다시 말해 이 경전의 내용이 이치 중의 지극한 이치이기에 불교의 요체가 이 경전 속에 제시되어 있다고 한다.

이는 「금강삼매경」을 「섭대승경(攝大乘經)」 또는 「무량의종경(無量義宗經)」이라 부르는 까닭에서도 이미 나타나 있다. 이를테면 모든 대승을 두루 끌어안는 금강삼매로서 여래장을 밝히고 있기 때문에 금강삼매로서 논파하지 못할 것이 없다는 뜻에서 「섭대승경」이며, 일체의 뜻(一切義宗)과 줄거리가 이를 벗어나지 않으므로 「무량의종경」이다.

스님의 견해에 따르면, 인간이 생각하고 판단하는 모든 견해란 각자의 입장에서 제시하는 그러함(小然)이기에, 이 모두를 논파하고 수용(大然)하는 금강삼매는 작은 이치(小理)를 넘어선 지극한 이치(至理)이다.

그러므로 「금강삼매경론」의 핵심은 자연스럽게 일심(一心)의 근원으로 돌아가는 일미관행(一味觀行)의 실천수행을 제시하게 된다. 이때의 일미관행이나 일관(一觀) 또는 일미(一味)라 할 때의 일(一)은 곧 마음의 근원을 가리킨다. 이를테면 진속(眞俗)이 둘이 아니며 있고 없음(有無)도 둘이 아니며 생사와 열반도 둘이 아니고 원인과 결과 또한 둘이 아니라는 의미의 하나이기도 하지만, 그 또한 하나 아닌 하나 즉 절대의 하나라는 뜻이다.

하나란 결코 수량적인 의미로서가 아니라 근원으로서의 하나라는 뜻을 상징하는 것으로, 이것이 곧 대립과 반목을 초월한 영원성이다. 때문에 「금강삼매경론」에서 '하는 일마다 피안에 드는 길이요, 가는 곳마다 근원으로 되돌아가는 길이다(事事皆爲入玄之門處處咸是歸源之路)'고 한다.

이는 대립을 이기는 길은 결코 투쟁이 있지 않음을 보여주는 것이기도 하다. 이를테면 옳음을 실현하고자 옳지 못함을 논파하는 일이 중요하다고 생각하는 것은 잘못이다. 왜냐하면 옳음이나 옳지 못함이란 단지 상대적인 개념일 뿐이며, 논파한다고 해서 결코 사라지지 않기 때문이다. 따라서 옳음이나 옳지 못함이라는 상대적 가치기준과 집착을 넘어서는 일이 중요하다. 그렇게 되면 모두를 포용할 수 있으며, 다투지 않고서도 융화를 이룩할 수가 있다. 이 때 비로소 하나가 되었다고 할 수 있다.

이와 같은 견해는 '본각리품(本覺利品)'에서 생멸(生滅) 현상을 무주(無住)로 표현하고 있는 것에서도 확연히 나타나고 있다. 이를테면 마음의 근원(心源) 즉 암마라식(唵摩羅識)은 시각(始覺)의 원인이 원만해진 구경위(究竟位)의 상태로, 이것이 곧 열반이지만 아울러 무주지(無住地)이기도 하다.

그러나 만일 열반에 상주한다면 이 역시 열반에 구속(涅槃縛)된다고 하는데, 이는 본각(本覺)으로 무주(無住)의 의미를 밝히자면 다름이 없다는 뜻이기 때문이다. 이때 다름이 없다는 의미는 근본적인 이치가 다름이 없고(本理無異), 깨달음을 나눈다 해도 다름이 없고(覺分無異), 한맛에 다름이 없으며(一味無異), 둘이 아님이 곧 다름이 없다(無二無異)는 네 가지의 뜻을 지니고 있지만, 가장 중요한 것은 '근본적인 이치의 다름이 없다'는 데 있다. 때문에 스님은 '시각(始覺)은 본각(本覺)과 다름이 없으므로 얻을 바 없다(無得)'고 해석하여, '무주'라 한다.

이러한 생각은 「대승기신론소」에서, '시각은 본각과 다르지 않으니, 이 도리로 말미암아 구경각이라 한다(始覺不異本覺由是道理名究竟覺)'는 표현과 일맥상통한다. 따라서 '본각리품'에서 마음의 근원을 '무주'로 해석하는 것은, 마음의 근원으로 돌아가는 실천행동이 곧 진속원융무애(眞俗圓融無碍)의 뜻과 연결되고 있음을 밝히고자 한 의도로 볼 수 있는데, 이는 '진성공품(眞性空品)'의 해석에서도 그대로 드러나고 있다.

'진성공품'에서 묘각위(妙覺位)를 사위(捨位)라고 표현한 것은, 사(捨)란 본성이 공하여 머무름이 없기(性空不住) 때문이라고 한다. 여기서 '사(捨)'란 '본각리품'에서 암마라식을 '무주지'라고 할 때의 '무주(無住)'와 같은 의미이다.

이를테면 사위(捨位)는 본각과 시각의 모든 덕을 아우르고 있으며, 만법을 펼쳐도 원융하여 다르지 않다고 한다. 이는 곧 하나의 존재가 둘이 아니므로(一法不二) 원인과 결과 역시 원인도 아니지만 결과도 아니며, 움직이고 고요함을 일으키는 원인의 본성(因性)이 공(空)하므로 있는 것도 아니지만, 공의 모습(空相) 또한 공하므로 없는 것도 아니라는 의미에서 원융하다고 한다. 그러므로 원융하여 둘이 아니다(圓融不二)는 뜻은 곧 '본각리품'에서 무주(無住)의 해석을 '다름이 없음'으로 이해한 것과 마찬가지이다.

깨달음이란 대상화도 실제화도 아닌 일체성의 체험이다. 달리 말하자면 대상에 매달리지 않는 해방감의 포착이라 할 수 있다.

하지만 이는 인식의 주체나 대상이란 처음부터 실체가 아닌 허상이었음을 산파하는 것이 전부이다. 때문에 이는 오직 스스로 인식할 수 있을 뿐이지만, 궁극적 진리가 개념적 사고를 통해서도 이해될 수 있다는 어리석음을 깨우치기 위해 '둘이 아니다'거나 '무주'라는 말로 부연 설명하고 있다.

따라서 '여래장품(如來藏品)'에서 진속(眞俗)이 둘이 아닌 하나의 법(無二一實)으로 펼쳐지는 곳을 여래장(如來藏)이라 하고, 그곳으로 돌아가는 길을 밝힌다는 것이다.

그리고는 여래장으로서의 일승(一乘)을 '이치와 가르침(理敎)'과 '원인과 결과(因果)'로 나누어, 둘이 아닌 하나의 법으로 돌아가는 길을 구체화하고 있다. 이를테면 이치는 법계와 법신 그리고 여래장이며, 가르침은 깨달음에서 열반에 이르기까지의 내용으로 모든 지혜의 근원이라 하였다. 원인 또한 성인(性因)과 작인(作因)으로 나누어 불성(佛性)과 선근(善根)으로 이해하며, 결과는 본래적으로 갖춘 것(本有)과 처음으로 일으키는 것(始起)을 구별하여 법신(法身)과 보응(報應)으로 설명하고 있다.

이와 같은 해석을 통하여 일미관행 즉 마음의 근원으로 나아가는 실천행동의 걸림 없는 이치에서는 진속(眞俗)이 다르지 않다는 견해를 제시하고 있다.

다시 말해 사물의 차별과 다양성에 대한 생각이 사라지면 어리석음도 함께 사라지는 것이니, 본래 그대로의 세계 즉 나와 세계는 하나가 된다. 이것이 곧 철저한 논파(破)가 그대로 세워주는 것(立)이 되는 이치이다.

따라서 이는 대승의 공(空) 사상이 세간을 벗어난다고 하지만, 이는 극단에 가서 머무는 것이 아니라 다시 원융하여 걸림이 없는(圓融無碍) 도리로서 세간을 널리 포용하고(廣攝世間), 중생을 깨달음으로 이끌고자(普利群生) 하는 내용으로 되돌아오는 것과 마찬가지이다.

「금강삼매경론」은 이와 같은 이론으로 진정한 실천수행의 길을 보인 것이니, 이는 반야바라밀(般若波羅蜜)에 대한 해석에서도 잘 나타나고 있다. 이를테면 반야바라밀은 피안에 이르는 지혜의 의미로서 다분히 피안을 강조하는 개념이지만, 「금강삼매경론」에서는 '만법을 두루 포용하되 원융하여 둘이 아닌 불가사의 한 것(該羅萬法圓融不二不可思議)'으로 표현한 것이 그러하다.

뿐만 아니라 「금강삼매경론」에서는 이를 본각(本覺)과 시각(始覺)이 평등하여 둘이 아니므로(平等無二) 이것이 곧 무한한 지혜(摩訶般若)이며, 이러한 지혜는 그 근원의 본성을 다한(窮源盡性) 바라밀인데, 등각위(等覺位)에서는 만행(萬行)의 피안에 이르는 것이고, 묘각(妙覺)인 때는 만덕(萬德)의 피안에 이르는 것이라고 해석하고 있다.

이는 곧 반야바라밀이 피안에서의 안주가 아니라, 이와 같은 지혜는 다시 만행(萬行)과 만덕(萬德)으로 세간을 두루 끌어안는 길로 되돌아온다는 의미이다. 때문에 「금강삼매경」이야말로 진정한 대승의 길로 인도하는 이론과 실천을 밝힌 경전이 된다.

그런데 「대승기신론소」와 「별기」 등에서도 실천수행에 관한 견해를 제시하지 않은 것은 아니다. 그러나 그 견해의 핵심은 진여문(眞如門)과 생멸문(生滅門)이 일심(一心)의 근원에서 하나도 아니지만 다른 것도 아닌(非一非二) 이치로 화합하여 진속원융무애(眞俗圓融無碍)한 대승의 본체를 정립하는 이론을 중점적으로 다루고 있다. 이를테면 대승의 본체에 주제가 설정되어 있다.

때문에 「대승기신론소」의 취지를 밝힌 부분에서도 '대승의 본체는 고요하고 고요하며(蕭焉寂空) 깊고 심원하다(湛爾冲玄)'고 시작하고 있다. 그러나 「금강삼매경론」은 이와 같은 대승의 본체 즉 일심의 근원으로 나아가는 실천수행을 구체화하려는 의도가 분명하게 드러나 있다.

이와 같이 「금강삼매경론」의 주된 관점은 말할 것도 없이 마음의 근원으로 돌아가는 실천원리(觀行)에 있지만, 단지 거기서 그친 것이 아니라 이로부터 다시 진속원융무애로 되돌아오고자 한다. 여기에서 나아가고 되돌아온다는 것은 단지 표현의 차이일 뿐이다. 이는 마음의 근원으로 돌아가는 실천행동 자체가 곧 진속원융무애이기 때문이다.

문제는 진속이 원융하여 걸림이 없게 된다는 것은, 언어로 표현되거나 이해되는 어떤 것이 아니라는 점이다. 오로지 체득되어야 하는 것, 즉 그 상태가 되고 그 세계와 하나 되는 경험으로서 인식의 내용이 아니라 존재의 상태이다. 따라서 이를 실천한다는 것은 구체적인 감정과 생생한 정신 상태를 지닌 존재로부터 나타나기에 삶과 행동이 중요하지 않을 수 없다.

그러므로 「금강삼매경론」에서 '진리와 실천수행이 일미(一味)'라고 말할 수 있는 이치가 여기에 있다고 한 것이다. 그런데 이와 같은 일미의 내용이 「대승기신론소」에도 나타나고 있다. 이를테면 '무명(無明)이 사라지고 나면 자연히 불가사의한 업이 있게 된다(自然而有不思議業)'는 표현이 바로 이와 같은 뜻이라 할 수 있다.

그러나 「금강삼매경론」에서의 일미(一味)는 「대승기신론소」에 비해 놀라울 정도로 구체적이고 힘차게 강조되고 있을 뿐만 아니라, 그러한 뜻을 성립시키려는 의식적인 노력을 기울이고 있다.

하지만 「대승기신론소」의 견해가 전제되지 않고서는 「금강삼매경론」이 완성되지는 않는다. 다시 말해 「금강삼매경론」은 「대승기신론소」의 심리학을 토대로 구축된 진리 체험의 이론이며, 깨달음의 안내서라고도 할 수 있다. 이를테면 「금강삼매경론」은 깨달음을 통해 일심의 근원으로 나아가 중생에게 이익이 되게 하는 궁극적 목표를 달성하는 이치와 방법을 선명하게 전개하고 있다.

때문에 「금강삼매경론」에서는 깨달음의 현실을 간과하지 않는다. 이는 스님의 삶 자체가 곧 「금강삼매경론」의 사상과 정신의 구체화된 표현이라 보아도 무방하다는 의미가 그 속에 있기 때문이기도 하다.

스님의 진속불이(眞俗不二)의 이상과 유무원융(有無圓融)의 태도 그리고 동정무이(動靜無異)의 삶이 모두 '금강삼매(金剛三昧)'로 살았던 마음가짐이고 몸가짐이었음은 말할 나위도 없다.

(3) 이론과 실천

「송고승전」에서는 「금강삼매경」을 주석한 원효 스님의 저술을 「금강삼매경소」라 하지 않고 「금강삼매경론」이라 하여, '논(論)'으로 존칭하고 있다.

불교사상사에서는 일반적으로 경전에 대한 주석서를 '소(疏)'라고 부른다. 그러나 '소' 가운데서도 용수(龍樹)나 세친(世親) 등과 같이 교리의 통합이나 체계화에 뛰어난 업적을 남긴 이들의 저술에 특별한 권위를 부여하여 '논'이라 존칭하여 왔다.

때문에 '보살(菩薩)'이란 존칭으로 존경받았던 용수나 세친 등의 저술에만 '논'이라 붙였던 중국의 학승들이 자신들의 저술을 '논'이라 지칭한 적은 없었다. 그런데도 그들이 작은 나라라고 가볍게 여겼던 신라의 사문 원효가 지은 '소'를 '논'이라 고쳐 불렀음은 파격적인 일이 아닐 수 없다. 이를테면 「금강삼매경론」이나 「십문화쟁론(十門和諍論)」과 같은 경우이다.

그러나 「금강삼매경론」은 「금강삼매경」에 대한 주석서이지만, 이는 난순히 경전의 내용을 풀이한 해석서라고는 할 수 없다. 이는 「금강삼매경」의 내용 자체가 '금강삼매'에 입각한 실천적 관행을 체계화한 경전이지만, 원효 스님은 이를 「대승기신론」의 이론체계와 연결시켜 '이론과 실천'이라는 체계로 해석하고 있기 때문이다.

이를테면 관(觀)에는 대상이 있게 마련이지만, 「금강삼매경」의 해석에 있어서는 관을 '일심(一心)의 근원'이라 하고, '일심의 근원에서 일체의 미세한 생각까지 능히 파(破)하는 삼매'가 곧 '금강삼매'라고 하는 것 등이 그러하다.

「대승기신론소」에서도 마지막 부분에서 실천수행에 관한 내용이 언급되기는 하지만, 이는 인간 심성의 구조와 변화에 초점을 두고 환멸연기(還滅緣起)를 밝히는데 그 초점이 맞춰져 있다. 이를테면 마음의 바탕이 진여본각(眞如本覺)이며, 이것이 곧 여래장으로서 모든 중생이 그것을 지녔다는 것이다. 그러므로 중생의 법계가 그대로 여래의 법계가 되지만, 중생의 마음은 시작도 없는 예전부터 근본무명(根本無明)에 오염된 근본불각(根本不覺)이기에 고해(苦海)를 벗어나지 못하게 되었다고 한다. 때문에 이를 극복해 가는 마음가짐, 즉 시각(始覺)의 이치를 밝힘으로서 중생의 마음이 곧 부처라는 사실에 대해 조금의 의심이 남지 않도록 논리정연하게 해설하고 있다.

이와 같은 해석 가운데 무엇보다도 특기할만한 점은, 본각(本覺)으로 중생심의 진여(眞如)를 설명하면서, 아울러 이것이 생멸하게 되는 인과관계를 삼세육추(三細六麤)로 연결시키고 있다는 점이다. 뿐만 아니라 생주이멸(生住異滅)하는 마음의 생멸(心生滅)이란 견해를 부각시키면서, 이를 시각(始覺)의 네 단계(不覺,

相似覺, 隨分覺, 究竟覺)로 설정한 점도 새로운 관점이다.

나아가서는 중생을 법보응(法報應)의 삼신(三身)으로 해석함으로써 중생의 일심이야말로 타고 가야 할 대승임을 강조하고 있는데, 이러한 내용들은 「금강삼매경론」에서 이론과 실천을 합리적으로 체계화하는 근거의 구실을 한다고 볼 수 있다.

그러므로 「대승기신론」 관계 저술이 스님의 진속원융무애 사상이 성립되는 이론적 체계를 정립한 것이라면, 「금강삼매경론」은 이와 같은 이론을 바탕으로 일미관행(一味觀行)의 실천원리를 제시하고 있다.

뿐만 아니라 교리적 대립과 논쟁을 일으키는 중관(中觀)과 유식(唯識)의 두 관점을 「대승기신론」의 일심이문(一心二門)에 의해서 두 문(中觀, 眞如門 / 唯識, 生滅門)에 배당함으로서 이들이 일심에서 화합할 수 있다고 한 반면, 「금강삼매경론」은 일심의 근원을 관행의 대상으로 삼음으로써 일미관행이 곧 마음의 근원으로 되돌아가는 실천의 뜻을 내포하고 있다고 하였다. 그러므로 그 어떤 이론도 실천행에서는 모두 수용될 수밖에 없다.

따라서 마음의 근원에서 펼쳐지는 진여와 생멸의 두 문은 상호작용을 통해서 진속원융무애한 대승의 종교적 경지를 전개하게 된다는 것이 스님이 체계화한 사상의 얼개라고 할 수 있는데, 바로 이와 같은 관점이 「금강삼매경론」에서 매우 뚜렷하게 부각되고 있다.

특히 일심(一心)에서의 진여에 해당시킬 수 있는 금강삼매를 등각위(等覺位)로 해석함으로써, 일심으로 나아가는 실천의 길이 곧 진속원융무애를 전개하는 내용이 된다는 점을 강조하고 있다. 그러므로 「금강삼매경론」의 표현이 아니더라도 이를 일미(一味)라고 부르지 않을 수 없다.

이와 같이 원효 스님의 저술 가운데서 매우 중요한 위치를 차지하는 「대승기신론소」와 「금강삼매경론」 사이에 연결된 논리는 사상의 제계를 형성하는 기본적인 구도가 된다. 따라서 스님은 「대승기신론」의 '일심이문'으로 중관과 유가의 대립을 이론적으로 무난하게 화회하였을 뿐만 아니라, 여기서 한 걸음 더 나아가 진(眞)이나 속(俗)에 치우친 가치관의 편협한 시각을 원만하게 화회시키고 있다. 그러나 다시 그 이론을 바탕으로 하여 일미관행의 실천원리를 확립하고 제시하는 곳으로까지 나아간다.

이러한 구도 속에서 스님 스스로도 이론뿐만 아니라 실천신앙의 면모까지 온전하게 갖추게 되는데, 이는 말할 것도 없이 포용적인 화쟁(和諍)의 정신이 있었기 때문에 가능한 것이었다고 할 수 있다.

그러나 한편으로는 사상의 구도에 의해서 이와 같은 포용적 화쟁사상이 요청되었다고도 할 수 있다. 그것은 진속원융무애란 표현 자체가 중관과 유가를 비롯한 모든 경전에 대한 올바른 이해와 정당한 평가를 필요로 하는 것이기 때문이다.

결국 원효 스님의 불교는 그의 저술활동에서부터 이론과 실천의 신앙뿐만 아니라 삶에 이르기까지 한결같은 일관성을 유지하고 있다고 말하지 않을 수 없다. 동시에 그 구도의 웅대함과 이론의 정연함, 그리고 종교적 완비성은 일찍이 인도나 중국의 불교사상가들에게는 찾아볼 수 없는 일이다.

이와 같은 관점으로 본다면, 원효 스님의 세계 해석을 중국의 여래장(如來藏)사상이나 화엄(華嚴)사상의 일부분으로 취급하는 것은 너무도 단순한 시각일 수밖에 없다. 이는 말할 것도 없이 독자적이면서도 완벽한 체계를 가진 사상으로 평가해야 마땅할 것이다.

(4) 일심(一心)에로의 길

무명(無明)의 화합으로 생멸(生滅)이 나타난다는 것은, 무명의 실체가 존재하지 않는다는 사실을 깨닫는 순간 거기가 곧 여래장(如來藏)이며 일심(一心)이라는 사실을 의미하는 것이기도 하다.

달리 말하자면 인간의 본래 심성이란 말할 필요도 없이 맑고 밝고 바르지만 무명으로 인하여 흐려지고 어두워졌기 때문에 일심으로 돌아간다는 것은 곧 무명의 환상을 걷어내는 일이 된다.

이와 같이 무명이 환상임을 깨달아 일심의 근원으로 돌아가는 방법을 '일미(一味)'라고 표현하지만, 일미라는 개념은 경전마다 다양하게 나타나고 있으며 의미하는 바 또한 각기 다르다.

일미(一味, eka-rasa)란 통상적으로 붓다의 교법을 지칭하는 표현으로, 사전적 정의에서는 '일체의 현상이 본질에서는 평등하고 차별이 없다는 사실을 가리킨다'고 한다. 그러나 「보성론(寶性論)」에서는 '여래법신의 무루계(無漏界) 가운데 서로 버리거나 떠남이 없음을 일미라고 한다'고 하며, 「법화경」에서는 '여래의 설법이 하나같이 일미이다'는 뜻으로 해석하고 있다. 이와는 달리 「열반경」에서는 '해탈을 일미라고 한다'고 하며, 「삼장법수(三藏法數)」에서는 '일미란 법화경의 일승삼교(一乘三教)와 같다'고 한다. 그리고 「법화경의소(法華經義疏)」에서는 '일미란 하나의 지혜(一智味)이니, 비(雨)와 같다'고 한다.

이와 같은 내용들이 의미하는 바, '일미(一味)'란 붓다의 가르침을 피상적으로 본다면 종류와 내용이 많은 듯하지만 실상 그 뜻은 하나라는 의미를 나타내고 있다. 이를테면 '가르침의 이치는 오직 하나요, 둘이 아니기 때문에 일미'라고 정의하는 것이 일반적인 의미이다.

이에 대해 스님은 일미(一味)에 '근원으로 돌아가는(歸源) 길'이 란 의미를 부여하고 있다.

> 불법(佛法)의 큰 바다(大海)는 방등(方等)의 비밀창고(秘藏)이다. 그 가르침은 헤아리기 어렵다. … 여러 경전의 부분을 통괄하여 여러 흐름(萬流)을 일미(一味)로 돌아가게 하였다. 붓다의 지극한 뜻(佛意至公)을 열어 보여 백가(百家)의 쟁론을 화회(和會)하였다. … 지극히 깊고 묘한 뜻이라 할 것이 따로 없기에 일찍이 고요하지도 아니하였고, 지극한 가르침을 말씀하셨어도 일찍이 말씀한 것이 없다. 이를 일러 이치와 가르침(理教)의 일미(一味)라고 한다. 「涅槃經宗要」

여러 골짜기를 흐르는 물이 큰 바다에 이르듯이, 여러 경전이나 다양한 종파의 해석 역시 결국에는 붓다의 뜻을 벗어나지 않는다는 것은 근원의 뜻, 즉 존재의 원리로 돌아간다면 어느 하나 이 속에 포함되지 않을 수 없다는 의미이다. 그 이치는 다름 아니라 '붓다의 뜻이 지극히 공정(佛意至公)'하기 때문이다.

그런데 여기서 '모든 흐름을 일미로 돌아가게' 한다는 '일미'가 어떤 방법을 의미하는지는 분명하지 않으며, 그에 대한 구체적인 설명도 없다. 다만 모든 견해들을 모으는 또는 돌아가는 방법으로서의 의미로 제시된 것만은 분명하다. 이를 '여러 경전의 부분을 통합한다'는 뜻으로 본다면, 일미는 모든 사상을 하나로 모으는 공통적인 근원을 지칭하고 있다.

따라서 근원으로 돌아가는 방법이 무엇을 지칭하는지에 대한 내용을 구체적으로 파악하지 않고서는, 스님이 의도하는 일미의 의미가 통상적인 개념과 다르다고는 할 수 없다.

문제는 붓다의 가르침 자체가 원래 차별이 없는데, 일미를 강조하는 뜻은 어디에 있으며, 또한 일미는 무엇을 의미하는가에 있다.

> 삼승(三乘)이 함께 돌아가는 까닭에 일승(一乘)이라 한다. 십이연기(十二緣起)의 근본인 까닭에 인연(因緣)이라 한다. 일체(一切)를 떠난 까닭에 공(空)이 되며, 본성에 본각(本覺)이 있기에 지혜(智慧)가 되며, 중생 가운데 실(實)인 까닭에 실의(實義)가 되고, 스스로의 본체(自體)를 비추는 까닭에 아견(我見)이라 한다. 이와 같이 명칭은 비록 다르지만 나타내는 근본은 동일하다. 그런데 이렇게 여러 가지의 많은 명칭을 말한 까닭은, 여러 경전에서 말씀한 뜻이 오직 일미(一味)임을 나타내려는 것이다. 「涅槃經宗要」

여기서 언급되는 일미(一味)는 여러 경전이나 가르침에서 다양하게 나타나는 개념들은 나름대로의 도리를 지니고 있지만, 그와 같은 표현들 자체가 독립적인 내용으로 성립된 것은 아니라는 이치를 이해한다면, 서로 다른 표현들은 사실상 모두 통할 수 있다는 의미로서 사용되고 있다.

그런데 일미라는 개념을 핵심적인 주제로 사용하고 있는 저술이 「금강삼매경론」이며, 「금강삼매경론」은 본래성 회복의 실천 즉 일심의 근원으로 되돌아가는 방법을 중점적으로 다루고 있다. 다시 말해 실천으로 연결하는 방법론이 주된 과제이다.

이와 같은 사실로 미루어본다면, 일미를 경전 해석의 주된 개념으로 사용한 것은 곧 일미의 구체적인 뜻이 「금강삼매경론」의 내용과 무관하지 않다는 의미가 된다.

> 이 경전의 종요(宗要)를 종합적(合)으로 말하면 일미관행(一味觀行)이 그 핵심이 되고, 펼쳐서(開)말하면 열 가지의 가르침(十重法門)이 그 내용이 된다. 「金剛三昧經論」

「금강삼매경」을 개합(開合)의 두 측면으로 설명하고 있는 까닭은 경선의 소직과 내용을 일목요연하게 나타내기 위해서이다. 다시 말해 종합적인 견지에서 '일미관행'이라고 한 것은 경전의 체계를 세우기 위한 관점이며, 열어서 말한다는 '십중법문'은 여러 법문을 구체적인 순차로 배열하기 위해서이다.

그런데 일미관행(一味觀行)은 다시 일관(一觀)으로 돌아와 매듭짓고 있으며, 십중법문(十重法門) 또한 일문(一門)으로 뒤의 아홉문(九門)을 포함하는 형식을 취하고 있다. 이는 곧 일문이 비록 아홉 문을 모두 포용하지만, 이 역시 일관(一觀)을 벗어나지 아니한다는 뜻을 드러내고 있다. 다시 말해 「금강삼매경」의 주제가 일미관행 즉 일미(一味)에 있다는 의미이다.

'한 뜻으로 수행하는 것(一味觀行)'이야말로 일심으로 되돌아가는 핵심적인 방법이다. 따라서 수행의 과정을 구체화하는 것이 곧 본래성을 회복하는 방법이며, 그 내용에서 일미의 의미 또한 자연스럽게 드러난다.

> 관(觀)이란 곧 횡적 논리(橫論)로 경계(境)와 지혜(智)에 통하는 것이요, 행(行)이란 종적 논리(竪望)로 그 원인과 결과(因果)에서 구한다. 결과(果)란 오법(五法)이 원만함을 말하고, 원인(因)이란 육행(六行)을 모두 갖춤을 말한다. 지혜란 곧 본각(本覺)과 시각(始覺)의 두 각(兩覺)을 말하는 것이고, 경계란 곧 진속(眞俗)의 구분이 함께 사라지는 것이다. 그러나 둘 다 사라지지만 사라지는 것 또한 아니고, 두 각(兩覺)이라 하지만 생긴 것 또한 없다. 무생(無生)의 행위는 무상(無相)과 통하고, 무상의 존재는 본리(本利)를 따라 이루어진다. 이(利)란 곧 본리(本利)이지만, 얻을 바 없으므로 실제(實際)는 움직이지 않는다. 제(際)는 이미 실제(實際)이지만 성(性)을 떠난 까닭에 진제(眞際) 역시 공(空)하다. 모든 부처님과 여래

> 가 이 속에 들어있고, 모든 보살이 그 안으로 따라 들어간다. 이와 같음을 일컬어 여래장(如來藏)에 들어간다고 한다. 이 관문(觀門)에서 첫 단계인 신해(信解)에서부터 등각(等覺)에 이르기까지 세우니 육행(六行)이 되고, 육행이 원만할 때 구식(九識)이 드러나고, 이 맑고 깨끗한 식이 정법계(淨法界)가 된다. 나머지의 팔식(八識)이 변전하여 네 가지 지혜(四智)를 이룬다. 오법(五法)이 이미 원만하여 삼신(三身)이 갖추어진다. 이와 같은 인과(因果)는 경계(境)와 지혜(智)를 떠나지 않는다. 경계와 지혜가 둘이 아니니 오로지 일미(一味)이다. 이와 같은 일미관행(一味觀行)을 이 경전의 줄거리로 삼는다.「金剛三昧經論」

이에 따르면 관행(觀行)의 관(觀)이란 횡적인 논리로 나와 대상이 다르지 않다는 이치를 체득하는 것이며, 행(行)은 종적인 논리로 여섯 가지 행위(六行)를 원만하게 실천하여 다섯 가지의 진리(五法)를 모두 갖춤을 의미한다.

따라서 일심(一心)으로 나아가는 길은 나와 대상이 일체라는 이치를 체득함으로써 진속(眞俗)의 구분을 넘어 무생(無生)과 무상(無相)의 이치를 알아차리는 수행을 뜻하게 된다. 그리고 그렇게 될 때, 여섯 가지 행위가 온전히 갖추어지고 다섯 가지 진리가 원만해져 저절로 온전함의 세계로 되돌아간다.

이는 곧 대상과 주관이 융합한 세계로서,「금강경」의 '머무는 바 없이 그 마음을 내야 한다(應無所住而生其心)'는 의미와 다르지 않다. 다시 말해 온전한 세계란 일체의 얽매임을 벗어난 곳에 있다는 뜻인데, 이는 어떤 대상이든 간에 가치판단으로부터 다가오기 때문이다. 이를테면 '나'를 위주로 하는 주관적 생각이 모든 대상을 이분법으로 판단하여 갈라놓음을 의미한다. 따라서 주관으로 분류하는 판단 자체에 매달리지 않는 것이 온전하게 사는 길이며, 이것이 곧 대상과 지혜가 둘이 아닌 세계이다.

이와 같이 대상과 지혜가 둘이 아닌 즉 주객의 분열이 사라지는 경지에서 대상존재에 통하는 것을 일미(一味)라 한다. 다시 말해 깨달음에 의해 대상의 모습이 실상(實相)이 아님을 알게 되면, 현실에도 진리에도 집착하지 않는 마음의 경지에 이르게 되는데, 이것이 곧 일미관행이다.

따라서 일미(一味)란 대상에 대한 마음의 자세로서, 대상에 대해 마음을 비우는 내적인 자세와 행위에 있어서 사상(四相)을 비운 자세가 '하나로 어우러진 마음의 경지'를 표현한 것이 된다.

이를 실천의 방법으로 구체화시킬 때, 일미관행의 일미가 곧 깨달음으로 나아가는 수행의 '지관(止觀)'에 해당된다고 한다.

> 부처님께서 설법하신 가르침이 비록 다양하지만, 지(止)와 관(觀)이라는 두 가지 방법을 벗어나지 않으니, 이는 능히 일체의 진리를 두루 끌어안기 때문이다. 진리세계가 하나임을 체득함을 지(止)라고 한다. 비록 법(法)은 하나같이 않은 것이 없음을 증득하지만, 임시방편(假有法) 또한 도리(道理)가 없지 않음을 능히 비추는 까닭에 관(觀)이라 한다. 「梵網經菩薩戒本私記」

분별함이 없음을 지(止)라 하고, 그렇게 할 수 있는 지혜를 관(觀)이라 한다. 다시 말해 지(止)는 모든 망념(妄念)을 그치게 하여 마음을 하나의 대상에 기울이는 것이며, 관(觀)은 지(止)로써 얻은 밝은 지혜에 의해 사물을 올바르게 보는 것을 말한다.

이는 곧 그릇된 대상세계를 끊음으로써 어떤 원인과 동기에 의해 마음의 동요가 일어나고 사라지는가를 헤아린다는 의미이다.

달리 말하자면 이는 주관과 대상의 허구성을 밝히기 위해 자아체계를 그 구성요소로 분해시키는 방법이라 할 수 있다. 이를테면 주관과 대상이라는 것이 영원히 변하지 않는 실체로 존재하는 것이 아니라, 단지 인과의 법칙 안에서 순간적 변화의 흐름 속에 상호 의존해서 작용하는 심리적 육체적 집합체의 조합에 불과하다는 사실을 알아차림이다.

따라서 모든 존재 속에 변하지 않는 것이 아무 것도 없음을 깨달음으로서 자아체계에 대한 집착으로부터 벗어나게 되면, 주관으로부터 비롯하는 모든 관점을 초월하게 된다.

문제는 일미(一味)와 일심(一心)을 어떻게 연결하느냐에 있다.

> 하나의 진리(一諦)란 뜻은 곧 일심(一心)을 말한다. 일심법(一心法)에 의하여 두 종류의 문(二種門)이 있다. 이 두 문은 오로지 일실(一實)에 의하는 까닭에 하나의 진리(一諦)라고 한다. 일미(一味)의 길이라는 것은 오직 일승(一乘)인 까닭이다.「金剛三昧經論」

하나의 진리(一諦)와 일심(一心) 그리고 일미(一味)와 일승(一乘)이 다르지 않다는 것은, 일심(一心)으로 나아가는 길이 모두 일미(一味)라는 의미를 내포하고 있다.

그러므로 일미는 본체로서의 일심이 대상경계와 연결되는 작용으로서의 뜻을 수반하는 또 다른 개념이 된다. 다시 말해 심층적 구조로서의 의미일 때는 일심(一心)이라 표현하지만, 능변작용으로서의 뜻을 내포할 때는 일미(一味)가 된다.

> 모두 여래(如來)의 일미(一味) 설법을 따라서 끝내 일심(一心)의 근원에 돌아가지 않는 것이 없다. 일심의 근원에 돌아가면 모두가 한 가지인 까닭에 일미(一味)라고

하니, 곧 이것이 일승(一乘)이다.「金剛三昧經論」

그러므로 일심(一心)의 근원으로 돌아가면, 일심이 곧 일미(一味)이자 또한 일승(一乘)이 된다.

나아가 '차별 없는 모습이 일미와 같다는 것이 곧 진여의 의미(無差別相等同一味卽一眞如此義)'라고 함으로써, 일미가 곧 진여와 다르지 않다고도 한다. 다시 말해 일심의 근원으로서 진여는 모든 존재의 모습(一切相) 또는 일체의 상대적 개념을 넘어선 공상(空相)이므로 일미는 진여 그 자체로서의 의미도 포함하고 있다.

이와 같이 일미(一味)는 두 가지의 뜻을 지니고 있으니, 이를테면 하나는 관행(觀行)의 자세라는 뜻을 내포한 것으로 곧 지관(止觀)에서의 관(觀)과 정혜(定慧)에서의 혜(慧)로 드러나는 부분이다. 그리고 다른 하나는 마음의 근원(心源, 體性)이라는 의미이다.

그러므로 관행(觀行)으로서의 일미는 대상에 대한 초월적 자세로서 육행(六行)을 갖추고 오법(五法)이 원만하여 나지도 않고 모습도 없는(無生無相) 경지인 심상(心相)이지만, 마음의 근원으로서의 일미는 곧 진여의 본질이기도 하다.

나아가 이 마음의 근원이 곧 불성이고, 이 불성을 간직한 것이 여래장이라는 의미로서의 일미는, 일심의 두 문 가운데 생멸문과 관계하는 것이 된다. 다시 말해 무명이 허상임을 깨닫게 하는 즉 일심으로 돌아가게 하는 실천적 개념이자 연결고리로서의 작용이라 할 수 있다.

이는 곧 일심(一心)의 진여 본체와 생멸현상에서의 본질이 같기도 하고 다르기도 하다는 이치를 나타내기 위해 현상과 관계된다는 의미일 때는 일심을 여래장(如來藏)으로 대체하여 그 다름을 나타내었듯이, 심층적 구조를 지니는 일심의 작용이 능동적으로 드러날 때, 즉 대상을 능동적이고 주체적으로 파악하는 의미에서 일미(一味)라는 개념을 적용하고 있다.

그러므로 일미는 일심이 대상경계와 관계될 때, 일심의 또 다른 이름이 된다.

> 깨달음(一覺)의 온전한 뜻(了義)은 일심(一心)의 본각(本覺)인 여래장의 뜻이며, … 깨달음이란 모든 존재가 오직 이 일심이요, 일체의 중생이 하나의 본각이므로, 이 뜻으로 말미암아 하나의 깨달음이라 한다. … 여래(如來)께서 일체의 중생을 교화하는 것은 일심(一心)의 흐름 아님이 없기 때문이다. 그리고 모두 일미(一味)를 말씀하신 것은 여래(如來)께서 설한 일체의 교법(敎法)이 일각미(一覺味)에 들어가게 하지 않음이 없기 때문이다. 「金剛三昧經論」

그런데 스님은 일미의 두 가지 의미(觀行, 心源)를 확연히 구분하지 않은 채, 포괄적 개념으로 수용하고 있다. 이를테면 일미(一味)가 백 천 가지의 모든 흐름들이 돌아가야 할 바다로서의 일미와 모든 흐름의 공통적인 근본으로서의 일미라는 두 뜻이 함께 용해된 의미로 사용하고 있다.

나아가서는 근본 또는 본질로서의 일미(一味)가 관행(觀行)으로서의 일미를 포괄하는 형식을 갖추고 있지만, 이는 말할 것도 없이 일미(一味)를 실천적 행위로 나아가기 위한 전제조건으로서 수용하고 있음은 분명하다. 다시 말해 대상을 인식하는 작용으로서의 의미이다.

결과적으로 스님은 「대승기신론」을 기본골격으로 하여 본질과 현상이 다름이 없다는 일심(一心)의 사상을 체계화하고 있으며, 「금강삼매경론」에서는 그와 같은 이론을 토대로 한 실천수행의 원리 즉 일미관행(一味觀行)의 구체적인 지침을 명시하고 있다.

3. 새로운 해석

스님은 「대승기신론」을 주석한 「대승기신론소」에서, 여래장(如來藏)을 장식(藏識)으로 대체하여 해석함으로써 붓다의 뜻(佛意)이라는 범주 속에 모든 이론을 수용하고자 하는 발상의 전환을 보여주고 있다.

뿐만 아니라 여래장에 의하여 생멸심(生滅心)이 있게 된다고 하였으며, 동시에 생멸심을 장식(藏識)이라고도 하였다.

> 여래장(如來藏)은 무시(無始)로 나쁜 습관(惡習)의 영향을 받는(薰習) 곳이 되므로, 저장한다는 의미로서 장식(藏識)이라고도 한다.「大乘起信論疏」

유식(唯識)에서는 마음 밖의 세계에 대한 실재성을 부정하면서 오로지 인식 대상으로서의 식(識)만이 실재한다고 주장하며, 궁극적인 근본으로 심층적 차원의 아뢰야식(阿賴耶識)을 전제하고 있다. 따라서 우주는 아뢰야식에 활동이 없는 상태로 저장되어 있는 무한한 잠재적 관념들로 이루어져 있다고 한다. 다시 말해 아뢰야식은 과거 행위의 온갖 잔상(殘像)을 저장하는 훈습(薰習) 작용을 하며, 그 잔상들이 미래의 업을 일으키는 행위의 씨앗을 형성하고, 그 결과로 이루어진 미묘한 힘 곧 환(幻)이 실제로는 관념의 작위에 불과한 범주들을 창조해낸다고 한다.

이와 같은 아뢰야식(阿賴耶識)을 장식(藏識)이라 번역한 것은 현장(玄奘) 스님에 의해서인데, 현장은 아뢰야식을 집(家)과 사는 곳(住所) 또는 저장(貯藏)의 의미로 해석하여 만유를 포용하고 있다는 뜻을 강조하였다.

이와는 달리 여래장(如來藏)이란 중생의 번뇌 가운데 있지만, 그 번뇌에 더럽혀지지 않으면서 본래부터 절대 청정한(自性淸淨心) 변함없는 깨달음의 본성을 지칭하는 개념으로, 인도에서는 유식설보다 먼저 성립되어 중관(中觀)이나 유식(唯識)의 사상과는 다른 계통을 이루어 왔다.

따라서 여래장사상은 「반야경」의 공관(空觀)에 입각하면서도 여래의 지혜는 보편성을 지닌다고 설하는 「화엄경」의 주장과, 삼계(三界)의 중생이 모두 부처의 자식이라고 보는 「법화경」의 일승(一乘)사상 등을 계승하여 '일체 중생은 여래를 태(胎)에 간직하고 있다'는 견해를 내세워왔다.

그러나 여래장사상은 중관학파(中觀學派)에서는 여래장의 실재를 강조하는 점에서 방편설(方便說)로 간주되었다가 후대에 이르러 다시 그 위치를 넓히게 된다. 이와는 달리 여래장이 중생의 마음이라는 점에서 아뢰야식(阿賴耶識)과 동일시됨에 따라 유식설(唯識說)을 주장하는 유가행파는 여래장설의 체계를 정비하여, 세계는 이미 원만하게 성취되어 있다는 원성실성(圓成實性)이나 삼신설(三身說)의 기본사상으로 원용하였다.

뿐만 아니라 「능가경(楞伽經)」「밀엄경(密嚴經)」「대승기신론」 등에서는 아뢰야식과 여래장과의 조화를 시도한 이론체계가 정립되고, 이에 따라 여래장연기설도 나타나게 되었다.

따라서 유식설에서의 아뢰야식이란 미혹의 근거이며 깨달음의 능력이 없는 것으로 이해되는데 반해, 「대승기신론」에서는 아뢰야식에 깨닫지 못함(不覺)과 깨달음(覺)의 두 성질이 있다고 하며,

어리석음과 깨달음은 둘이지만 동시에 둘이 아니라는 주장이 나타나게 되었다.

이와 같이 아뢰야식과 여래장의 조화를 시도한 이론들은 나타났지만, '여래장'을 '장식'으로 대체하여 두 개념을 연결한다는 것은 그야말로 새로운 해석이 필요한 부분이다.

> 생멸심(生滅心)을 장식(藏識)이라 한다. 나아가 여래장(如來藏)의 대상과 생멸심의 주체를 모두 합하여 심생멸문(心生滅門)이 된다. 「大乘起信論疏幷別記」
>
> 이 식(識)에는 두 가지의 뜻이 있는데, 하나는 깨닫는다(覺)는 뜻이고 또 하나는 깨닫지 못한다(不覺)는 뜻이다. 「大乘起信論疏幷別記」

「대승기신론소」에서는 일심(一心)에 포괄적 의미를 부여하여 일심의 생멸문에도 생멸하는 본체와 생멸하는 현상이 있다고 하면서, 생멸하는 마음을 장식(藏識)으로 환원하여 해석하고 있다.

이는 장식의 두 뜻 가운데 깨닫는다(覺)는 의미와 깨닫지 못한다(不覺)는 의미를 생멸의 본체와 생멸하는 현상에 배당하여, 깨닫지 못함(不覺)을 생멸현상이라 한 것이다.

이와 같이 '장식'을 생멸문과 연결시킨 해석은 「대승기신론」의 체계 자체를 그렇게 보는 것이라고는 할 수 없을지 모른다. 그러나 「대승기신론」의 일심이문(一心二門) 구도에서 진여(眞如)와 생멸(生滅)은 스님의 해석이 아니더라도 떨어질 수 없는 관계이다. 그리고 관점에 따라서는 「대승기신론」의 사상을 '여래장연기설(如來藏緣起說)'이라고도 평하는 바와 같이, 생멸문에 중점을 둔 것도 사실이다.

문제는 장식(藏識)을 생멸문의 구체적인 내용으로 해석한다는 점에 있다. 이는 곧 장식에 대한 스님의 해석은 「대승기신론」에 대한 그의 견해 중에서 가장 핵심적인 부분이라 할 수 있기 때문이다.

여래장(如來藏)과 장식(藏識)의 관계는, 「기신론별기」에서 장식의 의미를 '비록 두 뜻이 있다고 하더라도 마음의 본체가 둘이 아니며, 이 두 뜻을 합하여 둘이 아닌 마음을 아뢰야식(阿賴耶識)이라 한다'는 표현과 다르지 않다. 이는 장식이 곧 아뢰야식이며, 여래장에도 여래장식(如來藏識)이라는 뜻이 있기 때문이다.

따라서 이는 장식(藏識)과 아뢰야식(阿賴耶識) 그리고 여래장(如來藏)은 다르지 않지만, 개념으로써 작용의 의미를 달리한다고 볼 수 있다.

따라서 변함없이 이어지는(同性相續) 본질적인 면을 여래장이라 하고, 여래장이 생멸심(生滅心)과 화합하여 여러 가지의 작용(善, 無記, 惡)이 드러나는 현상적인 면을 장식으로 표현했다. 말하자면 생멸 현상에서 본질적인 측면과 현상적인 측면을 구분하기 위해 동일한 개념을 피하고자 한 의도에서 이다.

이와 같이 해석하게 되면, 여래장이란 유식사상에서 단지 신구의(身口意) 삼업(三業)의 영향이 종자가 되어 머무는 곳을 지칭하는 아뢰야식과는 다른 의미가 된다.

그러나 스님은 자신이 해석하는 아뢰야식 또는 장식의 의미가 다르다고 밝힌 뒤, 유식에서 정의하는 내용과 차이점이 있다고 하더라도 아뢰야식과 장식의 본질은 둘이 아니며 그 의미 또한 다르지 않다고 강조함으로서 회통시키고 있다.

스님의 견해에 따르면 아뢰야식(장식)은 주관적으로는 순수한 인식능력이라 할 수 있고, 객관적으로는 모든 대상의 존재들이 그 안에 자리 잡고 있는 즉 시간과 공간이 도리어 그 안에 놓여있는 고차원적인 의미를 지시한다고 할 수 있다.

다시 말해 내적으로는 사유 작용 및 의지의 주체이기 때문에 개인적이고 주관적인 원리이지만, 외적으로는 공간적 의미와 시간적 의미가 그 안에 내재하기 때문에 우주적인 원리라고 할 수 있다. 이는 곧 그 안에 일체를 존속시키는, 이른바 시간과 공간이 경험적이고 내재적이라 한다면, 그 경험의 주체와 의식의 총체적인 것을 지칭하여 아뢰야식(장식)이라 한 것이다.

그러므로 현상존재로 드러나는 과정과 구조를 밝히는 가운데 진여(眞如)와 생멸(生滅), 진여와 여래장(如來藏), 여래장과 아뢰야식(阿賴耶識)의 관계가 나름대로의 의미를 지닌 채 연결되고 있다.

나아가서는 존재의 변화 원리인 생주이멸(生住異滅)의 네 가지의 모습(四相)과 깨달음(覺)과 깨닫지 못함(不覺), 그리고 삼세(三細)와 육추(六麤)의 개념들을 하나로 묶음으로써 차별현상이 드러나는 이치를 명료하게 밝힌다.

이에 따르면 현상의 차별이 드러나는 근원적인 원인이 아뢰야식에 있다고 한다. 다시 말해 아뢰야식이 순수함과 망령됨이 뒤섞여(眞妄和合) 있기 때문에 본각(本覺)과 불각(不覺)의 활동이 있고, 이로 인해 생주이멸의 네 가지 모습과 삼세(三細) 육추(六麤)의 망령된 분별이 나타난다고 한다.

그러나 현상차별의 근본적인 원인이 아뢰야식에 있다고 하지만, 아뢰야식에는 깨달음과 깨닫지 못함이 있다고 함으로서 결국 차별적인 현상이 생기는 이유를 불각(不覺)의 작용으로 보았다.

그런데 이 불각(不覺)이 다름 아니라 무명(無明)이다. 따라서 불각(不覺)과 무명(無明)은 다르지 않으니, 결과적으로는 무명의 움직임에 의하여 현상차별이 드러난다.

현상차별의 궁극적 원인을 이와 같이 각(覺)과 불각(不覺)의 논리로 해석하려는 것은, 생멸(生滅)하는 세계와 불생불멸(不生不滅)의 세계가 실체로서 대립되어 있다는 생각을 근원적으로 타파하고자 한 의도에서 비롯되었다고 할 수 있다. 다시 말해 진여자성(眞如自性)을 깨닫지 못하는(不覺) 그 자체가 생멸하는 세계를 전개하며, 이와 같은 사실을 깨닫는다는 것이 곧 불생불멸하는 진여의 세계를 의미하기 때문이다.

따라서 본각(本覺)이나 불각(不覺) 그리고 시각(始覺)이란 용어 자체도 처음부터 독립적으로 형성된 개념이 아니라 서로를 전제함으로서만 그 의미가 성립하게 된다. 이를테면 이와 같은 용어들은 상호연관성 속에서만 성립될 수 있는 개념이므로 그 개념이 지시하는 실체를 각각 따로 지니고 있지도 않다. 마찬가지로 깨달음의 의미 또한 결국 있다거나 없다거나 하는 존재론적인 범주의 인식이 아니라 오히려 인식의 한계성을 넘어서 있다.

그러나 이 개념들이 내포하고 있는 의미의 한계는 분명하게 밝혀져야 하기 때문에 불각(不覺)을 근본적인 문제(根本不覺)와 지엽적인 문제(枝末不覺)로 세분하여 구체화하고 있다.

> 깨닫지 못한 마음(不覺心)이 일어나서 생각을 낸다는 것은 업의 모습(業相)이 생각을 움직인 것이다. 이는 마치 방향을 잘못 알게 되는 것과 같으니, 동쪽을 모르고서는 잘못된 서쪽도 없다. 이런 까닭에 생각은 스스로의 모습(自相)이 없으며, 본각(本覺)을 떠나지 않는다고 한다. … 단지 근본무명으로 인해 일어나는 끄트머리들을 통 털어서 지말불각(枝末不覺)이라 한다. 「大乘起信論疏幷別記」

근본불각이란 어리석음과 무명으로 인해 진여 자체를 그대로 보지 못하는 것이며, 지말불각이란 근본불각으로 인해 따라오는 망령된 집착들이다. 그러나 이는 근본이나 지말에 대한 본체가 둘이라는 의미는 아니다. 그러므로 이 두 가지가 일어날 때도, 전후가 없이 동시에 일어난다.

따라서 지말불각에서의 삼세(三細)와 육추(六麤)는 근본불각이 일어나서 진여를 가린 모습이 된다. 그러나 이는 근본불각의 영향으로 드러난 모습이니, 현상은 자연히 미세하냐 거친 것이냐(細麤)의 차별이 있게 된다. 때문에 삼세와 육추는 드러나는 현상에 대한 구분이자, 아울러 무명이 두터우냐 엷으냐(厚薄)의 문제이기도 하다.

한편으로 아뢰야식은 우주의 근원이며 만물을 창조하는 총체적인 원인이 되기 때문에 이를 이숙식(異熟識)이라고도 한다. 이는 자체 내에서 반복되는 행위의 원동력(業力)을 보존하고 있으면서도, 그 업력에 따라 결과로서의 응답(果報)을 받을 때는 자체도 변하기 때문이다.

그런데 이숙식이 무명의 바람에 동요되어 미세한 모습(細相)에서부터 거친 모습(麤相)에 이르기까지 다르게 드러나는 것 가운데, 미세한 세 종류의 모습(三種相)은 팔식(八識)에 속하며 여섯 가지의 거친 모습(六麤)은 경계가 동요된 것으로 칠식(七識)의 작용이라 한다. 따라서 삼세(三細)가 곧 아뢰야식의 근본적인 작용이 된다.

이는 곧 근본불각 즉 무명에서 지말불각으로 나아가는 원인을 설명하는 것이기도 하지만, 동시에 생멸하는 현상이 드러나는 모습을 단계적으로 나타낸 것이기도 하다.

따라서 무명으로부터 최초로 드러나는 모습인 삼세(三細)는 가장 궁극적인 것이자 미세한 단계이다. 그러므로 이를 역설적으로 표현하자면 삼세의 변화를 알아차리는 것이 곧 깨달음(本覺)이 된다.

> 이숙식(異熟識) 내의 극히 미세한 집착은 무명(無明)의 가장 미세한 장애로 인한 것이며, 모든 전식(轉識) 가운데 두 장애(煩惱, 所知)의 습기(習氣)는 이숙식을 따라 분리되지 않고 전전하므로, 이는 오직 여래(如來)만이 능히 끊을 수 있다.「二障義」

이는 곧 이숙식(異熟識)을 따라 유전하는 미세한 습기(習氣)로부터 차별현상이 생긴다는 설명이지만, 사실은 아뢰야식에서 무명의 바람으로 일어나는 미세한 모습(三細)을 달리 표현한 내용이다.

문제는 이로부터 드러나는 현상 차별의 과정이다.

> 무릇 마음의 본성(心性)이란 본래 생멸상(生滅相)을 떠나 있지만 무명으로 인해 마음의 본성이 스스로 미혹하게 된다. 이로 인해 마음의 본성과는 어그러져 적정(寂靜)을 떠나게 된다. 그런 까닭에 능히 사상(四相)의 생각을 일으키고, 사상은 무명과 화합하여 마음의 본체(心體)를 생주이멸(生住異滅)하게 한다.「大乘起信論疏幷別記」
>
> 생상(生相)에는 세 가지가 있는데, 첫째는 업상(業相)이다. 무명불각(無明不覺)으로 말미암아 생각이 일어나나, 비록 생기고 사라짐이 있지만 아직 견상(見相)으로 나누어지지 않았으니 이는 마치 일어날 생상(生相)이 바로 쓰일 때에 이른 것과 같다. 둘째는 전상(轉相)인데, 이는 일어난 생각을 따라 능견(能見)으로 바뀜을 말한다. 이는 일어날 생상이 곧 쓰이는 때이다. 셋째는 현상(現相)인데, 이는 능견(能見)에 의해서 경계의 모습(境相)이 드러난 것이다. 이는 일어날 생상이 현재에 이른 때이다.「大乘起信論疏幷別記」

이는 무명으로 인해 마음의 작용이 일어나는 원인과 과정을 삼세(三細)의 세 단계로서 구체적으로 구분한 내용이다.

이에 따르면 전상(轉相)은 아뢰야식의 견분(見分)이며, 현상(現

相)은 아뢰야식의 상분(相分)이 된다.

그러나 능견상(能見相)과 경계상(境界相)이 업상(業相)을 떠나 있는 것이 아니며, 업상은 나누어지지 않는 상태로서 능동과 피동이 없으면서 전상과 현상을 포함한다.

따라서 생멸현상의 드러남은 생주이멸(生住異滅)의 네 단계와 심층적 구조 그리고 능동적 현현(顯現)으로 구체화된다.

生相	業相, 轉相, 現相 (三細)	阿賴耶識의 자리에 있는 차별
住相	我痴, 我見, 我愛, 我慢	七識의 자리. 無明+生相 〉어리석은 마음
異相	貪, 瞋, 痴, 慢, 疑, 見	生起識, 轉識의 자리. 無明+住相 〉不覺
滅相	身, 口, 意 (七支惡業)	無明+異相

<table>
<tr><td rowspan="4">수동적
중첩적
구 조
(↓)</td><td>前五識</td><td>異相+無明</td><td>滅相</td><td rowspan="4">능동적
차별적
드러남
(↑)</td></tr>
<tr><td>六識(意識)</td><td>住相+無明</td><td>異相</td></tr>
<tr><td>七識(末那識)</td><td>生相+無明</td><td>住相</td></tr>
<tr><td>八識(阿賴耶識)</td><td>阿賴耶識+無明</td><td>生相</td></tr>
</table>

본래의 마음이란 드러낼 수 없는 불가사의한 것이지만, 대상을 만나면 그 무엇이 된다. 그러나 드러난다는 것은 결국 마음의 변화에 의한 것이기에 자체로서는 실체로 존재하는 것이 아니라 다만 나타났다는 모습만을 지닌다. 이를 생상(生相)이라 한다.

그리고 나타났다거나 또는 생겨났다고 본 입장, 즉 '있다'는 견해(有見)에서는 자연스럽게 '있음(有)'이 지속될 것(常見)이라는 생각으로 이어진다. 이것이 곧 주상(住相)이다.

그런데 '지속될 것'이라는 견해는, 사물의 본래 모습에 대한 깨달음으로 인해 단순한 환상 즉 집착임을 알게 된다. 그리고 이와 같은 깨달음은 변하는 모습(異相)일 뿐이라는 생각을 낳는다.

그러나 변하고 사라진다는 견해(斷見)란 사실상 영원하다(常見)는 견해를 뒤집어놓은 집착이기는 마찬가지이다. 이 집착은 망령된 생각을 낳고, 망령된 생각은 다시 존재를 어리석음의 망상 속으로 밀어 넣게 된다.

이 과정에서 본래의 마음은 태어남도 죽음도 없는 것으로 생겨나서 지속된다고 생각하지만, 사실은 변하고 사라진다는 생각에 사로잡혀 '있음'이 '없음'으로 바뀐다고 착각하게 된다. 이것이 멸상(滅相)이다.

그러나 실상은 현상존재 자체가 곧 일심(一心)일 뿐이다. 그러므로 생주이멸의 네 가지 모습이란, 마음에 의하여 착각된 것이기에 생각을 떠나 그 자체로 있는 것은 아니다. 비유하자면 이는 마치 물의 움직임을 물결이라 부르는 것과 같다. 물결에 자체가 있는 것이 아니므로 물결의 움직임이란 없다. 오직 물만이 자체가 있으므로 물의 움직임이 있다고 말할 뿐이다.

때문에 이와 같이 현상의 원리를 드러내려는 표현에서의 처음 모습, 즉 업식(業識)에서부터 현식(現識) 전식(前識)의 단계적 설정은 결코 그것이 시차적이거나 독립적일 수는 없다. 다시 말해 이는 현상의 존재가 드러나는 근본적인 움직임의 원인을 아뢰야식에서 해명하고자 하는 의도에서 비롯되었다. 이를테면 모든 현상은 아뢰야식의 근원에서 나타나는 어리석은 망상이기도 하지만, 동시에 그 과정에서도 단계적으로는 작용을 달리 함을 밝히려고 한 것이다.

이와 같은 관점에서 본다면, 스님은 「대승기신론소」에서 「대승기신론」에는 나타나지 않는 내용을 구체화하고 또한 그 과정에서 자신의 견해를 드러내고 있다. 이를테면 무명불각(無明不覺)으로 마음의 본체(心體)가 움직인 무명업상(無明業相)과 마음의 본체가 움직임에 따라 주관적 견해가 나타나는 변화된 모습(轉相), 그리고 주관적 견해에 의하여 객관세계가 드러나는(現相) 삼세(三細)가 아뢰야식의 작용에 있다는 판단이다.

> 무명(無明)이 세 모습(三相)과 화합하여 일심의 본체를 움직임으로써 전상(轉相)에서 현상(現相)에 이르게 한다. … 이제 대승 중에서 여래장심(如來藏心)이 생상(生相)을 따라 현상(現相)에 이르니, 그 의미 또한 이와 같다. 이 셋은 모두 아뢰야식에서 나타나는 차별이다.「大乘起信論疏幷別記」

뿐만 아니라 본래 스스로의 본성(自性)이 청정한 마음이, 무명에 의하여 불각심(不覺心)이 되는 계기 즉 심층의식의 근원적인 자기 분화가 이루어지는 흐름 또한 다르지 않다고 한다. 이를테면 밝고 깨끗한 본각(本覺)이 무명의 바람에 의해 주체와 대상으로 나누어지는 상태 또한 마찬가지이다.

> 비유하자면 흙덩어리(泥團)와 티끌(微塵)은 다른 것도 아니지만 다르지 않은 것도 아니다. … 전식(轉識, 七識)과 장식(藏識, 八識)의 참된 모습(眞相) 또한 이와 같다. 만약 서로 다른 것이라면 장식은 전식의 원인이 아니며, 만약 다르지 않다면 전식이 사라질 때 장식도 응당 사라질 것이다. 그러나 스스로 참된 모습(眞相)은 사라지지 않는다. 이런 까닭에 진상(眞相)의 식(識)은 사라지지 않고 다만 업상(業相)만 사라진다.「大乘起信論疏幷別記」

업식(業識)이란 무명(無明)의 힘에 의하여 깨닫지 못하는 마음(不覺心)이 일어나기 때문에 업식이라 한다. 그리고 이 업식에 의하여 점차 '나'라는 견해(能見)를 지니게 되기 때문에 전식(轉識)이 된다. 그러나 업식과 전식은 모두 아뢰야식에 있다.

이와 같이 마음의 본체와 생멸현상의 전체적인 구도를 유식의 사상에 접목하여 구체화하고 있는 스님의 견해는 「대승기신론」 해석의 탁월한 발상이다. 이는 현상존재가 생겨나고 사라지는 구체적인 근거를 제시하는 연결고리를 체계화한 것이며, 아울러 유식사상과 여래장설을 화회시키는 관점으로도 평가될 수 있다.

다시 말해 삼세(三細)를 아뢰야식으로 접목한 견해는, 유식의 이론에서 아뢰야식이 모든 존재의 근원 즉 수동적 구조의 측면에 중심을 두고 있음에 비하여, 「대승기신론」의 해석에서는 아뢰야식을 능동적으로 드러나는 의미로서 단계적으로 응용하고 있다는 점에서, 생멸현상의 근거를 보다 구체화시켰다고 할 수 있다.

또한 유식에서는 아뢰야식이 이숙식(異熟識)으로서 윤회의 주체이기 때문에 깨달음의 바른 진리를 낼 수 없는 식이라고 이해하는데 반해, 「대승기신론소」에서는 아뢰야식의 본성이 스스로 맑고 깨끗하기 때문에 언제든지 깨달음의 상태로 돌아갈 수 있다는 점을 부각시킨 관점은 새로운 해석이라 할 수 있다.

따라서 심층심리학이라고 할 수 있는 유식의 개념을 원용하여 마음의 변화를 명료하게 밝히려고 한 입장은, 근원으로 되돌아가는 구체적이고 실질적인 의미를 뚜렷하게 제시한 것일 뿐만 아니라 일심(一心) 즉 깨달음의 세계로 나아가는 수행의 측면에 있어서 보다 실천적인 입장을 취한 것이라 볼 수 있다.

나아가 아뢰야식의 두 작용을 부각시킴으로서, 본질과 현상을 각기 별개의 것으로 보려는 중관사상과 유식사상의 치우친 견해를 화회시키고자 하는 의도가 돋보이지만, 이는 오히려 현상에서 본질로 그리고 본질에서 현상으로 부단히 왕래하는 일심(一心)의 양면성을 여실히 설명한 것이기도 하다.

4. 본질과 현상

스님이 구상한 인식의 체계에서 본질적이고 근원적인 것이라는 의미로 내세운 일심(一心)은, 기존의 불교 사상에서 제기된 본질적인 개념을 모두 포섭하고 있다는 것이 그 특징이다. 이를테면 소승(小乘)의 본체가 개체로서의 본체(體)를 지칭하는데 반해 대승(大乘)의 근원 즉 일심(一心)은 모든 존재를 모두 끌어안는 의미로서의 본질이다.

그러므로 일심은 온갖 존재를 저마다 그 존재가 되게 하는 공통적인 오직 하나만의 본체로서 중생심(衆生心)이다. 다시 말해 중생심(衆生心)이 곧 일심(一心)이며, 일심은 곧 모든 존재의 공통적인 본체이자 대승의 진리(法)이다.

이와 같은 일심은 부처의 세계이지만 동시에 중생심이기 때문에 본질과 현상을 아우르는 세계관이면서도 합일을 지향해야 하는 당위성도 아울러 지니고 있다. 따라서 일심(一心)이 비록 한없는 차별세계를 전개한다고 하더라도 근원적으로 일심을 떠날 수는 없다는 것은, 현실이 그대로 진리 세계이면서 또한 그대로가 가능 근거의 세계라는 것을 명료하게 밝힌 내용이 된다.

그러나 본질로서의 일심이 차별세계를 전개한다는 측면에서는 현상과 연결되는 관점이 요청되지 않을 수 없으니, 이것이 곧 진여(眞如)와 생멸(生滅)의 양 속성으로 나타난다.

하지만 일심 속의 본질과 현상을 진여와 생멸로 이해한다고 하더라도, 진여와 생멸이 실체로 있다는 의미는 아니다. 그렇다고 해서 객관적 현상을 무시할 수도 없으니, 이는 실제에서 나름대로의 작용을 하기 때문이다. 그러므로 '있는 것도 아니지만 없는 것도 아니다(非有而非無)'고 언급하였다.

'있는 것도 아니지만 없는 것도 아니다'는 표현은, 이에 관해서는 관념적으로 아무런 말도 할 수 없음을 의미한다. 그렇지만 나름대로의 작용은 있기 때문에 아무런 말을 할 수 없는 것도 아니다. 그러므로 「대승기신론」에서는 이에 대한 증명의 가능성으로 '말을 떠나는(離言)' 방법과 '말에 의지하는(依言)' 논리에 따른다고 하였다.

그러나 스님은 '말을 떠나는' 방법은 스스로의 주장과 위배되는(自宗相違) 과실이며, '말에 의지하는' 논리는 스스로의 말과 어긋나는(自語相違) 과실이라고 지적하며, '말을 끊음(絶言)'으로써 '말을 끊지 않아야 한다(不絶言)'고 주장한다.

이와 같은 견해는 시간과 공간의 절대성을 전제로 한 사유방식에 의해서는 결코 일심은 이해되지 않는다는 뜻이다. 뿐만 아니라 실체와 현상을 각각 독립된 실재(實在)로 보려는 인식방법으로서는 생멸현상의 실상에 접근할 수 없다는 의미도 내포하고 있다.

문제는 일심(一心)이 아무리 포괄적인 개념으로 제시되었다고 하더라도 본질 그 자체로서의 본질과 현상을 드러나게 하는 근거로서의 체(體)를 동일한 개념으로 표현할 수는 없다는 점에 있다. 때문에 스님은 이를 체(體)와 자체(自體)로 구분하여 해석하고자 했다. 이를테면 체(體)가 이치(理)의 입장에서 말하는 주체적인 개념이라면, 자체(自體)는 개체적인 현상(事)의 입장에서 모습

(相)과 변화(用)의 근거로서 말하는 발생 가능성의 뜻이다.

이와 같이 현상의 가능 근거로서 생멸문에 내재한 원리를 자체(自體)라고 함으로써, 진여문과 생멸문은 독자적인 본질과 현상적인 것과 연결되는 본질의 의미로 나누고 있다.

그리고 독자적인 본질을 진여(眞如)라 했으며, 현상적인 것과 관계하는 본질을 여래장(如來藏)이라 한 것이다. 이는 곧 다 같이 본체라는 개념을 적용시키고는 있으나, 본질과 현상의 연결고리 즉 발생 가능성의 문제점을 보완하기 위하여 여래장이란 개념을 인용한 셈이다.

이와 더불어 본질과 현상이 다르지 않음을 체득하기 위한 실천 수행의 개념으로 제시한 일미(一味)란 대상(境)과 지혜(智)가 둘이 아닌, 즉 주객의 분열이 사라지는 경지에서 대상과 더불어 온전하게 됨을 의미하고 있다.

그런데 이 일미에 두 가지의 의미를 부여하고 있으니, 이를테면 관행(觀行)의 자세로서와 마음의 근원(心源)이란 뜻이다.

관행으로서의 일미는 대상과 지혜와의 원만하고 합일된 경지의 마음(心相)이다. 그리고 마음의 근원으로서 일미는 곧 진여의 본래성이기도 하지만, 근원으로서의 본래성이 모든 부처와 진리세계의 불성이며, 이것이 곧 여래장이다.

그러므로 일미(一味)는 일심(一心)의 두 문 가운데 생멸문과 관계된 것으로서, 무명(無明)이 환상임을 자각하게 함으로써 일심으로 돌아가게 하는 실천적 개념으로서의 작용이 된다.

이는 곧 일심(一心)에서 현상과 관계되는 역할로서의 의미로 여래장(如來藏) 개념을 접목시켰듯이, 근원으로서의 본래성이 대상을 능동적이고 주체적으로 파악하는 의미일 때에도 일미의 개념을 활용하고 있다.

이와 같은 과정에서 스님은 기존의 개념인 '마음(心)', '중생심(衆生心)', '여래장(如來藏)', '본각(本覺)', '진여(眞如)', '일체(一諦)' 등과 같이 본질을 지칭하는 용어들을 모두 인용하기는 하되, 유독 '일심(一心)'과 '일미(一味)'에 독특한 의미를 부여함으로써 자신의 사상 체계에서 가장 중심적인 개념으로 삼고 있다.

이는 말할 것도 없이 심층적 구조로서의 본질인 일심(一心)과 능변(能變)하는 작용으로서의 일미(一味)를 포괄적 개념으로 환원시켜, 진여(眞如)와 생멸(生滅)을 연결시키려는 의도에서 비롯된다.

그러나 일심을 생멸현상과 연결시키는 과정은 말로 표현할 수 없으니 말을 떠나거나(離言) 말을 끊어서(絶言) 차단하고 있는데, 이는 본질적인 구도를 명확하게 하기 위함이었다고 할 수 있다.

이와 같이 스님의 사상을 일관하는 전체적인 틀은 일심(一心)의 바탕 위에 건립되었지만, 무엇보다도 일심의 포괄성을 제시하여 기존의 개념을 모두 포섭한다는 측면에 있어서 분명히 유일하고 무한한 본질을 상정하고 있는 것은 분명하다.

그리고 여래장의 양 속성을 규정하여 현상과의 연계 고리를 설정한 것은, 유한한 현상존재를 넘어서서 일심으로 돌아가게 하고자 한 의도였음을 알 수 있다.

이는 궁극적 본질로서의 일심(一心)을 단지 철학적 전개로 심화시키는 데 그치지 않고, 존재의 근원으로 나아가는 방법적 문제인 일미(一味)의 개념과 연결시키고 있기 때문이다.

결과적으로 일심(一心)은 모든 것이 거기로부터 나온다는 의미의 근원으로서 제시된 것이지만, 현상존재는 자체로서의 본질로 그 차별성을 드러내게 된다. 그러므로 일심으로 돌아간다는 것은 보편적 존재로서의 본질을 인정하고 있는 것이기도 하다.

제6장 화쟁론(和諍論)

뜻을 전달하기 위한 수단으로서의 언어나 개념이 존재의 본질을 온전하게 드러낼 수는 없다. 그러나 언어에 의지하지 않고서는 본질에 관한 인식의 체계조차 이루지 못하므로, 본질에 접근하는 방편으로서의 역할은 부정할 수 없다.

문제는 본질 그 자체가 언어의 실재론적인 경향으로 말미암아 실체화된다는 점에 있다. 이를테면 언어의 방편적 성격을 잊어버리고, 언어로 표현되지 않는 것은 있을 수 없다는 입장을 취함으로써 결국에는 언어체계의 한계 내에서만 받아들이고 이해한다는 스스로의 함정에 빠지게 된다.

이는 언어란 인간이 경험한 사건이나 사물을 표현하기 위한 것이기에, 처음부터 절대적 진리나 궁극적 실재의 진정한 본질을 표현할 수 없다는 사실이 전제되어야 함을 뜻한다.

뿐만 아니라 이와 같은 사실은 일상적 존재에 관한 그 어느 경우에라도 근본가치는 개념화될 수 없다는 의미를 지닌다. 다시 말해 근본 가치는 논리의 영역을 초월해서 자신의 본질에 의해 존재하기 때문에 언어와 개념으로 받아들인 만큼 본질과는 멀어지게 된다.

그러나 방편적인 개념이 설령 본질 그 자체를 드러내지 못한다고 할지라도, 인간은 끊임없이 존재의 본질을 인식하고자 했으며 또 표현하고자 했다. 여기에서 나타낼 수 없는 방편으로 본질을 표현해야 하는 모순을 피할 수 없게 된다.

때문에 표현 방법의 유효성에 대한 논란은 여러 갈래로 다양하게 나타나게 되었으며, 다양한 방법들 역시 각기 나름의 체계성을 지녔다는 전제로 인해 집착과 편견의 빌미를 수없이 만들었다. 거기에다 그 내용 또한 불충분한 전달로 인한 오해의 소지를 끊임없이 양산해왔다.

화쟁론(和諍論)이란 이와 같이 집착과 편견에서 비롯된 여러 견해들을 서로 소통하고자 한 방법론을 일컫는 용어이다. 그 근거는 말할 것도 없이 다양한 견해와 논쟁들이 지향하는 바는 붓다의 가르침(佛意)에 있기 때문이다.

따라서 화쟁(和諍)은 서로 다른 주장을 하고 있는 종파의 이론들에 대해서 그렇게 표현하고 있는 근거를 밝히되, 어느 한 편의 이론을 두둔하거나 논파하지는 않는다.

이와 같은 생각이 스님의 저술 전반에 걸쳐 일관되게 나타나고 있는데, 이를테면 「열반경종요(涅槃經宗要)」에서 '붓다의 지극히 공정한 뜻을 열어 여러 논쟁을 조화시킨다(開佛意之至公 和百家之異諍)'고 한 표현이나, 「기신론별기(起信論別記)」에서 '여러 가지 이론의 으뜸이요 다양한 논쟁들의 기준(諸論之祖宗 群諍之評主)'이라고 서술한 것 등이 그러하다.

이는 「열반경」이 곧 부처님의 말씀이므로 모든 이들의 주장은 단지 이를 부연 설명하고 있을 뿐이라는 생각이며, 「대승기신론」은 견해가 다른 다양한 논쟁을 조화시키는 이론으로 보았기 때문이다.

달리 말하자면 언어가 대상을 표현하는 것은 사실이지만, 이는 단지 의미를 전달하는 부분만을 드러내는 한정된 도구라는 사실을 간파하였기 때문이기도 하다. 이를테면 언어로서는 존재의 온전함을 표현할 수도 없지만, 거기에서 그치는 것이 아니라 오히려 온전함 자체를 다양한 관점으로 분리시키게 된다는 점이다.

그러나 어느 한 편의 견해에 치우치지 않는다고 해서, 각각의 모든 주장을 무시한다는 것은 아니다. 오히려 그 모든 입장이 제각기 내세우는 것은 모두 부처님의 말씀에 근거하고 있는 만큼 그 중요성을 인정하고 있다. 이것이 곧 '인정하되 그것만을 취하지는 않고, 논파하되 그것을 버리지는 않는다(立而不得 破而無失)'는 논리의 정립이다.

이는 곧 붓다의 가르침 자체가 궁극적으로는 깨달음으로 나아가길 권하기 때문에, 깨달음을 지향하는 방편으로서의 언어적 표현은 '그것만이 진리'라는 집착을 떠난다면 모두를 수용할 수 있다는 입장이다. 다시 말해 방편으로서의 길 역시 방편 자체가 모두 붓다의 뜻을 드러내는 것인 만큼 어느 하나도 버릴 수 없다는 의미이다.

그러나 이와 같은 사실은 방편으로서의 언어가 지닌 범주의 의미를 버려야만 본질에 접근할 수 있음을 화회의 근거로 삼은 것이기도 하다. 이를테면 언어의 역할이 달을 가리키는 손가락임을 이해하지 못할 때, 눈에 보이는 손가락만 쳐다본다면 결코 진리에 도달할 수는 없는 것과 마찬가지이다.

이와 같은 화쟁론(和諍論)은 한국의 불교사가 입증하듯이, 서로 다른 주장을 고수하는 종파의 대립을 끊임없이 극복하려 했던 회통(會通) 정신의 효시가 되었다. 때문에 스님의 사상을 두고 '화쟁사상(和諍思想)' 또는 '회통불교(會通佛教)'라고 부르는 것은 비단 어제 오늘의 일이 아니다.

'고선사서당화상비(高仙寺誓幢和尙碑)'의 내용에서는 「십문화쟁론(十門和諍論)」의 서문을 소개하면서, '대중이 모두 옳다고 하지 않는 이가 없었으며 다들 좋다고 찬탄했다'고 전하면서, 스님의 사상이 논쟁의 조화에 있었음을 가장 큰 업적으로 나타내고 있다. 그리고 고려 숙종 6년(1101)에는 스님의 덕을 추모하여 '대성화정국사(大聖和靜國師)'라는 시호를 내리기도 했다.

뿐만 아니라 대각국사 의천 스님은 '분황사에서 원효 성사의 제를 지내면서 올린 글(祭芬皇寺曉聖文)'에서 '해동보살(海東菩薩)께서는 옛날부터 지금까지 이어져온 잘못된 부분을 바로잡아 여러 가지 논쟁의 다른 주장을 화해시키고 전체를 조화시키는 지극히 공정한 논리를 얻었습니다'라는 표현을 통해서, 스님이 끊임없이 주장했던 화쟁의 의의를 찬탄하고 있다. 나아가서는 고려 고종대의 '관고(官誥)'에는 '원효 스님이 신라에 태어나 여러 종파의 다른 이론을 화해시키고, 두 문을 합해서 하나로 돌아가게 하였다'고 평가하여, 스님의 사상을 이해하는 주된 시각이 화쟁이었음을 천명하고 있다.

이와 더불어 한국의 불교 사상에 대한 연구 가운데서도 가장 많은 부분을 차지하는 것이 원효 스님의 사상에 대한 연구라는 것은 이미 알려져 있지만, 이들 연구의 내용 가운데서 스님의 사상과 화쟁(和諍)을 관련시키지 않는 시각이 없다는 사실은 스님의 사상이 화쟁의 바탕 위에서 건립되었다는 것을 말해주는 것이기도 하다.

그런데 사상이 상황과 무관한 것일 수 없다고 해도, 스님의 화쟁 사상이 단순히 경전의 해석에 대한 논의를 회통시키기 위해서 제시되었다고 단정한다면, 이는 스님을 단지 경전을 연구한 학자로서 평가하는 시각을 넘어서지 못한다. 그렇다고 당시의 시대 상황이 화쟁 사상을 낳았다고 해도 이 역시 같은 주장일 수밖에 없다.

그러나 사상의 결실이란 시대 상황으로 말미암은 여건들로 인해 배태된다는 관점을 부인할 수 없다면, 당시의 시대 상황이 화쟁 사상의 형성에 영향을 끼쳤음을 간과할 수는 없다.

당시의 시대 상황으로 볼 때, 비록 신라 사회가 안고 있는 제도적인 분제점이 있었기는 하지만, 정치적인 면에서나 사상적인 면으로 화회와 융화의 필요성이 강조되던 때였다는 것이 일반적인 견해이다. 다시 말해 삼국의 통일 과정에서 안으로는 백성의 안정된 생활을 도모하는 일이 시급하였으며, 밖으로는 나라를 지켜야 하는 외교적 과제가 우선적으로 대두되었다. 뿐만 아니라 백제나 고구려의 유민은 겉으로는 통일된 국가의 백성으로 수용되었지만, 내면적으로 서로 다른 이질감을 완전히 용해시키지 못한 한계점도 표출되고 있었다.

거기에다 전통적으로 형성되어온 고유한 문화와 유교의 정치이념 그리고 불교의 세계관이 공통의 지향점으로 나아가기 위한 혼란의 진통을 겪는 시기이기도 했다. 이와 같은 분위기 속에서 불교 역시 전래될 때부터 기존의 전통을 그대로 인정하는 선에서 수용되었기 때문에 통일된 국가의 이념으로 정착되기에는 한계가 있다.

뿐만 아니라 동일한 시대를 살며 불교의 이상을 실현하고자 했던 원효 스님과 의상 스님이 대비되는 것은, 의상 스님의 출신이 진골귀족이었다는 점과 무관한 것이 아니라고 볼 수 있다. 이는 계층 간의 갈등 또한 적지 않은 문제로 대두되었다는 사실을 말하는 것으로, 의상 스님과 깊은 관계를 맺으면서도 왕실불교와 국가불교를 비판하고 불교대중화운동을 적극 전개하였던 원효 스님이 육두품(六頭品) 출신이었다는 점이 그것을 말해준다.

거기에다 불교의 전래과정으로 볼 때도 불교의 유입과정에서 생긴 전통적인 기존 신앙과의 마찰이 온전히 해소되었다고도 볼 수 없을 뿐만 아니라 다양한 종파의 경전들이 거의 전해져 있었다는 사실 또한 불교 내부의 혼란상을 불러일으키던 시기이기도 했다.

진흥왕 26년(565)에 진(陳)의 문제(文帝)가 유사(劉思)를 신라의 유학승 명관(明觀)과 동행케 하여 불교경론 2,700여 권을 신라에 전했고, 진지왕(576~578) 대에는 수(隋)로부터 안홍(安弘)이 귀국하면서 인도 승려와 함께 「능가경(楞伽經)」「승만경(勝鬘經)」 등과 같은 대승경전과 부처님의 사리를 가지고 돌아왔다는 기록이 이러한 상황을 말해주고 있다.

또 다른 시각에서는 원효 스님의 화쟁 사상을 오교구산(五敎九山)의 문제와 관련시키는 견해도 있으나, 오교구산의 성립시기에 대해서는 다양한 견해가 있기 때문에 원효 스님의 화쟁정신과 연관시키기에는 다소 무리가 있다.

이를테면 신라시대부터 오교구산이 성립되었으나, 교(敎)는 신라 초에 분열이 되었지만 선(禪)은 중엽 이후라는 견해도 있는 반면, 삼국이 통일되면서 공인을 받을 수 있는 종단이 확실히 형성되었다고 볼 수 있다는 주장도 있다. 그러나 이와는 달리 신라시대에 오교구산이라고 지칭할 만큼 교세를 갖춘 불교종파가 성립된 일은 결코 없었으며, 또한 다섯 종파의 이름이나 개조(開祖), 그리고 근본사찰에 대해서도 이를 뒷받침할 만한 명확한 증거도 없다는 시각도 있다.

이 외에도 스님의 화쟁이 유교와 도교와의 화회를 목적으로 한다는 견해도 제시된 적이 있지만, 원효 스님의 당시에는 불교와 유교나 도교 사이에 심각한 사상적 갈등은 없었다고 할 수 있다. 단지 스님의 저술 「대혜도경종요(大慧度經宗要)」에서 유교에 대해 언급하는 구절이 있기는 하지만, 그것은 유교보다 불교가 우월함을 주장하고 있을 뿐이다. 마찬가지로 「대승기신론소」에서도 네 가지 외도(四外道)에 대해 언급하는 부분이 나타나지만, 이는 존재의 본질에 대한 비판으로서 집착을 타파하기 위한 근거로 제시하고 있을 뿐이다.

이와 같은 여러 가지 정황으로 미루어 볼 때, 신라의 사회적인 상황도 스님의 사상적 목표를 제시하는 데 영향을 끼쳤다고 할 수 있지만, 이보다는 오히려 스님이 활약하던 시기의 불교 내적인 상황이 화쟁의 기치를 높이든 이유를 설명하기에 더욱 타당성을 지녔다고 할 수 있다.

이는 중국의 경우 불교가 수입된 이래 구역(舊譯) 시대가 지나가고, 현장(玄奘)을 중심으로 한 신역(新譯) 시대를 맞이하여 교학의 정립기로 들어가게 됨으로써 신역과 구역 불교가 완강하게 대립하던 시기였다는 점과, 이와 같은 신구역의 경전들이 다양하게 신라에 전래됨으로써 교판(敎判)에 대한 체계적인 이해가 요청되었을 것이라는 점이 화쟁 사상의 필요성을 절감하게 했을 것이라고 볼 수 있다. 이는 스님의 저술 속에서 나타나고 있는 교판의 우열시비에 대한 화쟁의 관점이 바로 이와 같은 교판논쟁의 체계 정립이라는 요구에 부응했다고도 할 수 있기 때문이다.

결과적으로 사상의 형성과 시대 상황이 불가분의 관계를 지닌다는 이치를 전제한다면, 당시 신라 사회의 복잡한 상황들이 스님의 사상체계 형성에 영향을 끼쳤을 것이라는 점은 부인할 수 없는 사실이다.

그러나 스님의 저술 가운데에는 국가나 사회에 대한 언급이 전혀 나타나지 않는다는 사실로 미루어 본다면, 당시의 시대 상황이 화쟁 사상의 형성에 영향을 끼쳤을 것이라는 추측은 단지 일반적인 추론일 뿐이다.

1. 화회(和會)의 논리

화쟁(和諍)의 의미와 필요성을 강조하며 불교이론의 기본적 범주들에 나타나는 상호모순을 해결하기 위해 열 가지(十門)의 주제를 설정하고, 이를 체계화하고 있는 저술이 「십문화쟁론(十門和諍論)」이다. 여기에서 스님은 논쟁이 일어나는 이유를 명료하게 분석하고 있다.

> 여래(如來)께서 세상에 계실 때는 원음(圓音)에 의지하여 모든 중생들이 그대로 따랐다. 그러나 이후 이런 저런(空空) 논설이 구름같이 일어나, 내가 옳고 다른 사람은 그르다고 하며 혹은 말하기를 나는 그러하지만 다른 사람은 그렇지 아니하다고 한다. 드디어 무수한 논란(河漢)을 형성하게 되었다. 「十門和諍論」

이에 따르면 불교 사상의 흐름에서 여러 가지 논쟁이 생긴 것은, 무엇보다도 붓다께서 열반에 드신 후 오랜 세월이 지남에 따라 말씀하신 뜻이 본래의 취지와 다르게 해석되었다는 점에 있다.

이와 더불어 불교가 여러 지역으로 전파됨에 따라, 환경과 문화의 영향으로 인해 동일한 의미가 각기 다른 방법으로 이해되었다는 점도 논쟁의 빌미가 되었다고 보았다.

이는 곧 다양한 언어와 개념으로 옮겨지고 표현되는 과정에서 본래의 온전한 의미는 조각나게 되었다는 뜻이다. 여기에는 각 지역의 독특한 문화와 결부되는 과정에서 다르게 이해되어진 것도 그 이유에 해당된다고 한다. 이와 같은 판단 속에는 언어나 개념이 존재의 온전한 상호 관계를 소멸시키거나 무시해 버린다는 의미도 내포되어 있다.

존재의 온전한 이해는 존재를 둘러싼 모든 관계와의 복합체이므로, 언어 또한 상관성을 떠난다면 실재적인 의미는 왜곡되게 된다. 따라서 초기 불교에서부터 끊임없이 경험과 실천을 강조하고 있는 것은, 언어로 말미암아 진실이 왜곡되는 현상을 막고자 했기 때문이다.

그러므로 이로 말미암아 생긴 논쟁들을 화회시키고자 한 것이 스님의 의도이기는 했지만, 화쟁(和諍)이 마치 사명이라고 느껴질 정도로 모든 저술에 일관되게 나타나고 있는 점도 놀라울 따름이다.

스님의 저술 가운데서도 화쟁에 관한 논리를 명료하게 정립하였다고 전하는 책이 「십문화쟁론」이지만, 아쉽게도 「십문화쟁론」은 일부분만 전하고 있어서 십문(十門) 즉 열 가지 주제의 선정과 이를 논리적으로 화회시킨 체계의 전모를 알 수는 없다.

그러나 「열반경종요」를 비롯한 나머지 저술들에도 화쟁에 관한 견해는 비교적 상세하게 언급되고 있다. 이를테면 「열반경종요」에서, 여러 가지 상반된 견해 가운데 옳고 그름을 판별하는 기본입장을 논리적으로 제시하고 있는 것이 그러하다.

이에 따르면 논쟁이 생긴 근원적인 이유는 붓다의 온전한 뜻이 전해질 때, '명료한 표현(顯了)'과 '숨겨진 뜻(隱密)'의 두 의미가 있지만 이를 혼동하는 데서 비롯되었다고 한다.

> 드러난 표현(顯了語)을 따라서 바로 번역하는 것은 비슷한 뜻(類音)으로 널리 사람들에게 알리는 것이며, 숨겨진 뜻(隱密語)을 취하게 되면 많은 의미와 내용이 포함된다. 「涅槃經宗要」

논쟁이란 다름 아니라 붓다가 전한 온전한 뜻이 전달되는 과정에서, 명료한 표현과 숨겨진 뜻을 올바르게 이해하지 못함으로써 나타난 문제라고 보았다.

초기 경전에 나타나는 붓다의 설법은, 일일이 사람들의 이야기를 듣고 이에 화답하는 형식으로 이루어져 있다. 흔히 이를 수기설법(隨機說法)이라고 하는데, 이는 글자 그대로 듣는 사람의 인식능력이 다양한 만큼 여러 가지의 비유들과 직설적인 어법들이 어우러져 있다. 다시 말해 듣는 사람의 정도에 따라 각기 다른 비유와 말씀을 했을 뿐만 아니라, 같은 질문에 대해서도 다른 답을 제시하기도 했다.

때문에 뒷날 경전이나 계율의 편집에 있어서 자기가 들은 대로 기억하고 있던 제자들은, 다른 사람들이 기억하고 있던 방편의 내용을 듣고서 서로의 의견이 엇갈렸던 것은 어쩌면 당연한 일이었다고 할 수 있다.

문제는 설법의 핵심이 괴로움에 대한 구체적인 응답이나 실천적인 노력을 요구한다는 숨겨진 뜻을 이해하지 못한다면, 주어진 상황과 사회적 가치관으로 표현된 내용을 넘어설 수 없다는 데 있다. 이것이 곧 논쟁이 일어난 근본적인 이유이기도 하다.

이와 더불어 번역의 중요성도 간과할 수 없다고 하였다.

> 외국어는 명칭과 뜻을 다양하게 포함하고 있는데, 우리말은 한 편에 치우쳐 능히 그 뜻에 부합하지 못하므로 한 가지 이름으로 번역할 수 없다. 「涅槃經宗要」
>
> 이러한 경전의 문장은 번역가들이 산스크리트어(梵文)와 한문을 섞어서 그 문장을 꾸민 것이다. 「涅槃經宗要」

이는 곧 번역되어진 표현이 원래 전하고자 하는 뜻과 동일한 의미일 수 없음을 미리 헤아리지 않고, 단지 번역된 문장만을 취하여 그것만이 옳다는 주장에 집착할 때 논란의 소지가 발생할 수밖에 없다는 사실을 밝힌 이유이다.

붓다의 가르침은 온전한 것이지만 그것을 기록하고 전달하는 언어는 그 뜻을 오롯이 드러내지 못할뿐더러, 지역마다 서로 다른 표현법은 본래의 취지와 더욱 멀어지게 만들었다. 때문에 지역마다 언어마다 동일한 내용이 다르게 표현되기도 했던 것이다. 그러므로 어느 지역, 어느 문화권에서 받아들여진다고 해서, 그것이 모든 사람에게 통용되어야 한다고 고집할 필요는 없다.

그러나 어떤 관점에서 이해한 것이냐의 근거가 제시된다면, 그 자체가 무의미한 것은 아니라는 데 있다. 스님은 「법화경」의 근거를 들어 이와 같은 관점을 비유로 설명하고 있다.

> 이는 마치 맹인이 각각 코끼리를 설명하는데, 비록 실제의 모습을 말한 것은 아니지만 코끼리를 설명하지 않은 것도 아니다. 「法華經宗要」

여러 종파의 주장이나 견해들이 사실은 모두 붓다의 뜻을 따르고자 한 것이지만, 그들의 표현 자체가 곧 붓다의 뜻은 아니다. 따라서 이와 같은 논쟁은 처음부터 붓다의 뜻(佛意)에 서로 다른 의미가 존재하지 않는다는 관점으로 돌아갈 수 있는 길만 터 준다면, 여러 견해들은 결국 붓다의 가르침을 표현하는 한 가지의 방법에 불과하다는 사실을 자각하게 된다. 여기에서 가르침(教說)의 의미가 다르지 않다고 하는 것은 붓다의 뜻이 지극히 공정(佛意至公)하기 때문이다.

> 모두 옳기도(得) 하고 모두 틀리기도(失) 하다. 왜냐하면 한 면에 결정적으로 집착하면 모두 잘못이 있다. 그러나 만일 서로 걸림이 없다고 하면 모두 도리가 있다. 「涅

槃經宗要」

논쟁이 일어나는 이유는 결국 한 방면의 시각에만 집착하기 때문이라고 한다. 다시 말해 여러 종파의 다른 이론이란 그 나름대로 모두 근거가 있어서 옳지만, 단지 그것만이 옳다는 주장에 빠져 결정적인 집착(決定執)을 하게 된다면, 그 집착으로 인하여 전체를 보지 못하는 오류를 범하게 된다.

달리 말하자면 인간이 이해하는 깨달음의 세계는 깨달음 그 자체가 아니라, 인간이 느껴서 알 수 있는 인간의 깨달음일 뿐이다. 다시 말해 단지 인간이 느끼는 세계를 깨달음이라 이름 붙이고 있을 뿐이다. 때문에 이와 같은 사실을 이해한다면 무엇이 옳기 때문에 믿어야 하는가를 선택하기 전에, 모르는 세계에 대해서도 거부하지 말고 받아들일 수 있는 관점이 필요하게 된다. 마찬가지로 모든 종파에서 주장하는 진리라는 것 또한 세계에 대한 그들의 관점일 뿐이다.

이와 같은 논쟁이 일어난 바탕에는 '영원하다(常)'와 '무상하다(無常)'에 대한 편견이 결정적으로 작용한다고 하였다.

> 논쟁이 일어나는 단서야 많지만 결국 한편에 치우치기 때문이다. … 일어나는 논쟁은 두 가지의 관점에 지나지 않으니, 영원(常住)에 집착하느냐 아니면 무상(無常)에 집착하는가이다. 「涅槃經宗要」

모든 것이 무상(無常)하다는 사실을 받아들이지 않고는 온전한 평정을 찾을 수도 없지만, 더욱 불행한 것은 비록 진리라고 해도 받아들이기 어렵다는 점에 있다. 이를테면 '모든 것은 변한다(諸行無常)'는 진리를 받아들일 수 없기 때문에 고통을 겪게 된다.

그러나 상식적인 가치의 잣대로 정의하고 있는 한정된 개념인 시간과 공간이란 오직 다른 무엇과의 상호 관계에서만 존재할 뿐이다. 다시 말해 '영원(常)'이나 '무상(無常)'이란, 주어진 개념을 벗어나지 못하고 있음을 깨닫지 못한 인간의 이원론일 뿐이다.

따라서 실재 세계는 영원과 무상으로 표현되는 시간이 있는 것이 아니라, 끝없는 현재만이 이어지고 있다. 다시 말해 영원과 무상은 처음부터 없었으며, 이는 단지 상상으로 구성된 하나의 이원론일 뿐이다.

문제의 핵심은 영원이나 무상의 집착을 타파한다고 해서 새로운 견해를 제시하고자 하는 것은 아니라는 점에 있다. 이를테면 두 견해를 모두 비판하는 것은 중도적인 견해를 제시하고자 함이 아니라, 단지 편견에 치우친 집착을 타파하고 결정적으로 자기만이 옳다고 주장하는 그 부당성을 말하기 위해서이다.

> 비록 영원한 것(常住)은 아니지만, 그렇다고 시시각각 사라지는 것(念念滅)도 아니다. 이는 한 편에 치우친 집착을 타파하고, 결정적으로 한 쪽만을 취하는 것이 부당하다는 도리를 말한다. 「涅槃經宗要」

인간이 살아가는 실제의 삶은 '지금, 여기'라는 현재의 순간이지, 이미 사라진 과거의 기억이나 아직 일어나지 않은 미래의 꿈이 아니다. 때문에 현재의 순간 속에서 사는 사람만이 실제의 삶을 사는 것이라고 한다. 다시 말해 만일 자유를 구한다면 자유를 찾을 수 없다는 것은, 절대적 자유를 찾으려면 그 이전에 절대적 자유 자체가 전제되어야 하는 것과 마찬가지이다.

그러나 인간의 행동이 이원적 관념 속에 있고 이원성에 사로잡혀 있는 한, 절대적 자유를 성취할 수는 없기 때문에 영원에 대한 집착(常執)과 무상에 대한 집착(無常執)을 다 같이 논파한다.

> (法身이) 영원하다(常住)고 생각하면 법(法)을 만들지 않는다는 것인데, 법(法)을 만들지 않는 까닭에 두 몸(法身, 報身)도 만들지 않는다. 이런 까닭에 법신 역시 무위(無爲)가 아니다. 「涅槃經宗要」
>
> 만약 이 공덕이 법계(法界)에 두루 하지 않는 바 있다면, 법계에서 증득(證)하지 못하는 바가 있다. 증득하지 못하는 바 없기에 법성(法性)이 두루 하지 않는 바 없다. 「涅槃經宗要」

만일 영원하다는 것에 결정적으로 집착하면, 결국 존재를 만들지 못하게(非作法) 되므로 두 몸(法身, 報身)도 만들지 못하게 된다. 그러나 법신과 보신이 있다는 것은, 법신(法身)이 아무 것도 하지 않는다(無爲)는 뜻과 다르게 되므로 그 주장이 잘못되었다고 한다.

무상(無常)의 집착 역시 어느 시점부터 공덕이 베풀어졌다면 그 이전자리는 미치지 못하는 잘못이 있게 된다. 그러나 그렇게 되면 진리세계에 깨닫지 못함이 있게 되고, 따라서 진리의 성품이 원만하지 못하다는 결론에 이르게 된다. 따라서 두 견해가 모두 오류를 범하고 있다.

이는 곧 문제라고 생각하는 것 자체가 '본래 있지 않았음'을 일깨워 주는 것과 마찬가지이다. 이와 같은 방법은 이원적인 사고체계에 묶여 있는 사고의 한계를 벗어나게 하는 지혜로운 충격이다. 다시 말해 해결이 아닌 해소의 관점에서 본다면, 무상이란 다름 아니라 영원이야말로 완전하다고 믿는 그 믿음 때문에 스스로 마련한 그림자에 불과하다.

이와 같이 볼 수 있다면, 중생이란 곧 부처의 씨앗이며 죽음은 삶의 일부일 뿐이다. 때문에 오히려 모두를 허용할 수 있게 된다.

> 보불(報佛)의 공덕은 모습을 떠나니(離相) 역시 생멸상(生滅相)을 떠난 것이 되고, 그렇게 되면 하는 바 없는 것(無作爲)이니 이것이 곧 영원함(常住)이다. 그러나 본성을 떠나니(離性) 역시 영원하다는 성질도 떠난 것(離常住性)이 되고, 그렇게 되면 하지 않는 바도 없는 것(無所不爲)이니 이것이 곧 무상(無常)한 것이다. 이와 같이 보불의 공덕은 둘도 아니고 다른 것도 아니니(無二無別), 영원하다고 해서 생멸에 걸리는 것도 아니고(常住不妨於生滅), 그렇다고 영원하다는 데도 걸림이 없게 된다(不碍於常住). 「涅槃經宗要」

이와 같이 모두 허용할 수 있는 것은, 서로 다른 두 주장이란 사실 관점의 차이로 빚어진 집착임을 간파했기 때문이다.

다시 말해 '무상(無常)'이란 '영원(常)'에 집착하지 않는다는 것이지, 그것이 진리이거나 아니면 진리를 가르치는 수단으로 부적당하다는 의미는 아니다. 마찬가지로 여기에서의 영원이라는 것 역시 모든 변화를 단절한다는 뜻으로 받아들인다면 또 다시 의미의 덫에 걸리게 된다. 이는 단지 어떤 것에도 걸림이 없음을 뜻할 뿐이다.

때문에 영원이나 무상의 의미를 필요로 하는 방편이, 방편 자체의 의미로 받아들여진다면 그것 역시 부질없는 문자의 혼란 속에 빠지고 마는 동어반복의 모순을 범하게 될 뿐만 아니라 가르치고자 하는 의도에서도 멀어지게 된다.

따라서 근본의 입장으로 되돌아가면 서로가 통하지 못할 바 없지만, 단지 영원하다와 무상하다는 의미만을 따라 한 쪽으로 집착하다보면, 끝까지 두 이론이 서로 방해되지 않는 것임을 보지 못하게 된다.

그러므로 상반된 두 주장을 모두 틀리다(俱非)거나 모두 옳다(俱許)고 할 수 있는 논거를 제시한다는 것은, 곧 관점의 차이에 따라 주장의 근거가 다르다는 논리를 제시함으로서 가능하게 된다.

이는 방편이 방편임을 알면 모두 허용할 수 있게 되지만, 이와는 달리 결정적으로 그렇다고 고집(決定執)하는 것은 부처의 뜻(佛意)을 모르는 근본적인 오류가 된다는 의미이다. 달리 말하자면 말이나 언어란 온전한 우주의 실상을 드러낼 수도 없지만, 그것조차도 인간의 방대한 경험 가운데서 아주 적은 부분만을 표현할 수밖에 없기 때문이다.

이와 같은 시각은 열반(涅槃)의 체성(體性)이 없는 것인가, 아니면 실제로 있는가의 문제를 화회시키는 관점에서도 잘 나타나고 있다.

이를테면 열반의 본성을 실제(實)라고 주장하는 입장에서, 열반을 공(空)이라고 한 것은 '마음이 망령되이 생각한 것을, 지혜로 깨달은 열반이라고 우기는 것을 타파하기' 위한 것이라고 한다. 그리고 '열반을 공이라고 한다면 불성(佛性) 또한 공이 되는데, 이는 흔히 공을 설명하는 11가지 공 가운데 어느 것에도 해당되지 않기 때문에' 열반은 실제이며, 아울러 여래(如來)나 불성이 결코 공일 수 없다고 한다.

이와는 달리 불교의 진리가 모두 공(空)에 바탕을 둔 것이므로 열반의 본성 또한 공이라고 주장하는 입장에서는, 열반을 실제라고 하는 것은 '단지 지식이 천박한 자를 보호하기 위해 비유로 실제라고 했을 뿐'이라는 견해를 내세우고 있다.

이와 같은 두 주장에 대한 화회의 관점은, 두 주장 모두 자신의 견해만을 옳다고 하면 둘 다 틀린 것이지만, 그것만이 옳다는 집착을 버린다면 두 주장 모두 옳다는 입장을 취하고 있다.

> 만약 말 그대로 받아들인다면 두 주장은 모두 틀렸다(失). 이 논쟁은 서로 다른 입장에서 다투면서 부처의 뜻(佛意)을 잃었기 때문이다. 그러나 만일 그것이 결정적인 집착이 아니라면 두 주장 모두 옳다(得). 「涅槃經宗要」

이는 곧 붓다의 말씀에 나타나는 어느 구절이나 개념을 인용하여 근거로 삼는 것 자체가 틀린 것은 아니지만, 그 표현이나 개념 자체에 매달리게 된다면 모두 틀릴 수밖에 없다는 논리이다.

이러한 입장이 스님의 모든 저술에서 가장 많이 사용되는 화회의 원리이기도 하다. 이는 말할 것도 없이 붓다께서 설법한 경전 내용의 전부가 궁극의 목표인 존재의 근원을 제시한 것이며, 이루어야 할 목표 즉 열반을 체득함에 있기 때문이다.

열반(涅槃)의 경지란 언어로는 표현될 수 없지만, 그 길로 나아가는 방향은 말로 표현되지 않을 수 없다. 따라서 경전에서 나타나고 있는 언설 자체가 모두 방편이라 할 수 있으니, 방편 자체에 집착하는 것은 잘못된 견해일 수밖에 없다.

나아가 '번뇌(煩惱)와 열반의 관계'를 어떻게 해석하느냐의 입장에 있어서도, '번뇌를 끊는 것이 열반'이라는 입장과 '아예 번뇌하지 않는 것이 열반'이라고 하는 서로 다른 견해가 대립한다.

이에 대해 스님은, 두 견해는 같은 전제에서 표현한 것이 아니라 대상과 주체를 각기 달리 설정한 시각에서 분별한 것이라고 판단하고 있다. 따라서 이에 대한 옳고 그름 또한 동일한 입장에서 이해할 성질이 아니라고 화회(和會)시키고 있다.

이를테면 번뇌를 끊는 것이 열반이라는 입장은 열반과 대열반을 구별하기 위해 끊는 곳(斷處)을 밝힌 것이고, 아예 번뇌하지 않는 것이 열반이라는 주장은 번뇌를 능히 끊어 나아가는 주체(能斷) 즉 붓다와 보살의 입장을 구별하기 위해 나머지 의혹(餘惑)의 문제를 제시하고 있는 견해라고 명쾌하게 판단하고 있다. 이는 곧 끊는 곳과 대상을 구별함으로써 두 주장의 근거가 다름을 명확하게 하고 있다.

이와 같이 어느 입장에서 서술하고, 어떤 입장에서 해석하느냐에 따라 전혀 다른 뜻으로 드러나기 때문에 단순히 하나의 견해에 집착하여 근본의 뜻을 돌아보지 않는다면 논쟁의 가능성은 항상 있게 된다.

뿐만 아니라 능히 끊어 나아가는 주체로서의 붓다와 보살이 차이가 생기는 이유에 대해서도, 끊음(斷)의 의미를 '버리느냐(遣)' 또는 '막느냐(遮)'로 해석하느냐에 따라 달라질 수 있다는 점을 강조하고 있다. 때문에 끊는다고 하더라도 그 내면적 의미를 이해하지 못하고, 오로지 '있다, 없다(有無)'는 식으로만 받아들이기 때문에 오류가 생긴다고 하였다.

마찬가지로 번뇌의 문제에 있어서도 끊느냐(斷) 제거하느냐(除)의 두 뜻이 있지만, 이 역시 그 전제를 올바르게 판단한다면 어느 문장이든 다 소통될 수 있다고 본다.

다시 말해 궁극적인 목표는 번뇌를 일으키지 않는(不生煩惱) 곳에 있으니, 이것이 곧 붓다의 뜻(佛意)에 돌아가는 길이다. 그러므로 이와 같은 입장에서는 궁극적인 문제 또한 서로 다를 바 없게 된다.

화쟁(和諍)의 시각을 전체적으로 보면 붓다의 가르침을 근거로 하여 모두를 소통하고자 함에 있으니, 붓다의 뜻(佛意)이기에 서로 통할 수 있는 논리가 정립되어야 한다. 이를테면 붓다의 뜻이 지극히 공정(佛意至公)하다는 표현 자체가 그 모두를 포용한다는 것이니, 삼라만상의 모든 현상 그 자체는 지극히 공정함의 나누어진 모습이자 드러남일 뿐이다. 이와 같은 원리를 이해한다면 화쟁은 저절로 가능해지며, 나아가 화쟁을 해야 하는 이유 또한 명백해진다.

이와 같은 화쟁의 구체적인 방법론에는 크게 두 가지의 기준이 있다. 이를테면 서로 다른 논쟁에서 문장의 다름을 보아 통하게 하는 방법(通文異)과, 같은 주제에 대한 논쟁의 옳고 그름에 대해 그 뜻이 같음을 논증하는 방법(會義同)이 그것이다.

문장의 다름을 통하게 하는 방법이란, 동일한 내용에 대해 서로 다른 견해를 주장한다는 것은 사실 동일한 문제를 다르게 해석하는 것이 아니라 다른 관점에서 본 입장일 뿐이므로 서로 논쟁할 이유가 없다는 관점으로 화회시키는 논리이다. 다시 말해 주장하는 견해의 관점과 전제를 분명하게 밝히는 방법이다. 이를테면 받아들이는 사람의 능력이 다양함에 따라 설법의 깊이 또한 다양하게 나타나므로, 이를 분명하게 구분하지 못한다면 논쟁은 언제든지 일어날 수 있다는 시각이다.

이와는 달리 같은 주제에 대한 논쟁의 옳고 그름에 대해 그 뜻이 같음을 논증하는 방법이란, 동일한 뜻인데도 표현이 다른 경우에 생긴 서로 다른 주장들은 원의적인 뜻으로 되돌아가서 문구의 차이를 밝히게 되면 자연스럽게 소통된다는 이치이다.

이를테면 불성(佛性)에 관한 여러 가지의 다른 이름이 수없이 나타남으로 인해서 생긴 혼동과 같은 것들이다. 스님은 이를 불성의 의미로서 크게 나누어, 원인의 성품(因性)과 결과로서의 성품(果性) 그리고 인과와 상관없는 성품(非因果性)의 다섯 종류로 분류하여 설명하지만, 결국에는 그 뜻이 다르지 않음을 밝히고 있다.

> 불성(佛性)의 표현을 원인의 성품(因性)으로 보자면 영원한 불성(常住佛性, 性淨門)과 무상한 불성(無常佛性, 隨染門)이 있고, 결과의 성품(果性)으로 나누자면 현재의 결과(現果, 諸佛所得)와 당과(當果, 衆生所含)로 나눌 수 있고, 인과와 상관없는 성품(非因果性)으로는 일심(一心, 非因非果)이라 할 수 있다. 「涅槃經宗要」

불성(佛性)을 나타내는 표현이 다양하지만, 사용되는 문장의 의미를 따지고 보면 사실상 원인과 결과의 관점에 따라 나눌 수 있는 다섯 종류밖에 없다. 그러나 이들 또한 비유를 통한 가르침 속에서 다른 표현으로 나타나기는 하였으나, 그 의미에 있어서는 부처의 뜻을 떠나는 바가 아니라는 근거를 제시하고 있다.

따라서 각각의 의미가 문장의 내용에 따라 적용되므로, 이 역시 방편적인 뜻과 마찬가지로 어느 하나의 관점만이 옳다고 집착하게 되면 모두 틀리지만, 모든 관점을 인정한다면 옳다는 것이다. 다시 말해 숨겨진 뜻(隱密)이 다양하게 표현될(顯了) 때, 이것을 받아들이는 사람의 인식능력에 따라 달라진다는 사실을 이해하지 못한 채, 이것만이 전부라는 집착을 내게 되면 논쟁이 일어난다는 논리이다.

때문에 이 모두를 수용할 수 있는 포괄적 개념, 즉 일심(一心)만이 인과성을 떠난다고 한다.

> 물들고 깨끗함(染淨)의 두 원인(因)과 당현(當現)의 두 결과(果)는 그 본성이 둘이 아니라 오직 일심(一心)이다. 일심의 본성은 오직 부처만이 체득하는바, 이 마음을 불성(佛性)이라 한다. 단지 여러 가지 관점에 의해서 하나의 본성을 나타낸 것이기에, 주장이 다르다 하여 따로 어떤 본성이 있는 것은 아니다. 다른 것이 아니라면 왜 하나라고 하는가? 하나가 아니기에 능히 여러 관점에 해당되

는 것이며, 다른 것도 아니기에 여러 관점은 일미(一味)이다. 「涅槃經宗要」

이에 따르면 일심(一心)은 원인도 결과도, 원인의 원인도 결과의 결과도 될 수 있지만, 불성(佛性) 역시 원인과 결과 그리고 원인의 원인(因因)과 결과의 결과(果果)가 된다. 그러므로 불성이란 일심과 일미의 의미와 다르지 않은 것이라고 한다. 이와 같이 주었다가 뺏는(與奪) 자유로움과 임의로 세움(假立)의 자유자재함도 근원이 있기에 가능하게 된다.

이것이 곧 일심이며, 이 일심이야말로 오직 붓다만이 이를 본체로 삼을 수 있는 까닭에 모든 이론의 근원을 일심으로 한다면 그 어느 것도 다른 주장이 될 수 없다.

나아가서는 여기서 나누고 있는 구별 역시 이와 같은 원리 속에 융해되어 있으며, 모든 경전의 여러 가지 가르침은 바로 일심의 여러 측면일 뿐이라고 한다.

그리고 일심(一心)이기에 일미(一味)라는 것은, 모든 경전에 나타나는 여러 가지 표현의 근원으로서 붓다의 뜻이 지극히 공정(佛意至公)하다는 의미이다. 그러므로 화쟁의 논리란 결국 불의지공(佛意至公)을 지향하는 길이 되므로 모든 이론의 전개는 결국 임의로 세운 것에 불과하지만, 그 길을 통하여 일심을 이해시키고자 함에 있다.

결과적으로 원효 스님은 소승(小乘)과 대승(大乘)을 다 포용하였고, 종파적으로도 어느 한 종파에 구애됨이 없이 모든 사상을 인용하여 훌륭하게 체계화하고 있다. 이는 말할 것도 없이 화쟁이라는 논리적 방법론이 있었기 때문에 가능한 일이었다.

화쟁이란 어느 한 견해와 상호 모순적으로 주장하는 견해를 분류하여 보다 확실한 논증을 하기 위한 방법으로서의 사유법칙을 제시 할 때, 대립적인 두 개념의 상호관계를 고립적이거나 고정불변한 것으로 보지 않고 존재와 변화의 측면으로 이해하고자 하는데 그 논리의 독특성이 있다.

때문에 각각의 모든 견해는 그 입장을 논증하는 추론식에는 합리성을 지니고 있지만, 각자의 주장이 상호 모순된 그 전제는 서로의 기점이 다르기에 상대의 주장을 논파할 수 있는 근거가 될 수 없다는 내용으로 그 체계를 정립하여 진리성의 시비를 비판한 다음, 그 전제의 차이 또한 같고 다름(同異)으로서 자신의 견해를 드러내는 방법론을 적용하고 있다.

사실 각 종파나 모든 주장 역시 각각의 입장에 따른 논증의 방법 또한 달라서 진리의 개념이 서로 다르다고 주장하고 있지만, 동일한 뜻(義)에 맞춘다면 서로 소통되지 않는 것도 없다. 이는 말할 것도 없이 붓다의 뜻(佛意)에 돌아가게 되는 것이라는 전제에서 회통의 원리를 제시하고 있기 때문이기도 하다.

달리 말하자면 비유적인 사고 속에서 자기모순이라는 불합리성을 발견하게 하여, 그것으로서 비합리적인 체험으로 전환하려고 하는 의도로 시도된 것이기도 하다.

그러나 비유적인 것 자체가 단순한 부정의 노정에 있는 것은 아니라 이것이 곧 붓다의 뜻이라 함으로써 부정의 부정을 통한 긍정종합과 부정종합의 통일이라는 논리를 여실하게 보여주고 있다.

2. 차별성을 수용하는 통일

화쟁(和諍)이란 실제로는 개념과 범주의 일면적 해석과 수용에 관한 문제가 모든 논쟁의 원인으로 작용하고 있다는 근거에서 출발한 것이라고 할 수 있다.

따라서 그와 같은 혼란을 올바르게 정리하는 것이 곧 화회(和會)의 관점이 될 수 있음에 착안하였던 것은, 당시에 제기되었던 많은 범주와 개념에 대한 통일성의 결여를 간파했기 때문이었다. 그러므로 화쟁의 논리에서 개념과 범주에 관한 문제는 매우 중요한 의의를 지닌다.

그렇다고 해도 사실상 논쟁의 우열에 대한 주장을 화회시킬 수 있다는 확신 자체는 붓다의 뜻이 지극히 공정함(佛意至公)에 있다는 표현에 근거를 두기 때문에 '일미(一味)로 돌아가게' 하기 위해 화회의 논리를 정립한다.

따라서 구체적으로는 기존의 견해를 논파하되, 개념과 범주의 본질적인 관계와 내적인 연관 및 그 통일을 근거로 제시하는 방법을 통하여 독창적인 화쟁 이론의 얼개로 삼았다고 할 수 있다.

이와 같은 화쟁의 논리는 스님의 모든 저서에 걸쳐 일관되게 나타나는 관점이기도 하지만, 특히 「십문화쟁론(十門和諍論)」은 이를 종합하고 체계화했다는 점에서 아주 중요한 의미를 지니고 있다.

그러나 안타깝게도 「십문화쟁론」이 원래는 두 권으로 저술되었다는 기록은 전하고 있으나, 지금까지 남아 전하는 내용은 극히 일부분에 지나지 않는다. 이를테면 해인사 장경판 속에서 발견된 상권(上卷)의 목판본 다섯 장과 경주 고선사 터에 남아있는 '서당화상탑비(誓幢和尙塔碑)'의 서문(序文) 단편, 원종문류(圓宗文類)

22권, 「속장경(續藏經)」에 수록된 「대승신기론동이집(大乘起信論同異集)」 등에 나타나는 일부분뿐이어서 그 전체적인 체계의 전모를 알 수는 없다.

그러므로 지금까지 알려진 바는 「십문화쟁론」의 서론부분 90여 자와 본론 부분의 일부(2,200여 자) 뿐이다.

때문에 「십문화쟁론」에서 제시하였다는 열 가지의 주제(十門)도 정확하게는 알 수 없다. 다만 남아있는 일부분의 내용과, 여타 저술을 참고로 하여 연구한 결과를 통해 정리된 주제를 바탕으로 하여 추정한 것이 전부이다.

> ① 삼승과 일승(三乘一乘) ② 공과 유의 집착(空有異執) ③ 불성의 유무(佛性有無) ④ 아집과 법집의 집착(我法異執) ⑤ 삼승의 다른 뜻(三乘異義) ⑥ 오성의 성불가능성(五性成佛) ⑦ 두 가지 장애의 다른 뜻(二障異義) ⑧ 열반의 다른 뜻(涅槃異義) ⑨ 불신의 다른 뜻(佛身異義) ⑩ 불성의 다른 뜻(佛性異義)

이것이 곧 열 가지의 대립된 개념이라 할 수 있는데, 이를 크게 나누어 보면 '있다, 없다(空有)'와 '같으냐, 다르냐(同異)'라는 관점이 그 전제가 되어 있다.

이는 말할 것도 없이 기본적 범주에 대한 견해를 정리하여 통일할 수 있다면, 모든 쟁론을 해결될 수 있는 실마리를 얻을 수 있게 될 것이기 때문이다.

따라서 스님은 무엇보다도 먼저 공(空)과 유(有)의 대립된 개념을 통일시키는데 주력하고 있는데, 이러한 시도는 「십문화쟁론」 외의 모든 저술에서도 끊임없이 나타나고 있는 문제이다. 그러나 이는 인간의 사유가 부딪혀야 하는 한계이기도 하다.

흔히 깨달음의 상태를 표현하는 '공(空)'을 좀 더 구체적으로 표현하자면, '한정되지 않고, 열려 있음'이라고 할 수 있다. 그러나 '공'을 이렇게 해석하게 되면 일반적으로 '공(空, śūnya)'이 아무것도 존재하지 않는다거나 온갖 경험적인 사물이나 사건이 공허하여 덧없다는 의미와는 다른 뜻이 된다.

사실 불교에서 '공(空)'은 존재론적으로나 가치론적으로 모든 술어나 속성을 부정하지만, 이 부정은 단순히 소극적인 허무가 아니라 오히려 모든 술어나 속성으로부터 자유롭게 되는 절대적인 존재방식을 적극적으로 의미하는 것이기도 하다. 때문에 '공'은 모든 것을 던져버려서 아무것도 없는 텅 빈 상태나 니힐리즘을 의미하는 것이 아니라, 모든 범주와 개념의 너머에 있는 궁극적 실재에 대한 최상의 긍정을 뜻하게 된다.

그러나 문제는 이를 어떻게 인식하느냐에 달려 있다.

때문에 스님은 공(空)과 유(有)라는 두 개념의 상호관계를, 고립적인 것으로 또는 고정불변한 것으로 이해하는 것을 비판하고 있다.

> 있음(有)을 싫어하고 공(空)을 사랑함은 나무를 버리고서 숲에 이르고자 함과 같다. 비유하자면 푸른색(靑)과 남색(藍)은 같은 뿌리(共體)이며, 얼음과 물은 같은 근원이다. 「十門和諍論」

이는 다름 아니라 공(空)과 유(有)란 개념은 독립적으로 존재하는 것이 아니라, 의존적 관계에 있다는 뜻이다.

불교사상사에서 나타난 '공'에 대한 견해와 '유에 대한 생각의 바탕을 되짚어보면, 여기서 표현하고 있는 '같은 근원(同源)'으로서의 공과 유에 대한 화쟁의 이유는 더욱 명확해진다.

반야부(般若部) 경전에서는, 일체의 모든 존재는 다른 존재들의 인연 화합으로 존재하기 때문에 각각의 존재는 고정적인 실체를 가지지 않는 즉 공(空)이라 한다. 이는 설일체유부(說一切有部)와 같은 소승(小乘) 계통의 여러 종파가 존재의 실재성을 주장함에 대해, 이를 타파하기 위해 이와 같은 의미를 적용했다. 따라서 이때의 공은 '스스로의 본성이 없다(無自性)'거나 '본체를 가지지 않음'을 의미한다.

이와는 달리 설일체유부에서 주장하는 '만들어진 것이 아니며 또 다른 것에 의존하지 않는 존재(自性說)'라는 이론에 의하면, 자성(自性)이란 삼세(과거, 현재, 미래)에 걸쳐서 항상 존재하지만, 현재라는 시점에서 작용하는 현상이라고 한다. 이와 같은 견해는 분명히 반야부 경전에서 주장하는 바와 다르다.

그런데 붓다 이후, 여러 종파로 나누어진 이론을 재정립하여 보살이란 칭호를 얻은 나가르주나(Nagarjuna, 龍樹)는 설일체유부의 주장과 같이 둘로 나누는 것을 부정하였다. 나가르주나에 따르면 하나의 존재를 자성과 현상으로 구분하면, 거기에는 반드시 모순이 따른다고 한다. 이를테면 만일 자성에 근본적인(第一義的) 존재성을 인정한다면 사물의 변화를 설명할 수 없게 되지만, 그럼에도 불구하고 자성을 인정하려는 까닭은 변화와 현상을 개념적으로 파악하기 위해서 이를 변화하지 않는 자성과 비교하지 않으면 안 되기 때문이라고 하였다.

따라서 나가르주나는 인간의 사유 즉 분별은 언어의 실재성(戱論)으로 인해 생긴 것이기 때문에 최고의 진리는 언어로 드러낼 수 없는 공(空)이라고 한다. 이는 곧 언어를 떠나서 실재와 직접 만나게 될 때, 공의 세계를 체득하게 된다는 의미이다. 그러므로 자성 또한 사실은 언어를 실체화한 것에 지나지 않는다고 하여 부정하고 있다.

나아가 중관(中觀) 학파의 청변(淸辯)에 의하면, 그릇된 집착의 부정은 계속될 수밖에 없으므로 모든 존재는 공(空)이며, 생겨나고 사라짐도 없는 것이라 한다. 이와 같은 관점에서 볼 때, 모든 존재에 자성이 있다고 보는 견해는 분명히 그릇된 집착이라 하지 않을 수 없다.

그러나 이와는 달리 유식(唯識) 사상은 공(空)에 대해 타협할 수 없는 입장을 굳게 지키고 있다. 이를테면 유식(唯識) 학파의 호법(護法)에 따르면, 주관적 인식의 대상은 비록 공하지만 그렇다고 인식 자체까지 없다고 할 수 없으므로, 모든 존재는 유(有)와 무(無)에 통한다고 한다. 따라서 실천을 통해 부정되는 대상은 의타기성(依他起性)에 독자적 자성이 있다고 보는 변계소집성(遍計所執性)일 따름이며, 이러한 어리석은 집착의 부정을 통해서 원성실성(圓成實性)이 나타난다고 주장한다.

이와 같이 「반야경」에 나타나는 공(空)의 의미와 중관학파의 공(空), 그리고 유식학파의 유(有)에 대한 견해는 제각기 그 근거가 다르다.

> 만일 공(空)이 결정적으로 공한 것이라면, 당연히 있다(有)고 할 수 없다. 그러나 이때의 공이라는 것 역시 공이므로 공이 있다고 할 수 있다. 그런데 이 공이 공한 것(空空)에도 두 가지의 뜻이 있다. 하나는 존재의 본성이 공한 것(法性空)이니, 이 공 역시 공하다. 공이 있다는 것과 공은 모두 얻을 수 없다. 이와 같이 공이 공한 것은 진여문(眞如門)에 있다. 「大乘起信論疏幷別記」

이에 따르면 공(空)이 없음을 뜻하는 '존재의 공'으로 보면, 나

가르주나의 부정의 방식과 자성(自性)이 공하다는 의미는 진여(眞如)의 개념에 속한다고 하였다.

> 없음(無)이 있다는 것은 오히려 성(性)이 있는 것과 같은 까닭에 이것이 공(空)이 되니, 이를 일컬어 공이라 한다. 이와 같은 공은 공에 성(性)이 없는 까닭에 있는 것(有)이 되니, 이를 일컬어 공공(空空)이라 한다. 이와 같은 공공(空空)은 생멸문(生滅門)에 있다. 「大乘起信論疏幷別記」

'있다, 없다'고 할 때의 없음, 즉 없음이라는 성질이 있는 상태로서의 공(空)은 생멸문(生滅門)에 속한다고 하였다. 이는 곧 공(空)임을 인식하는 성(性)으로서 유식의 입장을 대변하고 있다.

따라서 공(空)의 공(空)과 공(空)의 유(有)를 진여와 생멸의 개념에 대입시킴으로서, 일심(一心)의 두 문인 진여와 생멸이 다른 것이 아니라는 관점으로 해석하여 공(空)과 유(有)의 개념이 독립적으로 존재하지 않는다고 하였다.

문제는 '공(空)'과 '자성(自性)'이란 표현이나 관념이 중요한 것이 아니라 이와 같은 개념이 왜 나타났는가를 되짚어 물어야 한다는 데 있지만, 단순히 말과 개념에 집착함으로써 서로가 옳다는 주장이 나타나게 된 것이라고 하였다.

이와 같은 오해가 존재의 본질을 이해하고 받아들이는 가운데 나타나게 되었고, 이것이 오히려 현상의 차별로부터 인간을 해방시키는 것이 아니라 제거시키는 것이라고 잘못 이해하게 되었던 것이다. 뿐만 아니라 이러한 개념들이 오히려 삶의 질서를 위한 보호막으로 변질되자, 본래의 통찰과 목적이 다른 방향으로 흘러버린 결과를 가져왔다.

이와 같은 현상은 부파 불교에서부터 복잡해지기 시작했고, 각 종파들이 나름대로 틀을 짜서 분류하는 분석은 유형과 종류를 나누는 작업을 심화시켰지만, 사실상 이는 구체적 응답이나 실천적 노력과는 거리를 둔 것이었다. 이를테면 인간에 대한 분석과 존재의 특성들이 종파마다 각기 다른 범주에서 제기된 것이 바로 이와 같은 경우이다.

때문에 공(空)과 유(有)의 해석에 있어서, 이를 진여와 생멸에 대입시킴으로써 중관과 유식의 두 측면을 모두 인정하고 받아들이면서도 두 입장을 함께 논파하고 있다. 다시 말해 중관의 공(空)과 유식의 유(有)가 단순히 '있다, 없다'거나 '같고, 다름'이 아닌 것이라고 해석함으로써 두 입장을 모두 옳다고 보면서 아울러 옳지 않다고 한다.

이는 흰색의 대상이 무엇인가 할 때, 흰색의 파장이나 채도 아니면 입자 등의 속성으로 설명한다고 하더라고 결코 그 어느 것도 흰색의 고유한 속성일 수는 없는 것과 마찬가지이다. 이는 그 어느 것도 모두 한 측면의 분석방법에서 제시하는 설명일 뿐이기 때문이다.

경전에서는 이와 같은 집착을, 자신들에게 색깔을 설명해주기를 원하는 두 장님의 이야기로써 비유하고 있다. 이를테면 장님 중의 한 사람에게 '흰색은 눈(雪)의 색깔이다'고 말하니 그 장님은 눈을 만져보고는 '차갑다'는 결론을 내렸으며, 또 다른 장님에게는 '흰색은 백조의 색깔이다'고 말하니 그 장님은 백조가 날개를 퍼덕이는 소리를 듣고는 흰색은 '푸드득 푸드득 소리가 난다'고 이해했다는 것과 다르지 않다.

이와 같은 관점은 '있다(有), 없다(無)'는 개념을 화회시키는 방법에서도 확연하게 드러나고 있다.

만약 실제로 없는 것(無)이 아니라면 있다(有)는 것에 떨어지고, 있음이 아니라면 없음에 해당한다. 만약 없음이 아니면서 있음일 수 없고 있음이 아니면서 없음에 떨어지지 않는다고 한다면, 무거우면서도 밑으로 가라앉지 않고 가벼우면서도 위로 뜨지 않는다고 하는 것과 같다. 이는 말은 있되 실제로는 없음이니, 이와 같은 헤아림(稱量)은 결국 한 쪽으로 치우치게 된다. 어떤 이는 다른 것에 의존한다는 성질(依他)에 집착하여 실제로 공(空)이 있다고 하는 증익변(增益邊)에 떨어지고, 혹은 인연으로 생긴다는 데 집착하여 공(空)이 있지 않다는 손감변(損減邊)에 떨어진다. 혹은 속(俗)은 있지만 진(眞)은 공(空)이라 하여 두 주장을 모두 인정하는 상위론(相違論)에 떨어지거나, 혹은 있는 것도 아니며 없는 것도 아니라 하여 가운데(中邊)에 집착하는 우치론(愚痴論)에 떨어진다.「兩卷無量壽經宗要」

존재의 실상(實相)을 '있다(有)'거나 '없다(無)'는 개념으로는 판단할 수 없으며, 설령 '있다, 없다'고 표현한다고 하더라도 그것이 실상일 수는 없다. 다시 말해 '있다' 또는 '없다'고 하는 것은, 도구적 개념인 언어로서 변화하는 순간의 실상을 고정화시키고 실체화하한다.

이를테면 '저 것은 산이다'라고 할 때, 말할 것도 없이 '저것'과 '산'은 실제로 같은 것이 아니다. '산'이란 하나의 언어, 하나의 발음이다. 엄밀하게 말하면 '저것은 산이라는 발음으로 상징 된다'고 해야 할 것이다.

그러나 이와는 달리 '산이란 사람의 감각이 받아들이는 인상이며, 흙과 돌로 이루어진 구조이며, 지구의 활동이 나타낸 형상'이라고 하더라도, 그것 역시 '산'이라는 음을 대신하는 새로운 상징의 결합을 구사한 것에 지나지 않는 것과 마찬가지이다.

있다(有)는 것은 있음(有)을 허락하는 것이니 이는 공(空)과 다르지 않다. 비록 있나고 해도 증익(增益)은 아니다. 방편으로 있음(有)을 허락하는 것은 실제로 있음(有)에 떨어진 것이 아니다. 이와 같이 있다(有)고 허락한 것은 있음(有)에 떨어지지 아니한 것도 아니므로 비록 공(空)과 같지만 손감(損減)은 아니다. 앞에서 말한 바와 같이 실제로 이 있다(有)는 것은 이것이 공(空)이 있다는 것과 다르지 않으며, 뒤에서 말한 바와 같이 있다(有)는데 떨어지지 않는다는 것은 공(空)과 다른 있음(有)에 떨어지지 않는다는 것이다. 이러한 까닭에 유(有)와 공(空)을 함께 인정하지만 서로 위배되는(相違) 것은 아니다. 그러나 그렇지 않은 까닭에 유(有)와 공(空)을 함께 인정하지만, 마찬가지로 역시 그렇지 않은 까닭에 모두를 인정하지 않는다. 여기서 말한 그렇지 않다는 것은 그렇다는 것과 다르지 않다. 비유하자면 마치 유(有)는 공(空)과 다르지 않는 것과 같다. 이런 까닭에 비록 유(有)와 공(空)을 함께 인정하지도 않지만 또한 그것이 근본의 뜻(宗本)을 잃지 않는다. 그러므로 사구(四句)를 세우더라도 모든 과실을 떠나는 것이다. 「十門和諍論」

↓	許有	不異於空, 非增益, 假許, 實非墮	不異空之有
	許非有	非不墮有, 非損減	不墮異空之有
	俱許	不相違, 由非不然	
	俱不許	非然, 不異於然	

'있음'과 '없음'이 다르지 않다는 것을 밝히고자 '있음', '있지 않음', '둘 다 허용함', '둘 다 허용하지 않음'의 네 단계 반복적인 부정을 거치고 있다.

이를테면 먼저 있음(有)를 인정하지만, 이 있음이 인연의 화합으로 이루어진 참된 존재가 아니라고(假有) 한다. 이는 의식이라든가 존재라는 개념과 형태에서는, 있음(有)을 출발점 내지 근저로 삼는다는 의미이다.

그러나 '없다'는 입장 역시 뒤집어진 있음의 뜻으로서, '존재하는 것이 없음'이라는 상태가 있다는 것을 의미한다. 이는 곧 '상대적으로 인식되지 않는다고 없는 것은 아니다'는 의미를 내포하고 있다. 다시 말해 '있는 것은 없다'고 하면, '있는 것이 없다는 것이 있음'이라는 자기모순에 빠지게 된다. 따라서 상대적으로 인식되지 않지만, 있다(有)고 표현한다.

다시 말해 있다고 했다가 그것을 가유(假有)라고 한 것은, 현상에 대해 상대적 의미로 사용한 것, 즉 있음 그 자체를 설명하기 위해 있다고 하였다. 이와 같이 세워주고 부정하고, 다시 세우고 부정하는 것은 경험적 관념의 속박이나 이것에 의한 인식으로부터 벗어나고자 하는 의도에서 비롯되었다.

그러므로 있다(有)는 표현을 사용하지만, 이는 오히려 언어의 제한성을 벗어나고자 하는 시도로 볼 수 있으니, 이것이 곧 가유(假有)라고 단정한 이유이기도 하다.

따라서 '있음'을 인정하든 아니면 인정하지 아니하든, 본질적으로는 같을 수밖에 없다. 이를테면 자아에 집착하는 한, '있다'는 생각은 '없다'는 입장과 다르지 않다. 이는 말할 것도 없이 어떤 종류의 이념을 고집한다는 것은 주관과 객관을 구별하는 것으로부터 시작되는 것이기 때문이다.

그러므로 때로는 인간이 본질의 세계로 나아간다고 생각하지만, 사실은 개념의 틀로 자신을 위장하는 것에 지나지 않는다. 다시 말해 '있음'을 전제하게 되면, '있지 않는 것' 즉 '없음'이 있게 된다. 이는 곧 '있음'과 '없음'이 상대적으로 실체화됨을 의미한다. 그러나 여기에는 이를 유지하기 위해 집착과 투쟁이 따라오게 된다. 그러므로 결국 '있다'라는 전제를 유지하기 위해 필요한 투쟁은, 단지 대상에 대한 집착의 결과라는 사실을 이해하기까지 이어질 수밖에 없다.

결과적으로는 '있다' 또는 '없다'라고 하는 것은 선택의 문제가 아니라, 이렇게 존재할 것이냐 저렇게 존재할 것이냐의 문제이다. 그러나 존재한다는 것은 '지금, 여기' 있다는 사실뿐이다. 때문에 자아와 환경, 자율과 타율의 차이점은 임의적이며, 자의적인 관점과 한계 내에서만 타당하다는 것을 이해할 때, 비로소 하나는 모두요 모두는 하나가 된다. 하지만 한정된 감각이나 집착으로부터 파생되는 불완전한 사실들은 통일성의 경험으로 들어가는 길을 막고 있다.

따라서 이와 같은 사실을 간파하고, 이로부터 나타나는 분리의 집착을 해소하려는 시도는 원시불교에서부터 나타나고 있다. 이를테면 붓다는 연기(緣起)로서 현상계의 존재를 해명하면서, '그 어떤 것이 있다'는 사고는 어리석음이라고 하였다. 이는 곧 '영원하다(常)' 또는 '있다(有)'는 생각은 단지 집착일 뿐이라는 의미이다.

그러나 '영원하지 않다(無常)'거나 '내가 아니다(無我)'고 해서 모든 것이 없음(無)으로 돌아가는 것은 아니다. 왜냐하면 이와 같은 견해에서의 '없음'은 '영원하다'거나 '있음'이라는 집착을 뒤집어 놓은 것에 불과하기 때문이다. 다시 말해 동일한 영역과 같은 차원의 그릇된 생각으로 '있음'이라는 견해를 떠나지 못한 것이다.

때문에 스님 또한 '있다'는 집착을 버리고자, 먼저 있음을 긍정하고 이어서 부정하고, 나아가 긍정과 부정의 두 가지를 모두 긍정하고 이어서 그 두 가지를 모두 부정하는 단계를 정립하지만, 그 자체에서도 모두를 각각 부정하고 있다.

그런데 세우고 부정하고, 또 다시 세우고 부정하는 부정의 부정을 거치고 난 다음에는 '근본과 다르지 않다'고 함으로써 모두 옳다는 입장을 취하고 있다. 다시 말해 '모두를 허락하지 않는다'고 하고서는, '근본 취지에 어긋나지 않는다'고 하여 모두를 허용하는 입장을 취하고 있다. 그러나 그것을 허용하는 분명한 이유는 드러나지 않는다.

뿐만 아니라 '있는 것도 아니고 공도 아닌 것은 옳지 않다'는 표현은, 있음과 공이 함께 부정됨은 옳지 않다는 뜻인지 아니면 두 가지 뜻이 다 내포되어 있는지는 분명하지 않다. 그러나 한 가지 확실한 것은 여기에서 사용된 부정이 단순한 부정의 의미는 아니라는 점이다. 이는 곧 보다 높은 단계에서 보면, 모두 허용할 수 있다는 종합적 발전의 부정이라 할 수 있다.

그러므로 '있다'는 것이 '공과 같은 있음'이라 하여, 있음(有)을 부정하여도 공이 아니라는 것은, 상대적 인식의 세계를 실체화하는 것을 부정한다고 해서 현상으로서의 세계가 사라지는 것이 아니기 때문이다. 따라서 진리는 있는 것도 아니고, 없는 것도 아닌 곳에 있다. 이를테면 여기서 있음을 있음이라 인정하여도 있음이 있는 것이 아니라고 한 것은, 인간이 언어나 문자에 의해서 인간의 모든 관념을 임의로 세울 수 있음과 동시에, 모든 관념의 실체화를 부정하는 것도 가능하기 때문이다.

결국 현상이란 가유(假有)이면서 공(空)이요, 공이지만 다시 인연의 진리(因緣法)에 의해서 현상의 있음(有)이 된다. 그러므로 공이면서도 있음이요, 있으면서도 공이다. 다시 말해 공과 유가 둘이 아니다(不二). 이를 부정의 측면에서 보면 공도 아니고 유도 아니지만(非空非有), 긍정의 측면에서 보면 공이면서도 유(亦空亦有)가 된다.

그런데 스님은 이와 같이 둘 다 틀리다(雙非)거나 둘 다 허용할 수 있다(雙許)는 것조차 말장난이라 하여 버릴 수 있어야 한다고 하였으니, 이것이 곧 화쟁의 논리이다.

다시 말해 화쟁의 논리는 내용에 있어서 한 쌍의 긍정과 부정을 내포한, 이중의 부정과 이중의 긍정도 넘어서야 한다. 이와 같은 차원을 넘어 설 때, 비로소 절대긍정의 세계와 진리의 세계를 체득할 수 있게 된다.

> 만약 실제로 있다(有)고 한다면 없는 것(無)과 다르다. 비유하자면 소의 뿔(牛角)이 토끼의 뿔(兎角)과 다르다는 것과 같다. 그러나 만약 공(空)과 다르지 않다면 틀림없이 있는 것이 아니다. 비유하자면 토끼의 뿔이 공과 다름이 없는 것과 같다. 이제 있다(有)고 하면서 공(空)과 다르지 않다고 하니, 세간에 이런 것(類)이 없는지라 어떻게 성립하겠는가. 「十門和諍論」
>
> 네가 취하는 바는 단지 이름뿐인 말(名言)과 같다. 그런 까닭에 나는 말(言說)을 빌어 말을 끊는 법(絶言之法)을 제시한다. 이는 마치 손가락에 의하여 손가락을 떠난 달을 가리키는 것과 같다. 네가 지금 곧바로 말 그대로 뜻을 취하여, 말로 하는 비유를 따른다면 말(言法)을 떠나기 힘들 것이다. 단지 손가락 끝만 보고서 그것이 달이 아님을 질책하는 까닭에 어려움을 질책함이 정밀할수록 이치(理)와는 더욱 멀어질 것이다. 「十門和諍論」

언어란 사물을 실재론적으로 보게 하는 경향을 지니고 있으니, 언어를 매개로 세계를 보는 한 사물이 각각 독립되고 고정된 본질을 갖고 실재하는 것으로 보인다. 따라서 이를 '이름뿐인 말(名言)'이라고 표현하지만, 언어의 개념을 무조건 부정하지는 않는다.

이는 곧 나가르주나의 진제(眞諦)와 속제(俗諦)처럼 일상적인 진리를 긍정하는 것은 언어를 사용한 사유체계는 현상의 단계에서 이루어지기 때문이다. 다시 말해 현상을 떠나서는 진리 또한 깨달을 수 없다는 것과 마찬가지이다.

스님이 제시하고 있는 '말을 끊는 법(絶言之法)' 역시 이와 같은 진리(眞諦)의 세계이니, 달을 가리키는 손가락이란 현상(俗諦)의 방편일 뿐이다. 그러므로 진리의 세계란 사유되어야 할 것과 표현되어야 할 것 그리고 지각되어야 할 것은 모두 사라지고, 생겨나지도 않고 사라지지도 않으며 만들어지지도 않고 변화하지도 않으며 어떠한 형태로도 드러나지 않고 시간과 공간적으로 무한하고 끝이 없다. 다시 말해 말로 표현할 수 없고 규정할 수 없기 때문에 공(空)이라 한다. 이것이 곧 말을 끊어서 도달하고자 하는 곳이다.

이는 언어를 떠남으로써 열려지는 세계이다. 이를테면 진실에 관하여 어떤 말을 하든, 그것은 모두 언어 습관상의 표현일 뿐이므로 진실에 관하여 언급할 수는 없다는 태도이다. 왜냐하면 언어에 대응하는 대상이 실재의 세계 속에 없기 때문이다.

이와 같은 관점은 비단 '있다, 없다'는 개념에 대해서 뿐만 아니라, 스님이 중시한 기본적 범주의 하나인 '같고, 다름'에 대해서도 대립적인 관계를 해소하는 방법으로 제시하고 있다.

이를테면 유식(唯識) 사상이나 중관(中觀) 사상이 같음(同)과 다름(異)에 대하여 각각의 주장을 고집하면서, 두 범주간의 상호관계를 연관과 통일의 견지에서 보지 않기 때문에 논쟁이 일어났다고 보았다.

때문에 스님은 '같음도 아니고 다름도 아니다(非同非異)'고 하여, 같음과 다름을 동일한 관점으로 파악하고 있다. 다시 말해 같음과 다름이란 원래 상호 대립하면서도 또한 서로 의존하는 개념이기 때문이다.

> 만약 여러 이견(異見)의 논쟁이 생겼을 때, 만일 있다(有)는 견해와 동일하게 말한다면 공견(空見)과는 다를 것이요, 만일 공(空)에 집착하여 말한다면 있다는 집착(有執)과는 다를 것이다. 그렇게 되면 같은가 다른가(所同所異)의 논쟁만 더욱 야기될 것이다. 그렇다고 또 같고 다름(同異)의 둘을 같다고 한다면 자기 속에서 서로 다툴 것이요, 같고 다름의 둘을 다르다고 하면 그 둘과 더불어 서로 다툴 것이다. 이런 까닭에 같음도 아니고 다름도 아니라고(非同非異) 한다. 같음이 아니라고 함은 말 그대로 모두를 허락하지 않기 때문이요, 다름이 아니라고 함은 뜻을 밝혀 허락하지 않음이 없기 때문이다. 다름이 아님으로 말미암아 그 생각(情)에 위배되지 않는 까닭이며, 같음이 아님으로 말미암아 도리(道理)에 어긋나지 않기 때문이다. 생각에 있어서나 이치에 있어서 서로 떨어질 수 없는 관계로 어긋나지 않는다. 「金剛三昧經論」

<table>
<tr><td rowspan="2">異</td><td>有見(有執)</td><td>許/與內相爭</td><td>非同/皆不許</td><td>理</td><td rowspan="2">相望不違</td></tr>
<tr><td>空見(空執)</td><td>不許/與二相爭</td><td>異/無不許</td><td>情</td></tr>
</table>

동이(同異)의 문제 역시 생각(情)과 이치(理)를 대입하여, 다르지 않기 때문에 그 생각에 어그러지지 않지만, 같지 않기 때문에 도리에 어긋나지 않는다고 하였다. 그러므로 생각에 있어서나 이치에 있어서 서로 어긋나지 않는다고 한다.

같음(同)과 다름(異)이란 동일한 의미를 지닌 것이 아니지만 두 개념은 아무런 연관도 없는 상태가 아니라, 서로 배제하지 않지만 서로 침투되어 있기 때문에 같음 속에서도 다름이 내포되어 있으며 다름 속에서도 같음이 포함되어 있다.

이는 곧 형식 논리적 사유의 이분법은 평면적일 수밖에 없으며, 평면적 합리성은 부정의 부정을 긍정에로 이끌지만, 이것이 곧 존재의 논리가 될 수 없다.

이를테면 인간의 삶 속에서 펼쳐지는 관습적 진리, 즉 상대적인 차원에서는 사실이나 사건이 '무엇 때문에'라는 인과의 법칙을 벗어나지 못한다. 때문에 인간의 사고가 '이것'과 '저것'이 다르다고 나누고 따지는 이원론의 관점에 있는 한, 그 생각은 '같음'이거나 '다름'의 어느 쪽인가를 향한 그릇된 집착에 묶여 있을 수밖에 없다. 때문에 모든 것은 '존재한다'거나 '존재하지 않는다'고 말한다.

그러나 절대적 논리의 차원으로 옮겨가게 되면, 인과의 법칙은 그야말로 무용지물이 되고 만다. 그것은 현상세계 어디에서도 독립적으로 고유하게 존재하는 실체는 단 하나도 없기 때문이다. 뿐만 아니라 정작 실재는 존재와 비존재 및 다른 모든 이원론적 개념을 초월한다. 다시 말해 실재는 인간적 체험에 의한 어떤 정의나 지적 개념을 넘어선 상태이다.

결과적으로 초월로 이끄는 논리는 입체적이고 변증법적이지 않을 수 없기 때문에, 형식 논리적 관점에서 볼 때 비합리적인 성질을 지닌다고 하지만, 결국에는 이와 같은 방법을 통해 양 극단을 떠나게 된다.

> 평등한 일미(一味)인 까닭에 성인(聖人)이라고 능히 다를 바도 없다. 통하는 것도 있고(有通) 다른 것도 있으므로(有別) 성인이라고 능히 같을 수도 없다. 능히 같을 수 없다는 것은 같지만 다른 것이며, 능히 다르지 않다는 것은 다르지만 같다는 것이다. 같다(同)고 하는 것은 같음을 다름(異)에서 논한 것이요, 다르다고 하는 것은 다름

> 을 같음에서 밝힌 것이다. 다름을 같음에서 밝힌 것은 같음을 쪼개서 다름이 되는 것이 아니며, 같음을 다름에서 논한 것은 다름을 없애서 같음이 되는 것이 아니다. 같음으로 말미암아 다름을 없애는 것이 아니므로 같다고 말할 수 없으며, 다름은 같음을 나눈 것이 아닌 까닭에 다르다고 말할 수 없다. 단지 다르다고 말할 수 없는 까닭에 같다고 할 수 있으며, 같다고 말할 수 없는 까닭에 다르다고 말할 뿐이다. 말하는 것(說)과 말하지 않는 것(不說)은 둘도 아니며(無二) 다른 것도 아니다(無別). 「金剛三昧經論」

주어진 상식의 견해를 뒤엎고 반전하면 반대편의 극단에 이르기 마련인 것이 형식논리의 규약이다. 그러나 여기서는 추구해야 할 진리가 있지 않다면 없는 것이라는 함정에 떨어지지 말라고 경고하고 있다.

다시 말해 형식논리적인 집착이 논쟁의 주된 원임임을 지적하고 있다. 이를테면 오염되고 혼탁한 현실이 실체가 없는 거짓 모습이 아니라면, 이를 인정하는 생각 즉 전폭적으로 긍정하고 집착해야 할 것이라는 낙관론이 이르기 쉽지만, 이와 같은 사유의 무비판성도 거부하고 있다.

이원적인 시각이란 단지 동전의 앞뒷면과 같을 뿐이다. 다시 말해 동전의 앞면은 뒷면과 다르지만, 그렇다고 두 면을 분리시킬 수는 없다. 마찬가지로 사고파는 행위에서도 파는 것은 사는 것과 분리된 작용이지만, 어떤 사람이 어느 물건을 팔지 않는다면 살 수가 없다. 그 반대도 마찬가지이다.

따라서 이는 '반대 속의 통일'이라는 사고를 통해 전체를 보지 않으면 안 된다. 이를테면 불교에서의 '둘이 아니다(不二)'는 표현의 의미나 양(陽)과 음(陰)으로 드러나는 '도(道)'가 곧 그러하다. 이는 차별성이 무시되는 통일성이 아니라, 모든 차이점이 표현된 통일성이다.

이와 같은 시각으로 보면, 문제의 핵심은 '있다, 없다'는 표현이나 '같다, 다르다'는 개념이 아니라는 데 있다. 사실 '있고 없음'이나 '같고 다름'이란 실제로 존재한 적이 없다. 오로지 중요한 것은 이와 같은 개념이 실재한다는 환상의 속임수를 폭로하는 일이다. 그것은 개념이 존재의 실재를 가지고 있다면, 이를 존재에서 '무(無)'로 만들 수는 없기 때문이다.

따라서 대립적인 두 개념이 상식적인 의미의 범주를 떠나게 되면 각각의 의미를 버리고, 같기도 하지만 다르기도 하다는 단계에서 긍정적으로 종합되었다가, 다시 같지도 않지만 다르지도 않다는 단계로 넘어선다. 다시 말해 같음과 다름이란 개념간의 상호관계에 대한 견해에서 개념에 대한 부정의 부정을 통하여 긍정으로 전환한다고 하는 변증법적 이해가 나타나고 있다.

이와 같이 개념의 이원적인 구도를 넘어서는 것은 통상적으로 생각하는 말이나 언어를 초월하여 근원적인 시각으로 눈을 돌릴 때 처음으로 열리는, 즉 언어가 실재한다는 관념을 버렸을 때 비로소 나타난다. 그러나 이와 같은 온전함이라든지 개념을 넘어선다는 상태는 언어로서는 도저히 표현될 수 없다는 것만 알 뿐이다.

때문에 스님은 이러한 상태를 이해시키고자, '이것이 아니다. 저것도 아니다. 또 이해 가능한 어떤 것도 아니다'는 연속적인 부정의 표현을 사용하였다. 이는 곧 이와 같은 상태는 머리로 헤아려지는 것이 아니라 체득하는 것임을 의미하고 있다.

결과적으로는 논쟁의 원인이나 근거를 밝히고 개념을 통합하는 과정에서, 형식논리적 집착에서 벗어난 초월적 사유만이 진리에 이를 수 있음을 강조하고 있다.

3. 부정의 부정

화쟁(和諍)의 논리는 '공유(空有)'와 '동이(同異)' 외에도 '본질과 현상(體相)', '원인과 결과(因果)', '영원과 무상(常無常)', '하나와 많음(一多)', '유한과 무한(有限無限)', '진제와 속제(眞諦俗諦)' 등의 개념들에 대해서 대립적인 의미 속에 의존(依存)과 전화(轉化)의 가능성을 보게 될 때, 불의지공(佛意至公)에 이를 수 있다고 강조한다.

이는 말할 것도 없이 화쟁이란 '이치가 없는 지극한 이치이며 그러하지 않으면서도 크게 그러함(無理之至理 不然之大然)'이기 때문이다.

> 무릇 걸림이 없는(無障無碍) 법계(法界)의 법문(法門)은 법(法)이 없지만 법(法) 아님도 없고, 문(門)이 아니지만 문(門) 아님도 없다. 그러므로 크지도 않지만 작지도 않으며, 빠르지도 않지만 느리지도 않으며, 움직임도 아니지만 고요함도 아니고, 하나도 아니지만 여럿도 아니다. … 생사(生死)가 곧 열반(涅槃)이며, 일법(一法)이 일체법(一切法)이고, 일체법(一切法)이 곧 일법(一法)이다. 「晉譯華嚴經疏序」
>
> 오염된 티끌세상(塵風五濁)에는 움직임과 고요함이 있는 것 같지만 이 모두가 큰 꿈이다. 깨달음의 입장에서 말하면 이것도 없지만 저것도 없고, 예토(穢土)와 극락(淨國)이 본래 일심(一心)이며, 생사(生死)와 열반에 경계(際)가 없다. 「兩卷無量壽經宗要」

이와 같은 표현이 곧 스님의 세계관이자 사상의 전편에 흐르는 기본적인 의식이다. 이는 곧 방편적인 역할로서의 언어에 집착하는 모순을 지적하는 것이기도 하지만, 방편이 방편임을 입증하는 역설을 통해 화쟁의 논리를 세우겠다는 선언이기도 하다.

구체적으로는 언어로 표현된 의미 자체의 상대적인 가능성을 모두 허용하지만, 그것만이 절대적인 진리라는 생각을 철저히 차단시키는 방법을 적용하고 있다. 때문에 주고 빼앗음이 자유롭다(與奪自在)는 표현 속에는 언어와 이론의 근거에 대한 위상과 한계를 분명하게 밝히되, 드러난 말과 실제 본성(實性)과의 연결고리를 구분하여 소통시킨다는 의미가 담겨 있다.

그러므로 경전 속의 내용이 다르게 표현됨으로 인한 해석의 논쟁이 일어났을 때 드러난 판단 밖의 참뜻을 밝혀주거나, 그와 같은 표현이 제시되었던 상황을 분석하여 서로 다르게 해석하는 입장에도 다 같이 도리가 있다고 이해시킨다. 그러나 때로는 의견대립의 득실과 우열을 따지는 일도 없지 않으며, 어떤 경우에는 이들을 함께 비판하기도 하지만, 어떤 경우이든 합리적인 방법에 입각해서 화회(和會)로 이끌어내고 있다.

근본적으로는 인연의 화합으로 변화하는 현상을 이해하지 못함으로 인해 무상(無常)을 영원(常)으로 착각하지만, 이와 같은 착각이 결국에는 오직 상대성으로서만 대상을 받아들이는 잘못된 구도를 정착시켰기 때문이다.

그러므로 자신의 주장만이 옳다는 것을 얼음과 물이 동일한 근원임을 받아들이지 못하는 것과 마찬가지라고 하였다. 다시 말해 서로 다른 주장이란 착각을 바탕으로 하여 세계전체를 '그렇다'와 '그렇지 않다'로 나눔으로 인해 나타난 것일 뿐이다.

따라서 이와 같은 집착이 착각임을 알게 된다면 만물의 실상은 있는 그대로 드러나게 된다. 이를테면 만물은 끊임없이 변하고 있으므로 고정적인 실체가 없다는 사실을 받아들일 수 있다면, 이것은 엄청난 차이를 만든다.

> 변(邊)을 떠난다고 하지만 중(中)이 아니며, 중(中)이 아니지만 변(邊)을 떠나기 때문에 있지 않은 법(法)이라 하여 무(無)에 머무는 것이 아니며, 없지 않은(不無) 상(相)이라 하여 유(有)에 머무는 것도 아니다. 하나(一)가 아니지만 둘(二)과 화합(融)하는 까닭에 진(眞)이 아닌 사(事)라 하여 속(俗)이 된다고 하지 않으며, 속(俗)이 아닌 이치(理)라 하여 진(眞)이 된다고도 하지 않는다. 둘(二)을 화합(融)하지만 하나(一)가 아닌 까닭에 진속(眞俗)의 성(性)이 세우지지 않는 바 없고, 염정(染淨)의 상(相)이 갖추어지지 않음이 없다. 변(邊)을 떠나지만 중(中)이 아닌 까닭에 유무(有無)의 법(法)을 짓는 바도 없으며, 시비(是非)의 뜻 또한 두루 하지 않음이 없다. 그러므로 논파(破)함이 없으면서도 논파하지 않음이 없고, 인정(立)함이 없으면서도 인정하지 않음이 없으니, 이를 일러 이치가 없는 지극한 이치이며 그렇지 않으면서도 크게 그러함(無理之至理 不然之大然)이라 한다.「金剛三昧經論」

만물의 실상을 깨닫는다는 것은 초합리적인 통찰 또는 직관으로부터 나타난다. 따라서 합리적인 사고로부터 비합리성으로 이행하려면 합리성의 자기부정인 불합리성을 거치지 않으면 안 된다. 이와 같은 사유의 도약이 스님이 제시한 논리의 특성으로 나타나고 있다.

이와 같은 논리는 그 어떤 것에 대해서도 독단적인 절대주의에 빠지기를 거부하는 입장이라 할 수 있다. 이를테면 절대주의적 진리나 상대주의적 진리를 모두 거부하는 데 있다. 따라서 모든 사고의 양극단 즉 없음과 있음(無有), 세움과 논파(立破), 펼침과 종합(開合), 이치와 사물(理事), 하나와 많음(一多), 같음과 다름(同異), 중생과 여래(衆生如來) 등의 개념들은 단지 상대적일 뿐이라고 판단한다.

때문에 다르다는 것은 다양성을 전제로 하면 수용될 수 있으며, 다르지 않다는 것은 통일성을 바탕으로 할 때 가능해진다. 이것이 곧 결과 속에 원인이 있으며, 원인 속에 결과를 내포하는 이치이다. 따라서 다양성과 통일성, 그리고 원인과 결과를 동시에 보는 것이 곧 화쟁(和諍)이다.

> 열반(涅槃)을 도(道)라 하는 것은 도(道)가 없으면서도 도(道) 아님이 없고, 머물지(住) 않으면서도 머물지 않는 것도 아니다. 이것이 곧 도(道)가 지극히 가까우면서도 지극히 먼 것임을 아는 것이다. 「涅槃經宗要」

열반(涅槃)이란 머무는 곳도 아니지만 머물지 않는 곳 또한 아니니, 이를 도(道)라 한다. 이는 곧 열반이 궁극적인 도리이지만, 궁극적인 도리라는 그 자체에 집착함을 떠나 더 높은 차원 즉 사유의 단계를 벗어나고자 함이다. 그러므로 이와 같은 경지는 차별적 견해로는 도달할 바가 아니다.

때문에 열반이 사후에 가야할 어떤 곳이라거나 현재의 삶에서 누릴 수 있는 온전함이라고 주장하는 것은 결국 존재의 근원을 표현하고자 하는 집착에서 비롯된 논쟁일 뿐이라고 한다.

그러나 말과 언어에 익숙한 사유체계는 말로 묘사될 수 있는 것은 모두 알 수 있다는 사고를 동반하기 때문에 언어 자체의 논리를 넘어서는 세계를 수용하지 못한다. 이는 언어가 지닌 전달 가능한 범주 안의 의미를 버려야만 표현 가능한 세계가 있음을 이해하지 못하기 때문이다.

다시 말해 언어의 역할이란 달을 가리키는 손가락임을 이해하지 못하는 한, 달을 가리켜도 눈에 보이는 손가락만 보기 때문에 이를 의심스러워하면서도 불합리한 언어 형태에 맞아떨어지는 경험이란 도저히 있을 수 없다는 결론을 내리게 된다.

따라서 '있다 없다'는 관념을 떠나지 않는 한, 열반이 실재한다거나 실재하지 않는다는 집착을 벗어나지 못한다.

> 지극히 멀기 때문에 가르침을 따른다 해도 천겁(千劫)을 지나더라도 이르지 못하지만, 지극히 가깝기 때문에 말을 버리고 이를 찾기만 하면 불과 한순간에 만나게 된다. 「涅槃經宗要」

열반이 있다는 사실에 집착하여 열반의 실재를 찾으려 한다면 결코 열반을 만나지 못한다는 것은 임의적으로 세운 열반의 의미가 실재할 리 없기 때문이다. 그러나 열반이 실재하는 것이 아니라고 주장하는 입장 역시 환상이기는 마찬가지이다.

이는 열반에만 해당되는 것이 아니라 진제(眞諦)와 속제(俗諦), 공(空)과 식(識), 본체(本體)와 현상(現象) 등의 그 모든 것에 대해서도 마찬가지이다. 이를테면 존재의 요소를 갖춘 모든 대상 세계는 '하나이면서 둘이고, 둘이면서 하나(一而二 二而一)'라는 이치를 받아들일 때, 비로소 온전하게 드러난다.

뿐만 아니라 진여(眞如)나 생멸(生滅) 그리고 깨달음(覺)과 깨닫지 못함(不覺) 등도 상대적인 개념으로 나타나지만, 이 모두가 일심(一心)을 설명하기 위한 방편에 불과한 것들이다. 때문에 이와 같은 개념 자체가 '있다, 없다'는 표현과는 관계없음을 이해하는 일이 선행되어야 한다.

달리 말하자면 올바른 인식이라고 생각하는 경우에도 그것의 근거가 간접적인 추론이라면, 확실히 드러나지 않는 상황에서는 오히려 직접적인 경험보다 앞서는 것과 같이 어떠한 인식이든 그것이 진리라는 느낌을 동반하기 때문에 이치에 맞지 않게 된다.

따라서 일심(一心)에 대해서 '공(空)'이거나 '식(識)'이라고 주장하는 것이나 존재를 두고서 '있다, 없다'고 판단하는 것은, 인식의 없음에 의하여 대상의 없음이 인과적으로 내포된다는 인식의 오류를 범한 것이 된다. 다시 말해 궁극적 개념에 대해서 이를 인식하는 주관의 옳고 그름을 논한다는 것 자체가 부당전제의 잘못을 저지르기 때문이다.

그러므로 주관적 인식으로 인해 생기는 궁극적 실재에 대한 표현의 차별을 타파하기 위해, '일심(一心)'에 포괄적이고 궁극적인 의미를 부여하고 있다. 그리고 난 뒤, 일심의 근원으로 돌아가야만 현상차별의 집착을 타파할 수 있다는 논리를 정립한다. 따라서 일심(一心)의 근원으로 돌아가게 되면, 차별이란 결국 어리석은 집착일 뿐임을 깨닫게 된다.

그러나 이 또한 임의적으로 설정한 것이기에, 일심(一心)의 하나(一)라는 의미 역시 궁극적인 것을 제시하기 위한 방편임을 알아 제자리로 돌려주어야 한다. 다시 말해 이 하나(一) 또한 집착할 대상이 아니다.

이와 같이 가능한 조건을 모두 수용한 뒤, 차별의 모습을 타파해 가는 것이 스님의 독특한 논리 전개방식이다.

> 하나(一)라는 개념을 빌려와 셋(三)을 논파하지만, 셋(三)을 제하고 나면 하나(一)도 버린다. 가수(假修)로서 단견(短)을 배척하지만, 단견이 사라지면 수행도 잊는다.
> 「法華經宗要」

부정의 끝에서 부정되는 것은, 실재를 표현할 수 있다는 가능성일 뿐이다. 왜냐하면 실재는 사유로 이를 수 없는 것이기 때문이다. 따라서 사유의 대상이 될 수 없는 것은 언어의 대상도 될 수 없음을 뜻한다.

그렇지만 이와 같이 부정의 부정으로 나아간다고 해서, 이것이 허무에 떨어진다거나 사라짐이 아니라, '생생한 실제'로 돌아온다. 이것이 곧 '돌아와 모두를 허용한다(還許)'는 뜻이다.

> 집착을 떠난다고 하지만 떠난 바도 없고 떠나지 않는 바도 없다. 이것이 곧 대멸(大滅)의 의미이다. 마찬가지로 집착을 넘어선다(度)고 하지만, 넘어서는 바도 넘어서지 않는 바도 없다. 이를 일컬어 대도(大度)라고 한다. 이것이 대긍정(大肯定)이자 절대적인 긍정이다.「涅槃經宗要」

부정의 부정을 통한 대긍정이란, 현상을 초월하는 논리로서만 궁극의 진리를 체득할 수 있다는 뜻이다. 다시 말해 현상은 임의적으로 나타난 것이며 임의적으로 나타난 것은 인식되는 것이지만, 결과적으로는 임의적으로 나타난 것임을 인식하는 것이 열반이요 초월이며, 이것이 곧 대긍정이다. 때문에 여기서는 일체의 언어나 이름이 필요 없다.

> 언어(言說)의 모습(相)을 떠났다는 것은 음성으로 말하는 바와 같지 않은 까닭이고, 이름(名字)의 모습을 떠났다는 것은 이름이나 문자로 나타내는 바와 같지 않는 까닭이다.「大乘起信論疏并別記」

존재의 본래 모습은 언어에 의해서 표현될 수밖에 없지만, 언어로 표현된 자체는 본래모습을 임의적으로 드러낸 것에 지나지 않는다. 그러나 그렇다고 해서 전달 수단인 언어를 버려야만 존재의 본래모습을 알 수 있다는 것은 결코 아니다.

다시 말해 임의적인 표현이 자체로 긍정되는 입장에서는 언어를 버리라고는 하지 않는다. 그러나 실체를 직관하는 긍정적인 시각의 관점에서는, 언어에 집착한다는 것은 모순이거나 무의미하다는 뜻이다.

그러므로 언어로서 실체를 인식한다는 전제는 성립될 수 없지만, 그것을 나타내기 위한 방편조차도 관점에 따라서 논리의 전개 또한 다르다. 따라서 여러 종파에서 설정하고 있는 논리는, 하나의 관점에서 보는 세계관을 체계화하고 확립시키는 데는 적절하게 응용된다고 하더라도, 인식의 보편성을 확보하는 데까지 보편적인 것은 아니기 때문에 근거의 차이에 따른 분별을 적용시키고 있다.

그러나 문제는 인간이 대상과 직접 부대끼는 전체적인 느낌에 의해서가 아니라, 언어라는 상징에 의해 세상을 받아들인다는 점에 있다. 때문에 현실을 '있는 그대로' 보지 못한다. 따라서 쉽게 관념적인 생각에 빠지게 되므로 본래의 온전함은 현실에서는 힘을 얻을 수 없게 되니, 자연히 관념적인 전제로부터 이런저런 반응을 끄집어내어 새로운 상황에 끼워 맞추게 된다.

이를테면 소리나 냄새 등도 감각으로부터 독립하여 존재하는, 즉 객관적 세계에 실재하는 속성이 아니다. 다시 말해 인간의 감각이 없다면, '시끄럽다'거나 '조용하다' 또는 '향기롭다'는 등의 의미는 존재할 수 없다. 이는 곧 인간이 지각하는 대상이 인간에게는 완벽하게 '외부에 있는 것'처럼 보이지만, 그 모든 것은 자신의 진정한 본성을 규정하는 독립적인 존재로 구성되어 있지는 않다는 사실을 말해준다.

때문에 인간으로부터 독립되어, '있는 그대로' 존재하는 세계의 진정한 본성에 관해서는 어떠한 것도 이에 대해 알 수도, 답할 수도 없을 뿐이다. 세계의 실상과 마주하는 유일한 방법은 인간 자신의 직관을 통하는 길밖에 없기 때문이다.

그러나 역설적이게도 인식으로부터 독립적으로 존재하는 세계는 어느 누구에게도 의미가 없다. 이는 바수반두(Vasubandhn, 世親)의 '일수사견(一水四見)'처럼, 존재의 상태가 인식을 결정하기 때문이다. 이를테면 사람이 물(水)을 물로 보는 것은, 인간이기 때문에 인간의 감각에는 그렇게 보인다는 뜻이다. 이것이 곧 도구로서의 언어를 인정하지 않을 수 없는 이유이다.

결과적으로 범주와 개념의 통합을 이끌어내려는 스님의 논리적 체계에서는, 논쟁이 일어나고 종파가 분리된 것은 궁극적으로 자신의 주장만이 결정적으로 옳다는 집착(決定執) 때문이며, 그와 같은 집착의 근본 원인은 '영원하다(常)'와 '그렇지 않다(無常)'는 신념에서 시작된 것으로 파악하였다. 그러나 결정적인 집착이란 단지 관점의 차이에서 나타난 견해일 뿐 같은 대상을 다르게 본 것이 아니기 때문에 개념과 범주의 통합이라는 관점에서는 서로 다를 수 없다는 논리를 정립하고 있다.

이와 같은 논리는 일심(一心)이 있기에 가능한 것이며, 일심으로 돌아감으로써(佛意) 해결될 수 있다고 한다. 그러므로 일심의 근거로부터 가립(假立)과 여탈(與奪), 구허(俱許)와 구비(俱非)의 방법을 사용하여 '세워주되 취하지는 않고 논파하되 버리지는 않는다(立而不得 破而無失)'는 기준을 제시한 것이다. 이는 곧 네 단계의 과정이 이중의 부정을 내포함으로써 절대긍정으로 환원시키고 있다.

나아가 현상 차별의 원인인 언어를 부정함으로써 경험적 관념의 속박에서 벗어나고자 '말을 끊는 법(離言之法)'이란 표현을 사용하는데, 이는 구체적인 현실존재를 가립(假立)하지만 말을 떠남(離言)으로써 존재의 논리로 전환하는 계기를 마련하기 위해서이다.

이 과정에서 대립적인 집착의 모순성을 지적함으로써 그 오류를 밝혀 논파하는 양도논법(兩刀論法)의 적용이야말로 돋보이는 부분이다. 이를테면 유식(唯識)의 식전변(識轉變)과 중관(中觀)의 무자성(無自性)을, 그와 같은 개념이 사용된 관점의 의미로 풀어낸 뒤 두 개념의 다름을 적재적소에 적절히 활용하고 있다.

뿐만 아니라 과거와 현재 그리고 미래 등의 여러 개념을 고립적 실체적으로 분리한 뒤 이들을 결합시키려는 자체가 모순이기 때문에, 이들을 고립적 실체적으로 인정하지 않고 상호의존적인 상관개념으로 파악하면 논쟁도 대립도 사라질 것이라고 한다.

> 열매와 씨앗이 하나(一)가 아닌 것은 그 모습(相)이 같지 않기 때문이다. 그러나 그 또한 다르지 않다는 것은 씨앗을 떠난 열매가 없기 때문이다. 또한 씨앗과 열매는 끊어지지 않으니, 열매는 씨앗을 이어 생기기 때문이다. 그러나 그 또한 연결된 것이 아니니 열매가 생기면 씨앗은 사라지기 때문이다. 씨앗이 열매 속에 들어가는 것도 아니니 열매일 때는 씨앗이 없기 때문이며, 열매가 씨앗에서 나오는 것도 아니니 씨앗인 때는 열매가 없기 때문이다. 「金剛三昧經論」

'있다'거나 '없다'고 표현한 것이 존재를 드러내는 말이라고 하더라도, 그것이 독자적이고 개별적이라면 아무런 의미가 없다. 왜냐하면 상대적인 개념은 궁극적인 근원에서 화합하지만, 그렇다고 하나가 된다는 뜻은 아니기 때문이다.

이미 따로 둘이 없는데 하나란 있을 수 없으며, 그렇기 때문에 독자적인 특성을 지닌 '하나도 아니지만 둘도 아님'이 된다. 다시 말해 상대적 개념은 화합을 통하여 한 경향으로의 집착을 지양할 수 있다.

마찬가지로 진리란 '있다'거나 '없다'거나 하는 등의 판단을 넘어서는 것이어서, '있다'고 하나 '없다'고 하나 결국에는 임의적인(假立) 이름에 지나지 않는다. 따라서 이름뿐인 '있고, 없음'이기에, 있는 것과 없는 것은 둘이 아니게 된다.

이는 곧 주어진 개념으로는 온전함을 체득할 수 없다는 사고의 전환을 요청하고 있다. 다시 말해 생각을 바꾼다는 것, 아니면 다른 측면에서 생각할 수 있는 관점을 요구한다.

이와 같은 관점이 있었기에, 인간의 문제에서 제기된 궁극적인 것과 그 길로 나아가는 방법이 있다고 말할 수 있다. 이를테면 어느 곳 어느 시대 누구인지는 모르지만, 이와 같은 집착을 벗어남으로써 온전한 삶을 열어간 누군가가 있어왔다는 것만은 분명하다. 그렇게 본다면 일심(一心)과 일미(一味)를 체득함으로써 그 길을 열어간 원효 스님이 또한 그럴 것이다.

원효 스님은 언어와 논리의 극한에서 언어가 지니는 일면성과 상대성을 극복하고, 의미로서 온전한 모습을 회복하려 하였다. 그러므로 스님에게 있어서 공(空)이나 유(有)의 개념은 머물러 있는 것이 아니라, 살아 움직이면서 중생을 불성이 이르게 하는 적극적 의미로서의 공(空)이자 유(有)였다고 할 수 있다.

제7장 걸림 없는 삶

어떤 종교이든 종교의 궁극적 목표는 가르침이 제시하는 이상에 이르는 길일 것이다. 그런데 종교마다의 표현에 의하면, 가고자 하는 길과 방법이 다르기 때문에 추구하는바 또한 다르다고 한다.

그러나 주어진 삶을 온전하게 실현하고 존재의 의미를 충만하게 한다면, 가고자 하는 길과 방법의 다름이란 단지 겉으로 드러난 허식에 불과하다.

문제는 온전한 삶으로 열려지는 충만감은 굳이 종교를 통해서만 가능한 일도 아니라는 점에 있다. 이를테면 길 가에 핀 작은 들꽃에서도 변화하는 존재의 현상을 알아차릴 수 있으며, 발길에 차이는 돌멩이 하나에서도 우주의 조화를 읽을 수도 있다. 이 또한 존재의 진리이기에 언제 어디서나 마주할 수 있는 일이다.

그런데 사람들은 자신이 무엇을 듣는지 무엇을 하는지 어디에 있는지도 모르면서, 자신이 추구하는 것이나 스스로 믿는 믿음과 신념에 대해 이해한 것만을 진리라고 여길 뿐이다. 이는 곧 자신이 누구인지도 모르는 채 자신이라 생각하는 것에 의해서 살아가며, 자신을 얽어매고 있는 조건들을 수용하는 행동을 사람 사는 의미로 받아들인다는 뜻이다.

단지 스스로 묶여있는 줄을 모른다는 사실만으로 본다면, 인간이란 결국 사회적으로 투사된 욕망을 만족시키기 위해 스스로의 족쇄를 계획하고 또 만들어내고 있을 뿐이다.

인간의 삶을 이와 같은 관점으로 볼 수 있다면, 당연히 해야 한다고 생각하는 길과 방법의 다름이란 사실상 '나'와 '내 것'을 중심으로 한 편견에 불과하다는 사실을 알아차릴 수 있다. 나아가 나는 옳고 상대는 그르다는 '옳고, 그름'의 기준 또한 처음부터 존재하지 않는다는 것도 자각할 수 있다.

이를 두고 장자(莊子)는 '옳고 그름은 함께 한다(是非兩行)'고 했다. 이를테면 '이렇게 하는 것이 옳다'고 만들어 놓으니, 그렇게 하지 못한 것은 모두 잘못이 되어버렸다. 다시 말해 '옳다, 그르다'란 인간이 사물을 바라보는 방식에서 비롯된 것으로서, 단지 현실에 대한 편견에 불과하다.

따라서 존재의 인식을 인간의 감각범위 안에 한정시키지만 않는다면, 사실상 완전하지 않게 보이는 현상도 실제로는 완전성의 일부라는 사실을 알 수 있다. 이는 곧 감각으로 느끼는 현상이란, 감각의 범위를 넘어서지 못하는 한정된 관점의 반영물일 뿐이기 때문이다.

이는 사건과 사물에 대한 인식이, 마치 풍경이 자기 앞으로 다가오는 것처럼 바라보는 사람과 같다고 할 수 있다. 이를테면 기차나 버스를 타고 여행을 하게 될 때, 차창에 비치는 낯선 풍경이 새롭게 다가오고 또 사라진다고 느끼지만, 사실은 다가오는 것도 없으며 사라지는 것 또한 없다. 새로운 풍경이 펼쳐진다는 것은 단지 감각이 느끼는 대로 표현한 것에 불과하다.

문제는 서로가 추구하는 길과 방법만이 옳다는 주장들로 가득 차 있는 현실 또한 이와 같은 범주를 넘어서지 못한다는 데 있다. 이는 말할 것도 없이 존재의 이치를 제대로 이해하지 못함으로 인해 다르다고 느끼는 데서 시작되었다. 다시 말해 '있는 그대로'를 온전하게 보지 못하고, 편견에 집착하면서 '자체'와 '생각'을 혼동하고 있을 뿐이다.

이와 같은 혼란은 하나의 가능성이긴 하지만, 감각의 범위를 넘어서서 스스로의 본성을 깨닫게 되면, '다르다'는 것은 결코 실제로 존재한 적이 없었다는 사실을 이해하게 될 것이다.

그러나 이론적 지성, 즉 분석적 사고를 바탕으로 하여 제한하고 나누는 지식은 '있는 그대로'의 세계를 보지 못하게 방해한다. 때문에 경전에서는 사후의 세계를 알고 싶어 하는 제자에게, 붓다는 그와 같은 질문은 아무런 득도 없을 뿐만 아니라 본질과도 전혀 관계없다고 단도직입적으로 답하고 있다. 이와 마찬가지로 같은 질문을 받은 공자(孔子) 역시 '아직 삶을 모르는데 어찌 죽음을 알겠는가'라고 일축하고 있다.

여기에서 한 걸음 더 나아가 선(禪)에서는 '생각하지 말고 보라', '당신은 자신이 아무 것도 모르고 있음을 알고 있다. 거기에 주의를 기울이라. 그것이 해방이다'고 덧붙인다. 이는 곧 그 어떤 이론이라 해도, 그것이 삶 속에서 용해되지 않는다면 한낱 말의 잔치에 불과하다는 의미이다.

불교의 궁극적인 목표는 깨달음에 있다. 여기서의 깨달음이란 존재의 이해를 전제로 하지만, 현실적인 삶의 문제를 결코 배제하는 것은 아니다. 때문에 진정한 깨달음의 시작은, 지금 여기에서 나와 주위를 온전하게 보는 것으로부터 비롯된다고 한다. 이는 곧 현실을 문제 제기의 장으로 봄과 동시에 해결의 장으로도 함께 파악해야 한다는 뜻이다.

나아가 삶의 문제를 해결하고자 하는 것이 최대 관심사이지만, 이는 단순히 개인적인 문제만을 목적으로 하는 것은 아니다. 그렇다고 해서 이를 벗어나는 것은 더욱 아니다. 이는 개인의 완성은 다른 사람의 이로움에도 당연히 눈을 뜨게 된다는 사실에 초점을 두고 있다.

붓다 역시 지금 여기에서의 깨달음을 목표로 했기 때문에, 죽은 후 신체의 있고 없음이나 영혼의 있고 없음, 나아가 내세의 존재에 대해서도 '말할 수 없는 것(無記)'이라고 했다. 이와 같은 관점에서 본다면, 불교의 진정한 이상은 존재의 이치를 깨달음으로써 나와 내 주위를 맑게 하는 길이라 할 수 있으니, 이것이 곧 자신의 완성(自利)과 남을 위해 베푸는 일(利他)의 실현이기도 하다.

더구나 대승불교에서는 자신을 바로 보기 위해 먼저 다른 사람을 보고, 존재 자체를 모든 사고방법이나 행동의 근거에 두어야 한다고 하였다. 때문에 이를 실천하는 사람을 보살(菩薩)이라 하여 믿음의 선행자로서의 위치를 부여하였다.

다시 말해 앎과 실천이 일치하는 이를 보살이라 하였고, 나아가 보살의 입장에서 나와 남이 둘이 아니라는 깨달음으로 돌아가 생명의 움직임을 응시할 때, 존재의 참된 의미를 실현하는 길이라 하였다.

스님 역시 존재의 이치를 깨닫는 것만으로 모든 수행이 완성되는 것은 아니라는 입장을 「열반경종요」에서, 「보성론(寶性論)」의 근거를 인용하여 밝히고 있다.

> 만약 중생들이 다함이 있다면 나의 원(願)도 다할 것이다. 중생이 다함이 없다면 나의 원(願)도 역시 다함이 없다. 가장 지극한 깨달음을 이루는 것이 본원(本願)인 까닭에 미래의 끝(未來際)이 다하도록 영원히 다하지 않는다. 「涅槃經宗要」

이는 곧 궁극의 깨달음에 도달했다고 하더라도, 거기의 머무름에 만족하지 않고 다시 윤회 속으로 되돌아와 중생의 구제를 이상으로 삼겠다는 맹세이다. 다시 말해 나의 깨달음(自利)과 중생들의 제도(利他)가 모두 완성되는 것이야말로 진정한 부처의 길이 되는 것이기에 중생을 제도한다는 행위를 스스로의 깨달음만큼이나 중요시한다는 의미이다.

때문에 불교사상사에서는 사상가로서의 이론적 체계를 완비한 이도 수없이 많았으며, 전해지는 행적으로서 실천수행의 꽃을 피운 이 역시 그 수를 헤아릴 수 없지만, 정작 이론과 실천을 겸비하여 그 삶의 아름다움을 드러낸 이는 드물다고 한다.

그러나 원효 스님에 대한 이해는 서로 다른 이론을 조화시키려는 회통불교(會通佛教) 사상을 펼친 사상가로서의 의미에 그 중요성을 부각시키는 관점이 있는가 하면, 다른 한편으로는 스님의 걸림 없는 행동(無碍行)의 실천을 서민 속에서 풀어나간 측면을 높이 사고 있는 입장이 함께 하고 있다. 물론 이와 같은 평가는 그 어느 것이라도 이론과 실천을 자신의 삶으로 오롯이 드러낸 스님의 위대함에 대한 찬사이기도 하다.

구체적으로 스님의 회통불교사상에서 위대성을 찾으려고 한 측면은 의천(義天) 스님에게서 비롯된다면, 실천적인 행동의 놀라움을 강조한 점은 일연(一然) 스님에게서 강하게 나타난다.

이는 일연 스님의 저술 「삼국유사(三國遺事)」에서는 원효 스님의 행적이 다양하게 소개되고 있으나, 사상가로서의 면모를 기록한 것은 세 곳에 불과하기 때문이다. 물론 이러한 점은 고려 후기 불교계의 분위기나 일연 스님의 불교 이해와 관련된 시각일 수도 있으며, 또한 구전되던 이야기가 주로 서민들의 생활 속에서 살아 있었다는 데도 그 이유를 찾을 수 있다.

그렇다고 하더라도 일연 스님이 원효 스님을 '걸림 없는 행동(無碍行)의 실천자'로서의 모습으로 부각시킨 점은, 스님이 보살도(菩薩道)의 실천자로서 또는 자신의 이론을 행동으로 완성시킨 사람으로서의 삶을 여실하게 보여주었다는 것을 드러내고 싶었던 것이라 할 수 있다.

달리 표현하자면 스님의 현상에 대한 관점이나 본질적 세계관의 이론이 그 자체로서의 틀 속에서 안주하고 말았다면, 그것은 곧 지식에 대한 현학적인 취미나 관념론에 치우친 세계 인식의 태도일 수밖에 없다고 할 수 있다. 그러나 바로 이점에 있어서 단순히 실천과 분리된 이론의 자기 완결성을 고집한 환상적 이론가가 아니라는 점이 「삼국유사」의 기록으로 나타난 것이기도 하다.

이를테면 이론이란 실천으로 나아가는 토대이자 아울러 실천의 통로인 것은, 원효 스님의 생애와 세계 해석의 인식에 있어서 나타나는 두 시각 즉 사상적인 면과 대승불교운동가로서의 면에서 잘 드러나고 있다고 할 수 있다.

결국 원효 스님은 불교의 이상이 인간의 삶 속에서 어떻게 구현될 수 있는가를 보여주었다고 할 수 있으니, 이론과 실천의 결부 내지 완성의 의미에서 어느 누구도 쉽사리 모방하지 못할 삶을 살았던 것이다.

1. 행위와 업(業)

우리는 우리가 사는 세상을 '현실'이라고 하며, 현실은 중요하다고 한다. 이때의 현실은 '사실로서 있는 상태'를 뜻하지만, 경우에 따라서는 다양한 의미를 내포하기도 한다.

이를테면 꿈이나 환상과 같은 비현실에 대비할 때는 양자를 구획 짓는 기준이 인식론의 중요한 과제가 되기도 한다. 그러나 초현실에 대해서는 구체적이고 개별적인 경험을 지시하기도 하지만,

이는 오히려 상대적이고 주관적인 면만을 드러낸다. 나아가 존재론의 측면에서는 가능성이나 우연, 그리고 필연 등과 대비되는 양상을 지칭하지만, 윤리적으로 볼 때는 사실과 이상의 어느 편에 적극적 의미를 부여하느냐에 따라 달리 이해되기도 한다.

이와 같이 현실은 바라보는 관점에 따라 다르게 다가오며 인간의 행동이 현실의 바탕 위에서 이루어지기 때문에 현실을 어떻게 이해하느냐에 따라 행동 또는 행위의 의미부여는 전혀 다르게 된다.

따라서 현실이 중요하다는 것은 현실 자체가 의미가 있기 때문에 중요하다는 뜻은 아니다. 현실이란 대상과 '나'라는 객관적 사실로 존재하는 것이 아니라, 관계를 통해 나타나는 의미로서 다가오기 때문에 어떻게 행위해야 할 것인가의 문제가 중요해진다.

일반적으로 행동이란 내적인 혹은 외적인 자극에 대하여 나타나는 반응을 지칭하지만, 행위는 이 가운데 도덕적 성질을 띤 의식적인 행동을 의미한다. 구체적으로 행동은 '반사, 주성(走性), 본능, 의지동작' 등으로 구분되는데, 행위의 뜻과 연결되는 의미에서의 '의지동작'은 동기가 의식되고 더구나 그 동기의 성립에 대해서는 자아의 선택과 결정 작용이 첨가되는 것을 가리킨다.

다시 말해 행위가 관계를 통해 나타나는 의미에 대한 의도나 목적을 가지는 인간의 활동을 가리키는 데 비해 행동은 무의식의 활동도 포함한 보다 폭넓은 개념으로 보지만, 두 용어의 구분에 관해서 통일된 견해가 있는 것은 아니다.

그러나 행위가 의식과 자각 그리고 결단 등을 수반한다는 점에서, 때로는 특정한 목적을 향한 동기를 가지고 있기 때문에 본질적으로는 윤리적인 문제와 연결되어 있다.

불교에서는 '행위'나 '행위를 하다'는 뜻을 지닌 용어를 '카르마

(karma)' 또는 '카르만(karman)'이라 한다. 흔히 업(業)이라 번역되는 이 말은 동사의 어근 'kr(하다, 만들다)'로부터 파생한 명사로서 '하는 일'이나 '하는 것' 또는 '하는 힘' 등을 기본적인 뜻으로 하여, 작용이나 행위 그리고 제사 등을 가리키는 용어로서 널리 사용되어 왔다.

그러나 이 용어가 윤회설(輪回說)과 결부된 뒤로, '카르마'는 윤회전생을 있게 하는 일종의 힘으로서, 단순히 표면적인 행위를 가리키는 데 그치지 않고 결과(果報)를 동반하는 잠재력을 적극적으로 내포하게 된다. 그리고 이와 같은 의미는 더욱 확장되어 인도사상에서 업(業)이란 개념이 응용되지 않는 어떤 사상도 있을 수 없을 만큼 중요한 개념이 되었다.

불교에서도 일찍이 카르마에 세 종류의 의미를 부여하여 그 내용을 구별해 왔다. 이에 따르면 '작용' 또는 '작용하는 것'을 의미하는가 하면, 종교적인 행위 즉 제식이나 기도, 의식 따위를 뜻하기도 한다. 그리고 이와는 달리 행위 자체보다는 오히려 그 행위로 말미암아 행위 뒤에 남는 보이지 않는 힘을 포괄적으로 지칭하기도 하였다.

이와 같이 행위를 작용 자체와, 뒤에 남아 보이지 않는 힘으로 구별하여 해석한 것은 전통적인 인도 사유와 다르지 않다. 이를테면 행위 자체는 바로 나타났다가 사라지지만, 그 행위의 결과로서의 선악에 대한 힘은 그 자체만으로 끝나는 것이 아니라는 의미에서의 업(業)은 이미 우파니샤드(Upanisad)시대부터 본질적으로 탐구된 주제이기도 하다.

따라서 초기에는 업(業)이란 행위 자체를 의미하였지만, 후대로 오면서 '숙업(宿業)'이란 의미가 더해지게 된 것이다. 뿐만 아니라 '윤회'의 내용과 맞물리면서, 업의 결과로서 나타나는 과보(果報)

가 '지속적으로 이어진다'는 의미와 '반복적으로 되풀이된다'는 뜻을 덧붙였다.

이는 곧 인도 고유의 신앙에서 성숙된 윤회의 개념을 불교가 수용하면서, 자연스럽게 선악의 행위가 그 자체만으로 끝나는 것이 아니라는 윤리적인 의미를 더하게 되었다는 뜻이다.

따라서 불교에서는 인간의 모든 현재적 행위는 업(業)으로 말미암은 것이며, 이 현재의 행위가 다시 미래의 행위를 결정한다고 한다. 여기에서의 업(業)은 구체적으로 삼업(三業 ; 身,口,意)으로 구성되는데, 이는 인간이 행동하고 말하고 생각하는 존재라는 뜻을 담고 있다. 그러나 이는 인간 이외의 어떠한 존재도 이 세 작용을 원만하게 수행하는 존재는 없다는 의미이기도 하다. 다시 말해 업(業)은 인간이 한시도 행위를 멈추고 살수는 없다는 사실을 말한다.

이와 같이 선악의 행위가 보이지 않는 힘을 일으키고 그로 인해 과보(果報)를 되돌려 받게 되는 힘으로 확장되었다는 것은, 인간이 행하는 일체의 활동을 세 가지로 분류하고 이를 업(業)으로 해석한다는 의미이다. 구체적으로는 어떤 일을 하려는 의지가 의업(意業)이며, 그것이 신체적 행동으로 나타나는 것이 신업(身業)이고, 언어표현으로 나타나는 것이 구업(口業)이다.

이 가운데서도 심리적인 요소인 의업(意業)을 특히 중요하게 여겨, 모든 행위의 본질을 '사(思)'라고 표현하기도 하였다. 이때의 사(思)는 의지(意志)를 말하는 것으로, 이는 행위의 심리적인 측면을 강조한 것이다. 따라서 이는 업(業)을 기계론적이거나 숙명론적인 것이 아니라, 의지의 자유와 노력의 결과로 받아들인다는 뜻이다.

중생은 4대(四大)로 이루어져 자아의 실체가 없으므로 모든 존재의 본성은 선한 것도 악한 것도 아니다. 그런데도 과보를 받는 것은 업(業)에 따른다. 그러나 그 업이라는 것도 실체는 없다. 마치 맑은 거울에 비친 그림자가 여러 가지이듯이 업의 본성도 그와 같다. 종자와 밭이 서로 다르지만 싹이 트듯이 업의 본성도 그와 같다. 많은 새가 저마다 다른 소리를 내듯이 업의 본성도 그와 같다. 지옥의 고통이 따로 외부에서 오는 것이 아니듯이 업의 본성도 그와 같다. 「華嚴經」 '菩薩明難品'

업(業)은 실체가 없지만, 일상의 행위를 통하여 업을 쌓으면 그것이 업인(業因)이 되어 과보(果報)를 받게 된다.

이와 같은 행위에 대한 견해 즉 업(業)에 대해 언급하고 있다고 전하는 원효 스님의 저술로는 「초장관문(初章觀文)」 「안신사심론(安身事心論)」 「대승관행(大乘觀行)」 「조복아심론(調伏我心論)」 「구도비유론(求道譬喩論)」 「대승육정참회법(大乘六情懺悔法)」 「유심안락도(遊心安樂道)」 「발심수행장(發心修行章)」 「일도장(一道章)」 「육현관의(六現觀義)」 「발보리심의(發菩提心義)」 「정의(淨義)」 「보살계본지범요기(菩薩戒本持犯要記)」 등이 있었다고 기록되어 있다.

그러나 안타깝게도 대부분의 저술은 그 이름만 남아있고, 단지 「대승육정참회법」 「발심수행장」 「유심안락도」 「보살계본지범요기」만이 전한다.

현존하는 저술이 부분적이라서 스님의 행위론에 대한 전모를 살펴볼 수 없는 아쉬움은 있지만, 스님의 생각과 이를 정립하고 있는 일관성을 미루어 짐작한다면 나머지 저술이 없더라도 행위에 대한 관점으로 오롯이 드러난다고 할 수 있다.

스님은 인간의 삶 자체가 윤회의 흐름으로 이어지는 인과의 법칙 아래 있다고 보았으며, 이는 무명(無明)에 물든 행위로 인해 나타난다고 하였다. 때문에 오로지 맑은 인연(淨緣)에 의해서만 벗어날 수 있다고 한다.

> 오염된 업(染業)으로 인해 오탁(五濁)의 물결을 따라 길이 흐르기도 하고, 혹은 맑은 인연(淨緣)으로 말미암아 사류(四流)를 끊고 영원히 열반(寂滅)에 들기도 한다.「佛說阿彌陀經疏」

이에 따르면 처음부터 인간은 무명에 물든 행위(染業)로 인해 윤회를 반복하게 되었으며, 거듭되는 윤회 속에서 또 다시 무명의 업을 지었다고 한다. 그리고는 이와 같은 업에 의해 윤회를 벗어나지 못한다고 하였다. 다시 말해 행위의 결과가 바탕이 되어 다음의 삶을 결정짓게 되고, 그것이 끝없이 이어져왔다(業相續).

그러므로 지금의 삶이란 현재뿐만 아니라 무한한 과거로부터 행한 여러 행위의 결과로 나타난 것이며, 이와 같은 결과들이 다음의 삶을 변화시키며 그 또한 무한하게 이어진다고 한다.

이와 같이 삶을 연결하는 필연성은 행위의 결과에 따른 인과이지만, 이는 단지 스스로 짓고 스스로 받는 것일 뿐이다.

> 죄업(罪業)은 스스로 짓는 자에게 그림자가 따르듯이 고통스러운 결과로 나타난다. 고통이란 홀로 저지르고(因) 홀로 행하는(犯) 것이라서 구해주고 보호해줄 사람이 없다.「遊心安樂道」

행위에 대한 인과를 밝힌다는 것은, 지금 여기서의 인간이 어떻게 행위 할 것인가에 대한 방향을 제시하기 위한 것이기도 하다. 이를테면 인간은 살아있는 동안 행위 하지 않을 수 없지만, 행위의 결과가 사라지지 않는다는 것을 생각하면 함부로 행동해서는 안 된다. 이는 말할 것도 없이 자신의 현존재는 다른 사람의 행위 결과로 있는 것은 아니기 때문이다.

따라서 반복되는 윤회의 삶을 벗어나고자 한다면, 그렇게 하고자 하는 행위 또한 자신으로 말미암아 실행되어야 한다.

> 막지 않는 천당(天堂)에 가는 자가 적은 것은 삼독(三毒)의 번뇌로 자신의 재물로 삼기 때문이며, 유혹하지 않는 악도(惡道)에 가는 자가 많음은 사사오욕(四蛇五欲)을 망령된 마음의 보배로 삼기 때문이다. 「發心修行章」

사사(四蛇)란 육신의 구성요소가 사대(四大, 地水火風)로 이루어져 있음을 비유한 말이며, 오욕(五欲)이란 다섯 가지의 욕심(財, 色, 食, 名譽, 睡眠)을 이르는 말로서 다섯 가지의 경계(色聲香味觸)에 이끌려 탐내거나 누리고자 하는 마음을 내는 것을 의미한다.

사실 욕심이란 생명활동을 위해서는 유용한 것임에 틀림이 없지만, 존재의 참된 의미를 찾아나서는 길에서는 버리지 않으면 안 된다. 다시 말해 삼독의 번뇌와 사사오욕의 집착은 지혜와 멀어지게 하고, 그로 인해 본래의 온전함을 잃고 결국 악도(惡道)에 떨어지게 한다.

때문에 반복되는 윤회의 고통을 벗어나고자 하는 사람은, 사사오욕의 욕망이야말로 괴로움의 씨앗이라는 사실을 바로 보는 지혜의 눈을 떠야 한다. 이는 말할 것도 없이 일상 속에 내재되어 있는 모순을 적당하게 조화시켜 보려는 욕망 그 자체가 곧 악순환이기 때문이다.

문제는 욕망과 고통 역시 홀로 나타나는 것이 아니라 연기(緣

起)로 드러난다는 점에 있다. 따라서 욕망을 성취하기 위해 악업을 지을 경우 그에 대한 고통이 함께 따르게 되며, 이와 반대로 선업을 지을 경우 그에 따르는 즐거움이 발생하게 된다.

그러나 고통과 즐거움은 선악의 업을 짓는 순간 동시에 발생하지 않고 시간이 경과하여 무르익은 다음에 드러나게 된다. 이는 사물의 세계에서는 연기하는 대립의 쌍이 동시에 발생하지만, 마음의 세계에서 존재의 세계로 나타나는 것은 시간을 달리하기 때문이다.

이를 '이숙(異熟)'이라고 하는데, 이는 '다르게 익는다'는 뜻이다. 이를테면 아뢰야식(阿賴耶識)이 일체의 제법종자(諸法種子)를 감추어 두었다 그 결과를 성숙시키기 때문에 일체의 행위는 선악의 인에 따라 저장되었다 고통과 즐거움의 결과로 나타난다는 의미를 내포하고 있다.

따라서 「유식론(唯識論)」에서는 '아뢰야식을 이숙식(異熟識)이라고도 하는데, 이는 능히 생사(生死)를 끌어다가 선업(善業)과 불선업(不善業)의 이숙과(異熟果)를 낳기 때문이다'라고 한다. 다시 말해 행위로 인한 선악의 업이 '이숙인(異熟因)'이며, 시간이 경과한 후 미래에 언젠가 그로 인해 받을 고통과 즐거움의 과보가 '이숙과(異熟果)'이다.

이와 같이 원인이 결과와 다르게 나타나는 것은 변화하는 데 시간을 필요로 하기 때문에 원인과 결과가 동시이거나 결과가 원인 바로 뒤에 있거나 하는 경우는 없다고 한다.

이와 더불어 '이숙'은 행위의 인(因)은 선악(善惡)이지만 그로 인해 받게 될 과(果)는 고통과 즐거움(苦樂)으로 나타난다는 의미로도 해석되는데, 이는 선과 악이 고통과 즐거움으로 그 성질을 달리 하며(異) 시간이 경과하여 그것이 무르익은(熟) 후 결과가 나타나기 때문이다.

이는 곧 행위에는 반드시 그에 부응하는 결과가 나타나지만, 이와 같은 업(業)은 아뢰야식에 저장되어 지금 당장은 아니라도 언젠가는 그 결과를 받게 된다는 뜻이다. 이러한 이치를 자업자득(自業自得)이라 한다.

때문에 삼독(三毒)과 사사오욕(四蛇五欲)의 악한 업(業)을 지은 자가 지옥의 고통을 받고, 선한 업을 지은 자는 천당의 즐거움을 누린다고 한다.

따라서 이숙(異熟)의 행위에 대한 인과를 깨닫지 못한다면 결코 윤회의 반복에서 벗어날 길이 없게 된다. 그러나 마음으로부터 일어나는 어리석은 유혹의 근원을 끊을 수 있다면 언제든지 이와 같은 인과로부터 벗어날 수도 있다. 이는 말할 것도 없이 무명(無明) 역시 일심(一心)의 바다를 스쳐가는 바람이기 때문이다.

> 나와 중생이 시작도 없는 이전부터(無始以來) 무명(無明)에 취해 한량없는 죄를 짓고 오역십악(五逆十惡)을 짓지 않는 바 없었다. 스스로 짓기도 하고 남에게 가르치고 남이 하는 것을 보고 기뻐하기도 했다.「大乘六情懺悔」
>
> 다만 무명(無明)이 스스로 일심(一心)을 미혹하게 하여 모든 물결을 일으켜 육도(六道)를 유전(流轉)하게 한다. 비록 육도의 물결을 일으킨다 해도 결코 일심의 바다를 벗어나는 것은 아닌 까닭에, 일심의 움직임으로 말미암아 육도(六道)를 짓는다.「大乘起信論疏幷別記」

오역(五逆)이란 부모를 죽이는 등의 다섯 가지 중죄를 말하며, 십악(十惡)은 열 가지의 선하지 못한 업(十不善業)이라고도 하는데 이는 삼업(三業, 身口意)으로 짓는 모든 죄를 의미한다.

이에 따르면 무명(無明)으로 인해 삼독(三毒)과 사사오욕(四蛇

五欲)의 업을 짓게 되고, 그로 인해 윤회를 벗어나지 못하여 육도(六道)에 전전하게 된다고 한다. 그러나 무명으로 인해 업을 지음으로써 나고 죽는 고통의 바다를 벗어나지 못한다는 것은, 무명의 이치를 깨달을 수 있다면 업을 짓는 일로부터 벗어나는 것도 언제든지 가능하다는 의미이기도 하다.

사실 대승불교에 와서 이타(利他)의 개념이 강조됨으로 인해 중생을 제도하는 일이 더 중요하게 여겨지기도 하지만, 이는 자신의 깨달음을 추구하는 일(自利)이 전제되고 난 뒤의 일이다. 다시 말해 대승불교의 이상인 '보살'의 위상으로 인해 이타행(利他行)이 우선인 것처럼 이해되기도 하지만, 이는 지혜의 수행을 통하여 보리(菩提)를 구하는 일이 선행되어야 하는 내용이 가려져 있을 뿐이다.

그러므로 남을 위해 베푸는 행위에 앞서, 업을 짓게 하는 무명의 실체를 깨닫고 이를 끊어 나아가는 데 참된 행위의 의미가 있게 된다.

> 자신의 죄를 벗어나지 못하면, 타인의 죄를 풀 수 없다.
> 「發心修行章」

자신의 죄를 벗어난다는 것은, 무명의 실체를 깨달아 업을 짓는 일을 끊는다는 의미이다. 그러나 이와 같은 행위는 단순히 자리(自利)의 마음에서 그치는 것이 아니라, 보살의 행위(利他)를 구하지 않으면 안 된다는 사실까지 포함하고 있다.

> 방일(放逸)하여 뉘우침도 없고 부끄러움도 없어 업(業)의 실상(實相)을 생각하지 않는다면, 비록 죄를 짓는 성품(罪性)이 없다고 하더라도 장차 지옥(泥梨)에 들어간

다. 「大乘六情懺悔」

이는 곧 이타적인 선행을 하더라도 업(業)의 실상을 이해하려는 노력이 없다면, 그것은 올바른 행위가 아니라는 뜻이다. 그것은 행위에서 착한 행위를 하는 것조차 착함과 악함이라는 이분법에서 자유로울 수 없기 때문이다.

그러나 무명의 실체를 깨닫게 된다면, 선과 악이라든지 이타적 행위나 이기적 행위거나 간에 그 자체는 모두 온전한 것 즉 궁극적인 실재로 다가올 수 있게 된다. 이것이 곧 올바른 행위야말로 동시에 온전한 행위라고 말할 수 있는 근거이다.

따라서 업(業)이란 사실 계속되는 것이거나 아니면 전혀 있을 수 없는 것이거나, 둘 중의 하나일 뿐이다. 왜냐하면 업(業)의 원인을 찾는 일조차 인간이 만들어낸 가치 개념의 산물이기 때문이다. 가치의 개념 너머 존재하는 어떤 것의 의미를 가치 속에서 찾을 수는 없다.

2. 행위의 의미

어떤 일이나 사건에 대한 사람들의 견해가 각기 다르게 표현되는 까닭은, 이를 보는 사람들의 관점과 이해 능력이 다르기 때문이다. 그러므로 관점에 따라 다르게 표현되는 판단이 사건이나 상황을 있는 그대로 전할 수는 없다.

따라서 관점에 대한 이해 없이는 그 판단이 옳다거나 그르다고 할 수 없다. 이는 곧 보기에 따라 사건의 의미도 달라질 수 있으며, 동일한 상황에 대해서도 다르게 볼 수 있다는 뜻이다.

그러나 사실 보고 판단한다는 관점도 대상과는 아무런 상관이 없다. 대상은 대상이고 관점은 관점일 뿐이기 때문이다. 나아가서는 존재의 본질 또한 인연의 화합으로 이루어진 공(空)이라는 사실 앞에서는 대상도 관점도 의미 없는 일이기는 마찬가지이다.

이와 같은 사실을 이해할 수 있다면 대상에 대한 집착이나 욕심은 있지도 않은 허상에 매달리는 일이며, 사건에 대한 판단은 관련도 없는 일을 억지로 묶는 일임을 알 수 있다. 하지만 이를 받아들이지 못하는 사람들은 허상을 실상으로, 판단을 사건 자체로 생각한다.

이는 행위에 대해서도 마찬가지이다. 이를테면 행위로 나타나는 업(業)이나, 업을 짓는 원인인 무명을 이해하지도 못한 채 나와 남의 행위에 대해 관점에 따라 분별하거나 집착하기 때문이다. 이를테면 '나'에 집착하듯이 '나의 행동'이라 한다. 이와 같이 '자기화'하는 것 다시 말해 행위에 대해서도 '나'에 집착하여 '나의 행위'라고 함으로써 '나'와 '행위'를 하나도 묶는다.

그러므로 행위의 실체가 실재하지 않음에도 불구하고, 실재로서 작용을 하는 결과를 만들낸다. 이는 곧 인간이 무명(無明)의 실체를 이해하지 못하고 그로부터 야기되는 어리석음에 매달려 있는 한, 행위의 속박으로부터 벗어날 수 없다는 사실을 말한다.

> 중생의 육근(六根)은 일심(一心)을 따라 일어난다. 그러나 스스로 그 근원을 등지고 육진(六塵)을 따라 어지럽게 흩어진다. 「大乘起信論疏幷別記」
>
> 중생이 시작도 없는 이전부터(無始以來) 모든 존재(諸法)가 본래 무생(無生)임을 알지 못하고, 어리석은 생각으로 뒤집어져서 '나'와 '나의 것'을 계산한다. 안으로 육정

(六情)을 세우고 이를 바탕으로 하여 식(識)을 일으키고, 밖으로 대상(六塵)을 지어 실제로 있다고 집착하지만, 이 모두가 스스로의 마음이 지은 것임을 알지 못한다. 「大乘六情懺悔」

대상으로서의 경계(六境)에 집착함으로서 행위가 발생한다고 하지만, 사실은 감각기관(六根)과 인식대상(六境)의 접촉에서 생기는 감정(六情)이란 끊임없이 변화하는 마음(識)의 흐름일 뿐이다. 다시 말해 분별을 일으키는 어리석은 생각으로 인해 주객의 현상이 생기지만, 이는 단지 마음의 작용일 뿐이다.

따라서 마음의 작용이란 주관과 객관을 구분하는 이원적 태도를 의미하며, 마음의 작용임을 안다는 것은 이원적 개념이 처음부터 다르지 않다는 것을 직관하는 일이 된다. 다시 말해 깨달음이란 이원적인 개념으로 구별하고 있음을 알아차리는 것으로부터 시작된다.

이는 곧 스스로를 이원적인 개념 속에 가두고 있기 때문에, 이를 벗어나기 위해서는 먼저 이원적인 틀을 이해하지 않으면 안 된다는 뜻이기도 하다. 이것이 곧 마음의 작용으로 나타나는 행위를 깨닫는 길이다.

말하자면 존재하는 모든 것은 상호의존의 관계로 이루어져 있기 때문에 어떤 존재이든지 간에 홀로 존재할 수 없다는 사실을 깨닫게 될 때, 존재의 진정한 본질은 그대로 드러나게 된다. 그러나 그렇게 되기 전까지 우리가 받아들이는 대상은 그 자체의 허상, 즉 우리 눈에 비친 대로 분리되고 나누어진 모습으로 이해될 뿐이다.

대상(境)이 공(空)한 까닭에 대상이 있다고 보는 것은 곧 망념(妄)이다. 보는 것 역시 공이므로 보는 것이 있다고 헤아리는 것 또한 망념이다. … 오음(五陰)과 십팔계(十八界)를 물질(色)이라 이름 붙인 것은 본래 스스로 그러한 것이 아니라 단지 망령된 마음으로 말미암아 물질이라 이름을 붙인 것이다. 이런 까닭에 일체의 모든 것이 공적(空寂)하다. … 밖으로 산이나 강 등의 육진(六塵)의 모습이나, 안으로 보고 듣고 느끼는(色受想行識) 오음(五陰)의 몸이란 것도, 육신이 오히려 없는 것인데 어떻게 본다는 작용이 있겠는가. 「金剛三昧經論」

'나'와 '내 것'을 앞세우고, '남'과 '다른 것'을 별개로 생각하기 때문에 인간은 현실에서 결코 이 우주가 하나의 근원이며, 모든 존재는 서로서로 의존하고 있음을 받아들이지 못한다.

이와 같은 시각에서 보면, 인간이 생각하는 괴로움이란 생각 속의 괴로움일 뿐 결코 괴로움 그 자체가 아니다. 마찬가지로 인간이 생각하는 행위는, 행위에 지배당하는 자신이지 행위 그 자체가 아니다. 다시 말해 나와 남을 구별하는 이원적 사고를 하는 한, 인간은 행위의 실체를 직시할 안목을 지닐 수가 없다.

그것은 단지 대상화된 행위, 개념 속의 행위를 실체로 받아들이기 때문에 스스로 행위 한다는 생각은 자신이 행위 하는 것이 아니라 행위라는 관념 속에 묶여 있음을 의미할 뿐이다.

따라서 이 모든 것이 마음의 작용이라는 사실을 깨닫게 될 때, 행위는 구체적인 현실과 만나게 된다. 다시 말해 현재의 순간에서 대상과 감각의 실체를 인정하지 않고 허상의 경계를 넘어선다면 모든 것을 만나게 된다.

그러므로 행위란 체계적으로 이해해야 하는 논리적인 형식이 아니다. 때문에 온전한 행위란 오히려 가장 일상적인 행동에 철저하며, 철저하게 산다는 것을 의미할 뿐이다. 이를테면 삶 자체 외에 일체 생각의 흔적을 남기지 않는다.

다시 말해 산다는 것은 언제 어디서나 마주하는 것이기에, 더 이상 목적을 지닌 행동일 수 없다. 오로지 자신에게 가장 충실할 뿐이다. 마찬가지로 행위란 구해지거나 이상화되는 것이 아니라, 바로 일상생활 자체가 된다. 이것이 곧 일상의 삶 속에서 깨달음으로 나아가는 길이며, 깨달음 또한 관념적이며 일시적인 일탈이 아니라 구체적인 삶 자체의 혁신이다.

3. 행위의 인과

아뢰야식(阿賴耶識)은 단절되지 않는 본체의 성질이지만, 행위의 결과로 인해 윤회하는 생명의 근원이 된다고 한다.

그러나 이는 행위로 인해 윤회하는 생명을 설명하기 위해 아뢰야식을 임의로 구분한(假立) 것일 뿐이다. 다시 말해 윤회(輪回) 또한 행위의 과보에 의해 임의로 나타난 것이다.

따라서 무명(無明)으로 인한 지말번뇌(枝末煩惱)의 법성(法性)을 의미하는 임시적 윤회체가 곧 가립(假立)의 아뢰야식인데, 이로 인해 생명이 유지된다는 것은 행위를 아뢰야식의 작용으로 보고 있다는 뜻이다.

> 살파다(薩婆多)는 오음(五陰)을 여의면 명근(命根)이 흩어진다고 하지만, 생명의 근원은 물질(色)도 마음(心)도 아니다. … 성실가(成實家)는 물질과 마음이 이어지고 끊어지는 것으로서 생명의 근원으로 삼는다. … 그러나 대승(大乘)에는 세 가지 이론이 있다. 하나는 법계(法界)가 명근(命根)이 된다는 것이며, 또 하나는 아뢰야식(阿

賴耶識)이 명근(命根)이 된다는 것이다. 나머지 하나는 아뢰야식이 나누어진 가운데 가립(假立)하여 명근(命根)이 된다고 한다. 그런데 아뢰야식에 대한 뒤의 두 이론 가운데 전체적인 입장(通門)에서 보면, 아뢰야식을 명근으로 보는 처음의 이론이 일리가 있다. 그러나 나누어서(別門) 보면, 나누어 가립(假立)한 것을 명근이라 한 뒤의 이론이 일리가 있다. 만약 나누어서 보면 비록 살파다의 명근이 아니지만 마음이 체(體)가 있다는 것도 아니다. 그러나 아뢰야식이 위의 비색비심(非色非心)을 명근으로 가립(假立)한 것은 없는 것이 아닌 까닭에 능히 가립한 명(命)을 끊을 수도 있다. 「梵網經菩薩戒本私記」

아뢰야식이 무명(無明)과 화합하여 망령된 생각을 지어낸다는 것은 행위의 원인 역시 아뢰야식에 있다는 뜻이다.

그런데 이 아뢰야식이 명근(命根)이 된다고 하는 것은, 행위로 말미암아 존재하게 되지만, 이 역시 가립(假立)으로써 망령된 생각의 환상(幻想)일 뿐이라는 의미이다.

마음이 취하는 바의 모든 경계(境界)를 안다는 것은, 오로지 이것이 뜻과 말의 분별로 인해 만들어진 것임을 아는 것이다. 만약 분별을 떠나면 있는 바가 없기 때문이다. 「金剛三昧經論」

인간은 사물을 어떻게 분별할 것인가를 먼저 배운 뒤, 배운 대로 그렇게 받아들이도록 스스로 훈련시킨다. 이를테면 가치가 있는 것이 무엇이며, 어떤 것이 중요하지 않은 것인지를 배운 대로 생각하고 싶어 하며, 실제로 그것을 그렇게 행동한다.

문제는 왜 가치가 있는지, 무엇 때문에 필요한지에 대한 진지한 반문은 삶의 전면에 드러나지 않는다는 점이다. 만약 인간이 그와 같은 성찰을 통해 존재의 의미를 파악할 수 있게 된다면, 분별이란 결국 인간 위주의 발상에서 파생되었다는 사실을 알 수 있다.

그렇지만 이미 세상과 사물에 대해 확고하고도 변할 수 없는 신념의 벽이 존재하고 있으니, 이것이 바로 '나'와 '나의 것'이란 말로 대변되는 자아에 대한 집착이다. 이를테면 '나'는 독립적이고 실체적인 존재라는 믿음이다.

존재 또한 가립(假立)의 환상일 뿐이지만, 경계(境界) 역시 뜻과 말의 분별로 인해 만들어졌다는 것은 처음부터 '나'와 대상이 다르지 않다는 의미이다. 다시 말해 '나'와 대상이란 인연에 따라 생기므로 없지 않은 것(非無)이며, 인연에 따라 사라지므로 있지도 않은 것(非有)이다.

> 만약 마음이 생각(心念)하는 바를 떠나면 모든 경계의 모습(境界之相)이 없다는 것은 집착하는 모습(所執相)이 모습 없는 성질(無相性)임을 드러낸 것이다. 이는 마치 공화(空華)와 같이 오직 눈병(眼病)에 의해서 꽃의 모습이 있게 되지만, 눈병만 낳으면 꽃의 모습(華相)은 없어지고 텅 빔(空性)만 있게 되는 것과 같다. 「大乘起信論疏幷別記」

현상이란 곧 망령된 생각의 소산(妄想境界)이며, 망령된 생각이야말로 경계(境界) 즉 대상세계의 본질이다. 이는 곧 망령된 생각이 대상세계를 인식하지만, 동시에 스스로를 제한하기도 한다는 뜻이기도 하다.

따라서 행위는 아뢰야식(阿賴耶識)이 오관작용을 통해서 스스로 드러나는 망상의 모습이지만, 주관과 객관의 상호작용으로 이루어져 있음을 의미한다. 이를 테면 행위란 대상세계를 통해서 나타나지만, 대상세계는 행위를 통로로 하여 무명(無明)으로 환원된다.

그러므로 인간의 행위는 대상세계를 토대로 일어나지만, 대상세계는 행위를 통해 드러나며 또한 행위를 통해 바뀐다. 다시 말해 존재의 모습이 주관과 대상 그리고 알음알이의 화합으로 이루어졌다는 것은 행위자로부터 행위를 분리할 수도 없지만, 현실로부터 인간의 삶을 분리할 수 없음도 의미하고 있다.

그러나 인간의 사고는 본질과 현상이라는 이분법적 개념에 얽매여 있기 때문에, 있지도 않은 실체에 속박되어 번뇌의 괴로움을 겪게 된다. 따라서 모든 분별과 집착이 허상임을 알아야 하지만, 알지 못하기 때문에 번뇌가 생겨 욕망과 집착을 일으키고, 이로 말미암아 다시 업(業)을 짓게 되는 순환의 틀 속에서 벗어나지 못한다.

> 모든 죄(罪)는 실제로 있는 것이 아니며, 여러 가지 인연이 화합한 것을 임의로 이름 하여 업(業)이라 한다. 따라서 인연에도 업(業)이 없지만 인연을 떠나도 역시 업은 없다. 안에도 없고 밖에도 없으며 가운데도 있지 아니하다. 과거는 이미 사라졌고 미래는 아직 생기지 않았으며 현재는 머무름이 없다. 그런 까닭에 지은 바가 머무름도 없지만 또한 생겨남도 없다. 처음부터 있었다면 생긴다는 것은 옳지 않고, 처음부터 없었다면 생길 수 없다. 만약 본래 없음과 더불어 지금 있음의 두 가지 뜻이 화합한 것을 생겨남이라 한다면, 본래 없는 시점에서는 지금 있음이 없으며, 지금 있다는 시점에서는 본래 없다는 것이 있을 수가 없다. 앞과 뒤가 미치지 못하고, 있음과 없음이 통하지 않아서 두 뜻이 합하지 않는다면 어디에 생겨남이 있겠는가. 합해짐의 뜻이 이미 깨어지면 흩어짐 또한 이루어지지 않는다. 합해짐도 아니고 흩어짐도 아니니, 있는 것도 아니고 없는 것도 아니다. 없다는 시점에서는 있는 것이 없으니 무엇을 상대하여 없다고 하겠으며, 있다는 시점에서는 없는 것이 없으니 어느 것을 상대하여 있

다고 할 것인가. 앞과 뒤와 있고 없음이 모두 성립되지 않는다.「大乘六情懺悔」

'나'란 처음부터 인식을 떠나서는 실재하지 않는다. 다시 말해 '나'는 필연적으로 상호작용이나 관계를 거쳐야만 인식되므로, '나'란 개념은 자체로서는 인식될 수 없다.

이와 같은 관점은 비단 '나'에 대해서만 그런 것이 아니고, 인간이 인식하는 유형무형의 모든 대상에 대해서도 마찬가지이다. 말하자면 모든 존재의 실체가 없으므로 모든 현상은 한 순간도 정지해 있지 않고, 쉴 새 없는 상호작용 속에 변할 뿐이다.

문제의 핵심은 바로 여기에 있다.

지금까지 '나'란 존재를 '있다'고 믿었던 것은 '나'를 변하지 않는 연속적인 존재로 실체화했기 때문이다. 그러나 거기에서 그치는 것이 아니라, 과거나 현재를 동일한 존재로 느끼게 하므로 '지금 여기'에만 존재한다는 온전한 자각을 충만하게 하지 못한다.

이미 '나'에 의해 과거나 미래로 나누어지거나 왜곡되어진 생각이 제멋대로 이리저리 계산하여 여러 의견을 만들고 집착과 두려운 마음을 일으킨다. 마찬가지로 사건이나 일 또한 스스로 생기는 것이 아니라, 모든 사람이 나름대로의 틀을 만들어 분별하는 것에 좌우될 뿐이다.

만약 이와 같은 이치를 깨닫게 된다면, '나'의 생각과 대상은 원래 아무런 관계도 없음을 이해하게 될 것이고, 그렇게 되면 나는 나대로 대상은 대상대로 모두 사라지게 된다.

이와 같이 한정된 '나'에 대한 관념을 극복하고, '나'를 변화속의 존재, 나아가 근원적인 것과 동일시할 수 있을 때 비로소 '이원성'을 넘어서게 된다. '이원성'이란 다름 아니라 '나'를 실체화함으로써

'나'와 '나 아닌 것'의 세계를 구분하고 분리한다는 의미이다. 이와 같이 이원성을 넘어선다는 것은 주어진 가치와 관념의 부정이다.

뿐만 아니라 행위의 본성이나 업(業)의 실상(實相) 또한 존재하지 않는다. 이는 공간적으로나 시간적으로, 앞과 뒤 그리고 있고 없음으로도 이미 그 논리적인 바탕이 성립되지 않기 때문이다.

> 만약 업번뇌(業煩惱)가 느껴진다는 뜻으로 보면, 없음을 있음으로 판단하여 생멸(生滅)을 있게 만든다. 만약 근본무명(根本無明)이 움직인다는 뜻으로 말하면 고요함(靜)에 영향을 미쳐 움직이게(動) 되지만, 움직임과 고요함은 하나(一體)이다.「大乘起信論疏幷別記」

업번뇌(業煩惱)나 근본무명(根本無明)이란 자체가 고정되고 독립된 스스로의 성질이 없다. 다시 말해 스스로의 성질(自性)이 공(空)하다는 것은 고정된 실체가 없다는 뜻이다.

> 마음을 냄이 있는 것도 아니고 마음을 냄이 없는 것도 아니며, 행위(行)가 있는 것도 아니며 행위가 없는 것도 아니다. 다만 증익변(增益邊)을 버리게 하고자 임의로 생겨남이 없다(無生)고 한 것이니, 생겨남이 있다는 데 마음을 내는 것도 아니고, 생겨남이 없다는 데 마음을 내는 것도 아니기 때문이다. 마찬가지로 손감변(損減邊)을 버리게 하기 위해 임의로 행위(行)라고 한 것이니, 비록 행위가 있는 것이 아니지만 그렇다고 행위가 없는 것도 아니기 때문이다.「金剛三昧經論」

행위의 본질이 존재하지 않음에도 불구하고 행위에 대해 언급하는 것은, 무명(無明)에 의한 망령된 생각의 움직임에 의해 스스로 환상을 만든 것임을 모르고, 현상 그 자체에 묶여 존재의 실상을 바로 보지 못함을 깨우치기 위함이다.

행위란 나(自我)와 대상(境)을 연결하는 속성으로서, 마음(識)을 매개로 하여 현실 속에 존재하게 된다. 그러나 마음과 행위는 앞뒤가 없으니, 행위는 마음이 아니면 행위로서 드러날 기반을 잃는 것이며, 마음은 행위를 통하지 않으면 드러나는 통로를 잃게 된다.

따라서 마음(識)의 작용을 염두에 두지 않는 행위란 본질 없는 거짓 모습의 환상에 대한 판단이 될 수밖에 없으며, 행위를 배제한 마음(識) 역시 주관적 관념의 환상이거나 대상에 관한 초월적 직관에 불과하다.

이것이 곧 존재 본질의 의미가 행위와 서로 통한다는 뜻이다. 다시 말해 본래의 모습(實相)이 존재하지 않으면, 거짓의 모습 즉 환상에 가치판단을 부여하는 자체는 무의미해지고 만다. 이는 곧 무명(無明)의 화합으로 나타난 망령된 생각이 오관작용(六根)의 통로를 통해 행위로 드러난다고 하더라도, 그 자체가 표현할 수 없는 본질을 표현하는 언어와 같다.

그러므로 '걸림이 없는 행위(無碍行)'는 그 모든 것을 넘어서는 곳에 있다.

> 그러한 것이 아니지만 그러하지 않는 것도 아니다(非然而非不然). 그러나 그러하지 않기에 영원히 얻는 바 없으며, 그러하지 않음도 아니기에 얻지 못하는 바도 없다. 이와 같이 걸림이 없는(無障無碍) 까닭에 무애자재(無碍自在)하다고 한다. 「涅槃經宗要」

'걸림이 없는 행위(無碍行)'란 인간 활동에 외적으로 주어진 대상세계의 고립성을 부정하고 거부함으로써 주체의 역동성을 열어 놓는 행위이다. 다시 말해 대상세계는 인간의 자아 속에서 상호

개방되고, 이로 말미암아 존재에 대한 고정화와 비존재에 대한 허무화를 모두 뛰어넘음으로써 있고 없음에도 구속되지 않는 행위이다.

그러므로 차별의 눈으로 보면 수만 가지의 행위들이 없지 않으나, 이를 넘어선 세계를 가치론의 잣대로 구분할 수는 없다. 따라서 무애행(無碍行) 역시 무언가 색다른 특별한 행위를 의미하는 것은 아니다. 단지 항상 '있는 그대로' 사는 것일 뿐이다. 이를테면 순간순간 주어지는 것을 있는 그대로 받아들이는 것이 곧 걸림이 없는 행위이다. 이것이 곧 무애(無碍)의 삶이자 무애의 행위이다.

순간순간 바뀌는 현상계는 가장 생생하게 마음에 머물 수밖에 없고, 더구나 매일 매일이 곧 창조의 새벽이다. 이는 하루하루가 다 처음이자 마지막으로 오는 날이기 때문이다. 바로 이와 같은 진리에 눈을 뜨지 못한다면, 걸림 없는 행위라고 한들 모두 형식뿐이다.

따라서 인간으로서의 원효 스님을 언급할 때 흔히 '걸림 없는 행위(無碍行)의 실천자'로 묘사하기도 하나, 수행자로서의 스님은 오히려 엄격하고 철저하게 일심(一心)으로 돌아가고자 한 사람이라 불러도 무리가 없을 것이다.

4. 무애행(無碍行)

행위로 나타나는 업(業)이란 무명(無明)으로부터 생긴 망상에 지나지 않는다. 따라서 망상의 인(因)이 되는 무명을 벗어날 수 있다면, 행위를 통해서도 일심(一心)은 온전하게 드러나게 된다.

그러나 현재의 삶은 결코 다른 사람으로 인해 생긴 것도 아니며, 어떤 원인 없이 우연히 나타난 것도 아니다. 다시 말해 결과로서의 현실은 주관과 대상 그리고 알음알이의 화합에 의해 결정되는 것이기 때문에, 행위에 작용하는 인과(因果)는 현실성이지만 또한 가능성이기도 하다.

사실 인(因)과 과(果)의 깊은 관련은 시대와 지역을 넘어서 일상생활의 전제가 된다. 불교에서도 역시 인간의 삶이나 행위를 주로 행위자 자신의 동기로 설명하는 인과론을 중히 여겼고, 이러한 분석은 활발하게 전개되었다.

흔히 인과(因果)란 시간적으로 보아 원인이 먼저이고 결과가 나중이라고 하지만, 묶어 놓은 갈대가 서로 의지하고 서 있는 것처럼 동시라고도 한다. 이와는 달리 결과는 이미 원인 안에 포함되어 있어 그것이 외부로 나타났다고 보는 이론이 있는가 하면, 결과는 전혀 새로이 탄생했다고 생각하는 견해도 있다.

불교에서는 원인과 결과의 직접적인 연결을 수용하지 않고, 그 사이에 조건을 세워 그것을 중시하는 한편 그 과정을 중요하게 다루고 있다. 이 조건을 '연(緣)'이라 하여, 인(因)과 연(緣)과 과(果)의 관련을 행위 이해의 근본으로 삼고 있다.

따라서 모든 원인은 연을 매개로 하여 결과를 맺지만, 모든 결과는 원인에 연관된다. 그리고 모든 존재는 이 인과의 계열 속에 있으므로 항상 변하며, 일체의 우연을 인정하지 않는다. 나아가 단멸해야 할 이유가 일어나지 않는 한 계속 존속한다고 한다.

> 중생들로 하여금 각각 당과(當果)를 깨닫게 하고자 하지만, 당과(當果)는 아직 이루어진 것이 아니기에 중생들이 이 사실을 믿기 어려울까 염려한 까닭에 깨달은 바를 스스로 말씀하시어 중생들에게 믿음을 주려는 것이다. 「涅槃經宗要」

행위에는 결과가 따르지만 이는 눈앞에 드러나는 것이 아니기 때문에 쉽게 받아들일 수는 없다. 따라서 행위의 이치를 설명하여 올바른 행위에 이르고자 한다.

그러나 현실적으로 나타나는 행위에는 어쩔 수 없이 가치판단의 문제가 따르게 된다. 이를테면 그 근본적인 원인이야 무명으로 인한다고 하더라도, 현상적 행위의 판단에는 사회적 가치 규범이 수반될 수밖에 없다.

> 어떤 이는 그 속마음이 사실 나쁘지만(邪) 드러나는 거동은 바르고 옳은 것 같고, 또 어떤 이는 드러나는 행동으로 보아서는 더러움에 물든 것 같아도 그 속마음은 진실로 깨끗할 수 있으며, 혹 어떤 이는 하는 행동으로 보아 적어도 작은 복(福) 정도에는 합당할 것 같으나 도리어 큰 근심에 이른 수도 있으며, 혹 어떤 이는 그 마음과 행동에 있어 항상 깊고 멀리 생각하며 순리에 따르는 것 같지만 실제로는 이와 반대로 얕고 가까운 것만 생각한다. 「菩薩戒本持範要記」

이에 따르면 복이나 죄 또는 선이나 악이라는 가치판단은 행위의 동기가 결과와 관련지을 수 없다든지, 선과 악 사이에 무한한 등급이 있다든지, 또는 사실은 어느 면에서 보면 선이지만 다른 면에서 보면 악이었다고 하는 사실에 의해 언제나 뒤바뀔 수 있다.

그러므로 어느 한 면에서의 판단은 그 나름대로의 체계를 지닐 수 있다고 하더라도 인식의 보편성을 확보할 수 없기 때문에 올바른 행위의 기준은 행위의 본질을 통해서 다가설 수밖에 없다.

> 욕심과 자비는 비록 짓는 바의 업(業)은 같지만, 하느냐 하지 않느냐는 다르다. 「菩薩戒本持範要記」

행위가 의지하는 곳으로서의 작용(六根)은 다를 바 없으나, 행위로 드러나는 근본적인 원인이 곧 행위를 가능하게 하는 근거이다. 다시 말해 무명으로 인해 망상분별을 일으키는 마음이 행위의 직접적인 원인이므로 본질의 문제가 선행될 수밖에 없다.

이와 같이 행위의 실상을 문제 삼음으로써 행위를 이해하고자 하는 것은, 행위가 사실 망상분별을 일으키는 마음으로부터 드러난다는 이치를 알게 하려는데 있다. 따라서 이를 통해 반복되는 윤회의 틀을 벗어나고자 하는 것이 곧 실천적인 행위이며, 나아가서는 걸림 없는 행위(無碍行)의 이론적 근거이기도 하다.

때문에 스님은 궁극적 목적으로 나아가는 데는 나름대로의 다양한 길이 가능하다고 하지만, 거기에는 올바른 선택이 중요하지 않을 수 없다고 한다.

> 어떤 사람은 별관(別觀)으로 말미암아 도(道)에 들어가며, 또 어떤 사람은 통관(通觀)으로 말미암아 도(道)에 들어간다. 그러나 도(道)로 나아가는 관법은 지관(止觀)의 두 문을 벗어나지 않는다. 「梵網經菩薩戒本私記」

사람의 능력(根機)에 따라 다양한 방법을 통하여 무명의 실체를 깨달아 윤회를 벗어나고자 하지만, 진리로 나아가는 올바른 수행이란 전체적으로 볼 때 지(止)와 관(觀)의 두 수행법이 있을 뿐이다. 이는 곧 무애행(無碍行)의 실천 가능성을 지와 관으로 열고 있다는 뜻이다.

> 여러 가르침이 비록 많이 있지만, 처음으로 수행하는 데는 두 가지 방법(二門)에 지나지 않으니, 진여문(眞如門)에 의하여 지(止)의 수행을 닦고 생멸문(生滅門)에 의하여 관(觀)의 수행을 일으킨다. 지와 관을 함께 운용하

므로 만 가지 수행을 갖추게 되며, 이 두 문에 들어가면 모든 수행법을 모두 통달한다.「大乘起信論疏幷別記」

지관(止觀)의 수행이란 육도(六度, 六波羅密) 가운데 선정(禪定)과 지혜(智慧)를 함께 닦는 수행이다.「大乘起信論疏幷別記」

이에 따르면 올바른 수행이란 곧 지(止)와 관(觀)이다. 지는 진여의 진리세계(一如法界)를 깨닫는 지혜이며, 관은 임의적으로 세운(假有) 현상을 바로 비추어보는 것이다. 이를테면 현상과 본질이 연결되는 내면적 과정을 깨닫는 것이야말로 올바른 수행이라는 뜻이다.

그런데 지관(止觀)을 함께 닦아야 하는 이유를 두 가지 장애(二障)에 대비시키고 있는데, 이는 괴로움(煩惱)과 알음알이(所知)의 장애에 각각 대응해야 수행이 온전해지기 때문이다.

이치에 따라 한 쪽으로 치우침이 없으려면 반드시 지(止)와 관(觀)을 함께 수행해야 하는데, 이는 두 가지 장애(二障)를 상대하여 다스리는 데는 반드시 지와 관이 필요하기 때문이다.「大乘起信論疏幷別記」

올바른 수행이란 지관(止觀)을 통해 이루어진다는 것은 말할 것도 없이 존재의 본질에 대한 직관을 의미하지만, 거기에는 두 가지 장애(二障)의 근원인 무명(無明)의 실체를 바로 본다는 전제가 개입될 수밖에 없다.

다시 말해 무명의 화합으로 나타나는 망상의 모습을, 오관작용(六根)이 '있다(有)'는 생각을 일으킨 것이므로, 무명의 실체 없음을 직관하는 것이 곧 지와 관이다. 그러므로 지관을 통해야만 비로소 올바른 수행이 이루어질 수 있다는 것은, 행위와 이치가 다르지 않다는 뜻이기도 하다.

> 성인(聖人)의 행위가 비록 다르다고 하나 성인에게 있어서의 행위(行)와 이치(理)는 일미(一味)이며, 두루 통하는 이치와 지혜는 평등하다. 평등이요 일미이므로 성인에게 있어서 다를 수도 없고, 전체적인 면도 있고 나누어진 면도 있으므로 성인에게 있어서 같을 수도 없다. 「金剛三昧經論」

행위(行)와 이치(理)는 별개의 것이 아니며, 이치와 지혜(智) 역시 일미(一味)이다. 그렇기 때문에 행위와 이치는 둘일 수 없으며, 이치와 지혜는 평등하다.

다시 말해 행위란 마음이 대상으로 인해 드러나는 것이니, 이 마음의 작용을 이해하는 것이 곧 행위의 본질에 대한 직관이 된다. 따라서 실천으로 이어질 수 없는 이치라면, 그것이 올바른 이론일 수 없다. 이러한 뜻에 있어서의 지관(止觀)이 곧 업(業)의 실체를 확인하는 길이 된다.

이와 같이 이치와 행위가 일미(一味)임을 인식할 수 있다는 것은 곧 '나'라고 고집하는 시각에서 보는 것과, 전체적이고 우주적인 관점에서 보는 것과의 합일을 의미한다. 따라서 행위와 이치가 다르지 않다는 것은 이원성이 사라져 버린 것, 곧 궁극이다. 이때의 궁극은 단순히 '상대적'인 개념의 반대가 아니다.

그러므로 온전한 행위란 '나'의 그림자가 거기에 개입하지 않은 상태에서 행위함을 의미한다. 이를테면 관찰자 즉 관찰하고 있는 '나'는 행위 속에 녹아들어 사라져버린다. 그렇다고 하더라도 자신의 존재에 대한 의식을 잃어버린다는 의미는 아니다. 나는 여전히 여기에 존재하며 실제로 행위하고 있다.

이와 같은 깨달음은 스스로의 이로움(自利)과 다른 사람을 이롭게(利他) 하는 두 가지의 행위가 다르지 않다는 데 이르게 한다. 따라서 온전한 행위자로서의 모습이 보살로 나타난 것이며, 이치와 행위가 다르지 않음을 실천함으로써 온전한 삶을 열게 된다.

> 보살의 행위는 항상 중생을 위하여 고통을 여의고 즐거움을 얻게(離苦得樂) 하고자 하는 데 있다. 「大乘起信論疏幷別記」

일체의 존재는 인연에 따라 생기지만, 이와 같은 변화를 이해하지 못하기 때문에 번뇌가 나타난다. 그리고 이로 인해 육도(六道)를 전전한다. 이는 무명(無明)이 마음을 가린 긴 꿈과 같이, 망령된 생각이 괴로움 가운데로 흘러가게 하기 때문이다.

따라서 일체 중생에게 있어서, 고통을 여의고 즐거움으로 나아가는(離苦得樂) 길은 온전한 행위 그 자체로 드러난다. 그것이 곧 일심(一心)의 세계이자 보살의 무애행(無碍行)이다. 그러나 이때의 무애행이란 온전한 행위를 지칭하는 약속된 표현일 뿐이다. 다시 말해 이는 걸림이 없는 행위로서 궁극적 본질을 실현하는 방향이다.

이와 같이 주어진 가치나 판단의 잣대를 초월한 행위로서의 삶은 궁극적인 것과의 일체감이라고도 할 수 있다. 이를 굳이 표현하자면 '일심(一心)의 세계'라 할 수 있지만, 이때의 행위는 그것과 나누어지지 않는 '하나'이다.

때문에 행위를 두고 온전함이거나 무애행이라고 하는 의미는 일상적으로 이해되지 않는 행동일 것이라고 생각하지만, 사실 이는 본질 직관의 어려움을 드러낸 것일 뿐이다. 다시 말해 집착으로 인한 욕망과 그로부터 파생된 업(業)은 스스로 만든 것이지만, 그것을 벗어나는 일 또한 스스로 해야 함을 의미한다.

이와 같이 이해할 수 있다면 온전한 행위란 일심과 다르지 않으며, 거기에는 집착도 집착의 개념도 존재하지 않는다.

따라서 모든 중생이 불성(佛性)을 지녔다는 사실을 의심하지 않는다면, 언제 어디서라도 온전한 행위가 가능하다.

> 사람이 예배(禮拜)하거나, 단지 합장(合掌)하거나, 한 손을 들거나(擧一手), 조금 머리를 숙이거나(少傾頭), 혹은 산란한 마음을 다스리고자 법당에 들어가 한번이라도 '부처님께 귀의하겠습니다(南無佛)'라고 하더라도 이미 모두 불도(佛道)를 이룬다.「法華經宗要」

일상적인 행동 하나하나가 무명(無明)에 물들지 않을 수 있다면, 그것이 곧 온전함으로 나아가는 길이 된다. 때문에 성불(成佛)로 나아가는 길은 어떤 특별한 장소나 특별한 방법을 필요로 하지 않는다. 단지 현재 머무는 곳에서 온전한 마음으로 수행을 지속하는 것이지, 올바른 규범이라든가 올바른 노력 등의 요구사항은 필요가 없다. 오로지 마음을 집중하고 일어나는 현재의 순간을 분별없이 알아차리라는 것일 뿐이다.

그러므로 걸림 없는 행위(無碍行)란 처음부터 어떤 구제나 개조를 목표로 하는 것이 아니다. 오로지 철저히 자신의 입장을 보고 참된 자기를 알고자 하는 일에 전력을 다할 뿐이다. 이를테면 인간은 항상 '당신은 누구인가?'라고 묻듯이, 지금 먼저 자신에게 향하여 '나는 무엇인가?'라고 반문하는 것, 이러한 질문에 올바르게 대답하는 것이 올바른 행위이다.

이는 환경과 조건을 바꾸어야 온전함으로 나아갈 수 있다는 뜻과는 거리가 멀다. 단지 인간이 힘들어하는 문제란 본래 인간의 마음속에 있기 때문에 언제나 마음만 먹으면 괴로움을 벗어날 수 있다는 생각 사제가 바로 자신을 기만하는 일임을 알아차려야 한다. 다시 말해 온전한 행위란 일상적인 삶에서 자연스럽게 일어나는 일일 뿐이다.

> 행위를 한다는 뜻에 세 종류가 있으니, 첫째는 부처님의 이름을 듣고 공경하는 마음으로 그 앞에 지은 죄를 뉘우치는 것이고, 둘째는 부처님이라는 이름을 듣고 이 이름이 지닌 덕을 우러러 믿는 것이며, 셋째는 탑을 쓸고 땅을 곱게 고르며 향과 꽃을 공양하는 등의 일을 하는 것이다. 「彌勒上生經宗要」

온전한 행위란 형식적이고 상대적인, 그리고 고정 불변하는 계율이나 이치가 아니다. 다시 말해 온전한 행위란 계율이나 이치로서 얻어지는 순간적인 안도감이 아니라, 일상생활 속에서 자연스럽게 생활화되는 행위이다. 뿐만 아니라 생활 속의 문제들을 포함하여 삶의 본질을 꿰뚫어볼 수 있는 사건이나 기회까지 편안함으로 연결되어야 진정으로 그 행위가 온전한 행위이다.

그러므로 온전한 행위란 있다거나 없다거나 하는 등의 양극단에 집착하지 않는 행위이다. 이를테면 오로지 일심(一心)을 관조함으로써 자연스럽게 나타나는 행동이다. 그렇게 되면 모든 존재의 실상을 깨닫게 되고, 그 깨달음은 자연스럽게 모든 중생을 이롭게 하는 행동으로 나아갈 수 있게 된다.

실제로 스님은 분황사(芬皇寺)에서 「화엄경소(華嚴經疏)」를 편찬하다가 '십회향품(十回向品)'에 이르러서, 붓을 놓고 대중교화의 길에 나섰다. 아마도 스님은 경전에 기록된 말들을 음미하며 깊이 생각하고 그대로 살려고 애쓴다는 것은 마치 뗏목을 머리에 이고 가는 사람처럼 어리석은 일을 하고 있음을 깨달았던 것일 수도 있다.

뗏목이란 강을 건널 때는 필요한 것이지만, 건너고 나서는 버려야 한다. 그런데 강을 건넌 뒤에도 뗏목을 가지고 가야 한다고 고집을 부리는 사람이란, 때와 상황을 가리지 않고 무조건적으로 그 가르침에 매달리는 사람을 비유하는 말이다.

몸과 마음의 현상은 끊임없이 변화할 뿐만 아니라, 느끼는 세상의 사물 또한 시시각각으로 변하고 있다. 나아가 보고 느끼는 모든 것이, 심지어 이러한 것을 아는 자신까지 순간순간 변하고 있다는 사실을 온 몸으로 느낄 수 있다면, 이론이나 계율에의 천착은 진실로 무의미한 일이 된다.

스님의 이와 같은 이론과 실천적인 행동이 그의 삶 속에서 남김없이 드러난 것을 일러 '무애행(無碍行)'이라 한다. 이는 곧 진실로 불교의 가르침을 실천하는 사람은 열반에만 머물지도 않으며, 나고 죽음에도 머물지 않는다는 사실을 온몸으로 보여준 것으로, 물들고 탁한 현실에 살면서도 거기에 물들지 않았던 것이다.

이와 같은 행동이 스님의 행적에서 여실히 드러나고 있다.

> 거사(居士)처럼 주막과 창녀집에도 출입하였으며, … 혹은 경전의 주석을 지어 「화엄경」을 강의하였으며, 때로는 거문고를 만지며 사당에서 즐겼고, 혹은 여염집에서 자기도 하고, 때로는 산이나 물 가릴 것 없이 좌선하기도 하였으니, 그 뜻대로 걸림 없는 행동이 도무지 정해진 바가 없었다. 「三國遺事」
>
> 스님이 무애가(無碍歌)를 지어, 마을마다 동네마다 노래하고 춤을 추며 교화하고 돌아다녀서, 가난뱅이나 거지나 더벅머리 철없는 아이들까지 모두 부처님의 이름을 알았으며, 누구나 '나무아미타불(南無佛)'을 하게 되었으니, 원효 스님의 교화가 참으로 큰 것이었다. 「三國遺事」

이와 같이 걸림이 없었기에 '나무아미타불'을 외치면서, 마을마나 동네마다 다니면서 민중 속에 뛰어들기를 원했다. 또한 자신이 스스로 염불생활을 실천하고 생활화함으로써 부처의 길을 몸소 보여준 삶을 살았다. 이를테면 관념적인 이론 체계를 조화시키는 일도 중요하지만, 이보다는 오히려 대중 속으로 뛰어들어 행동과 이치가 일미(一味)임을 실천으로 보였다.

이는 다름 아니라 현상존재의 괴로움을 깨우쳐 극락으로 가고자 한다면, 그 길에 있어서의 방법이란 그 어떤 것도 모두가 방편이 될 수 있음을 여실히 보여준 셈이다. 다시 말해 중생이 모두 불성(佛性)을 지녔기에, 다 같이 부처의 길로 갈 수 있다고 확신하고 있었다.

때문에 그 어느 누구라도 존재의 본래 모습을 바로 보고 올바른 행동을 한다면, 그 행동으로 인해 해탈로 나아가기에는 너무도 벅찬 것이라 느끼었음이 분명하다.

결국 수행해야 할 바가 다르기는 하지만, 그 나아가는 바의 도리는 다름이 없다고 한 스님의 행동은 곧 이론철학의 체계가 실천으로 이어질 때 불교의 의미가 오롯이 살아난다는 뜻을 전하고 있다.

다시 말해 행위의 본질을 체득하여 몸소 보임으로써 이것이 오히려 깨달음에 접근하는 적극적인 방법의 제시가 아니었는가를 생각할 수 있다. 이를테면 이론을 통하여 정진하는 것도 한 방편이라면, 탑을 쓸고 꽃을 공양하는 단순한 행위에서도 지향적 욕구를 충족시킬 수 있음을 행동으로 보여주었다.

제8장 정토론(淨土論)

종교란 일반적으로 내세(來世)를 전제로 하여 영원한 삶을 보상한다는 조건으로 삶의 태도를 맡기는 것이라고 표현한다면, 여기에서 크게 벗어날 종교는 없다. 그러나 삶의 태도와 가치의 방향을 결정짓는 내용들은 종교마다 다르다.

이는 단순히 그와 같은 조건에서 그치는 것이 아니라, 지금 여기서 펼쳐지는 삶의 내용을 담보로 한다는 점에 있어 매우 중요한 일이기 때문이다.

이와 같은 관점에서 볼 때, 화쟁(和諍)의 논리로 구축한 일심(一心)과 일미(一味)의 구도는 원효 스님의 뛰어난 사상세계를 보여주고 있는 반면, 그에 한 치의 모자람도 없이 철저하게 무애행(無碍行)을 실천하면서 '나무아미타불(南無佛)'을 가르쳤던 스님의 행적 또한 진정한 실천행의 의미를 고스란히 드러내고 있다는 점은 그저 놀라울 따름이다.

이론 체계를 정립한다는 것은 관념의 유희를 만끽하는 일이므로 사유세계와 삶은 괴리되게 마련이다. 따라서 관념의 나락에서 헤어나지 못한다면 관념과 현실과의 거리만큼 고통 받는 일이 된다.

때문에 이론적 바탕에서 형성된 신념을 믿음과 연결시킨다는 것이 쉽지 않음을 감안한다면 스님이 스스로 붓을 놓고(絶筆), 자신을 낮추어 불렀던 일(卜姓, 下之下)은 단순히 겸양을 나타내고자 한 것만은 아니었을 것이다.

알아듣지도 못할 말을 늘어놓고 거기에 안주하고자 한다면, 이론이란 진정 관념의 놀이에 불과하다. 그렇다고 그것이 필요 없다는 것이 아니지만, 어떻게 현실 속에 구현하고 접목하느냐가 문제라면 거기에는 이론 이상의 그 무엇이 요구될 수밖에 없다.

이와 같은 시각으로 불교를 이해한다면, 불교 역시 우주론에 대한 문제제기라든지 형이상학적인 피안에 대한 가르침을 수반하지만, 그보다는 오히려 인간과 인간의 문제에 대한 관심이 중요한 주제였다고 할 수 있다.

구체적으로 인간 심성의 구도와 작용의 상관관계를 밝히고자 한 것이 불교사상의 흐름이다. 이와 같이 관심의 초점을 괴로워하는 인간의 현실에 두고 있다는 것은 회향(回向) 해야할 목표가 결국에는 사회임을 의미한다.

때문에 수행자는 당연히 인간과 사회를 위해서 무엇을 할 수 있는가와 해야 하는가에 대한 답을 마련해야 한다. 사회란 다름 아니라 구조와 환경에 의해 비슷하게 충동된, 수많은 인간들의 축적된 욕망에 의해서 유지되기 때문이다.

사실 원효 스님은 무애(無碍)의 춤을 추며, 마을마다 골목마다 누비고 다니면서 사람들에게 '나무아미타불'을 염불하라고 권하였다. 이는 곧 스님이 정토(淨土)에 대한 확고한 신념이 있었다는 뜻도 되지만, 그 길을 따르는 삶이 불교가 지향하는 목적성에 충실할 수 있고, 아울러 불교가 사회에서 정당한 자리매김을 할 수 있다고 믿었기 때문이다.

이와 같은 스님의 사상은 다양해 보이는 존재들이 사실은 다르지 않으며, 그 어떤 사유도 이중성을 넘어서야 한다는 목표 아래 설정된 것이다. 뿐만 아니라 스님의 행위는 관념적인 이론 이상의 어떤 것을 전달하려는 의도를 지니고 있었음이 분명하게 나타나고 있다.

1. 정토(淨土)의 의미

정토(淨土)란 청정한 땅(淸淨土)으로서 극락(極樂, sukhāvatī) 또는 불국(佛國)이라고도 하지만, 이를 지칭하는 용어는 수없이 많다. 넓은 의미로서는 마음의 청정함 즉 깨달음의 세계를 지칭하지만, 서방(西方)으로 십만억불국토(十萬億佛國土)를 지난 곳에 실재한다는 믿음도 있다.

이 세계를 정토(淨土)라 하는 것은, 깨닫지 못한 중생들의 세계가 번뇌와 욕망으로 물든 예토(穢土)임에 반하여, 깨끗하고 또한 번뇌로부터 떠나 있는 깨달음의 세계이기 때문이다.

따라서 정토(淨土)는 안락(安樂) 또는 안양(安養) 등으로 번역되기도 하는데, 이는 '즐거움이 있는 곳'이라는 의미를 지니고 있다. 하지만 여기서의 즐거움은 인간세계에 있어서의 괴로움과 대비되는 즐거움이 아니라, 이를 초월한 절대적인 즐거움을 뜻한다.

그러므로 정토(淨土)란 부정(不淨)함도 없고, 더러움(雜穢)도 없는 즐겁고 청정한 묘토(妙土)의 이미지로 다가온다. 하지만 이 가운데서도 아미타불의 극락세계가 정토의 성질을 가장 잘 나타내고 있다고 한다.

이와 같은 정토에 왕생하기를 원하는 믿음을 체계화하고 있는 정토계의 경전에서는 아미타불의 서방극락정토 이외에도 여러 종류의 정토들이 언급되고 있다. 이를테면 동방 아촉불(阿閦佛)의 아비라제정토(阿比羅提淨土, 妙喜世界), 미륵보살의 도솔천정토(兜率天淨土), 약사여래(藥師如來)의 유리광정토(琉璃光淨土) 등이 대표적인 것들이다.

아미타불의 극락세계는 가장 훌륭한 서방정토로서, 「무량수경(無

量壽經)」에 묘사된 장엄상(莊嚴相)으로는, 땅과 나무 등이 모두 황금이나 칠보로 되어 있고, 무상정각을 이루려는 무수한 성문(聲聞)과 보살들이 있다고 한다. 뿐만 아니라 모든 중생의 마음먹은 바가 그대로 이루어지며, 일체의 번뇌와 유혹이 끊긴 곳이라고 한다.

이는 '아미타불(阿彌陀佛)'이란 이름이 지닌 의미가 곧 무량한 수명과 광명을 뜻하는 바와 같이, 서방정토의 중생들은 아미타불의 공덕 속에 불퇴전의 일생보처(一生輔處)에서 머물며, 모든 붓다가 성취한 무상정각을 쉽게 이룰 수 있다고 한다.

그러므로 정토(淨土)라 할 때는 아미타불(阿彌陀佛)의 서방정토(西方淨土)를 지칭하는 것이 일반적이다. 그러나 여기에는 가장 오래되고 또한 넓은 지역으로 전파되었으며, 현재까지도 그 영향력을 미치고 있는 아미타불 신앙이 그 배경으로 작용하고 있다.

사실 정토(淨土)의 토(土)는 국토(國土) 불토(佛土) 예토(穢土) 등에서 쓰이는 바와 같이, 굳이 붓다가 상주하는 세계만을 지칭하는 것은 아니다. 이를테면 인간이 사는 세계를 예토라 하고 붓다가 머무는 세계를 불토라 하듯이, 어리석은 중생을 구제하기 위해 출현한 세상도 역시 불토(佛土)에 해당된다고 한다.

이와 같이 정토(淨土)를 두 가지의 뜻으로 해석하는 것은 '청정한 국토'라는 의미와, '국토를 청정하게 한다'는 뜻이 모두 정토에 내포되어 있기 때문이다.

따라서 '중생이 사는 세계를 맑게 하여 청정한 나라로 만드는 것'이란 의미에서는 붓다의 중생제도를 뜻하지만, 사실 이는 보살도(菩薩道)로서 남을 이롭게 하는 행동을 의미한다. 그러나 이와는 달리 '이 세계와는 다른 맑고 깨끗한 이미지의 땅을 설정하여 중생을 거기로 인도한다'는 의미에서는 붓다와 보살이 머무는 청정한 세계를 뜻하는 바, 사실상 이 표현이 내세(來世)로의 실제적

보상 개념이다.

정토(淨土) 가운데 대표적인 서방정토를 주재하는 아미타불(阿彌陀佛)은 한량없는 광명이 있다는 의미와 더불어 한량없는 수명을 지니기에 무량수불(無量壽佛)이라고도 하며, 무량광불(無量光佛) 진십방무애광여래(盡十方無碍光如來) 불가사의광여래(不可思議光如來)라고도 부른다.

그러나 서방정토를 상정하고 있는 아미타(阿彌陀) 신앙의 기원에 대해서는 여러 학설이 있지만, 추정 이외에는 정확히 알려진 것이 없다. 이를테면 서북 인도지역이 이란(Iran)의 태양숭배사상의 영향을 받아 한량없는 빛을 지닌 부처를 상정했다는 이론과, 인도 고대 종교에 나타나는 프라나(prana) 또는 비슈누(Vishnu) 신화의 한량없는 목숨이라는 관념을 결합하였다는 학설이 있기는 하다. 다만 성립 연대에 대해서는 대체로 기원 전후 무렵에 일어났다는 것이 정설로 인정되고 있을 뿐이다.

이와 같은 아미타 신앙은 다양한 지역으로 전파되기도 하였으며, 아미타 신앙을 설한 경전도 무수히 나타났다. 그 가운데서도 대경(大經)이라 부르는 「무량수경」은 석가모니가 아미타불에 관해 이야기하는 형식으로 구성되어 있다.

「무량수경」에 따르면 아미타불은 여러 겁(劫) 전에 비구였을 때 팔십 한 번째 붓다로부터 무수히 많은 불국토의 장엄한 모습에 관한 말씀을 듣고, 스스로 다른 어느 불국토보다 더 훌륭하며 누구든 그의 이름을 진실한 마음으로 부르면 그곳에 갈 수 있는 불국토를 건설하기로 서원했다고 한다.

따라서 아미타불의 불국토에 태어나기 위해서는 그의 이름을 부르는 것 외에도 공덕을 쌓고 깨달음에 전념해야 된다고 한다. 그러나 이와는 달리 후대에 저술된 「아미타경」에 따르면, 정토는 선한 행위에 대한 과보로 태어난 곳이 아니라 누구든지 임종할 때 아미타불의 이름을 진실로 부르면 태어날 수 있는 곳으로 묘사되고 있다. 다시 말해 '나무아미타불'만 외우면 저절로 서방정토에 왕생하여 광명을 얻을 수 있다고 한다.

때문에 정토교(淨土敎)에서는 '어려운 길과 쉬운 길(難易二道)'이라는 두 가지의 방법으로 정토왕생을 제시하고 있다. 이를테면 말법사상과 결부시켜 자신의 힘으로 수행함으로써 현세에서 성인의 경지에 들어가는 가르침을 성도문(聖道門)이라 하여 '어려운 길'로 규정한 반면, 아미타불의 구원에 의해 극락정토에 왕생해서 성불하고 다시 이 세계에 돌아와서 중생제도의 성스러운 일에 종사할 것을 가르치는 내용을 '쉬운 길'이라 하여 정토문(淨土門)으로 분류한다.

쉬운 길로서의 정토문은 아미타의 발원에 귀의하여, 그 이름을 부르고 염불함으로써 정토에 왕생함을 믿는 것이다. 이는 용수(龍樹)가 대승보살도(大乘菩薩道)의 하나로 「십주비파사론(十住毘婆沙論)」에서 부처님의 이름을 부르는 것을 쉬운 길(易行道)이라고 하고, 그 외의 수행을 어려운 길(難行道)이라 한다고 언급한 데서 비롯하였다.

따라서 '나무아미타불'을 외우는 염불만으로도 죽은 후 서방정토(西方淨土)에 왕생할 수 있다는 믿음은, 무식하고 압박받는 하층사회에서 환영받을 수 있는 내용이었기에 많은 민중들이 현세를 등지고 입산하기도 하였으며, 육신의 산몸으로 하늘을 날아 서방정토로 왕생했다는 설화 또한 수없이 남기게 되었다.

문제는 내세의 약속이 대중불교적인 시각에서 보는 종교적인 모습이라 한다면, 정토신앙을 제외하고서 불교의 종교적인 모습은 사실상 찾아보기 어렵다는 점에 있다.

때문에 용수(龍樹)와 세친(世親) 등이 그들의 정토사상에서 타력왕생설(他力往生說)을 주장하는 것은, 이들이 정토사상에 깊은 관심을 가졌음을 보여준 것이기도 하지만, 이보다는 오히려 불교의 전파를 위한 필요성을 자각한 결과이기도 하다. 그러므로 정토사상은 대승불교의 흐름에서 중요한 역할을 담당하고 있다.

뿐만 아니라 신앙의 형태로 볼 때, 누구나 쉽게 접할 수 있는 대중적 보편성과 함께 왕생의 조건이나 방법이 비교적 단순하다는 면에서 많은 호응을 받았던 것은 사실이다.

이와 같은 정토사상의 핵심은 무엇보다도 먼저 업(業)을 부정한다는 점에 있다. 이는 곧 믿음만으로도 정토왕생이 가능하다고 보는 관점이지만, 이 또한 착한 심성과 행위로부터 말미암는다는 사실을 부정하지는 않는다.

때문에 정토에 왕생하려면, 염불의 공덕뿐만이 아니라 마음을 맑게 하는 수행도 필요하다고 강조하고 있다. 따라서 정토사상은 고도의 사유체계를 갖춘 자력과 타력의 조화로 이해되기도 한다. 이를테면 서방에 왕생하고자 하는 단순한 타력의 신앙자세가 아니라, 나를 수양하는 자력의지가 겸비되어야 한다는 논리를 갖추게 된다.

그 과정에서 지옥과 대비되는 개념으로서의 극락정토에 대한 문제는 대부분의 불교사상가들에 의해 상징적으로 수용됨으로써 '모든 악을 짓지 말라', '선을 권하고 악을 징계하는' 윤리적 판단기준을 유도하기 위한 의미로 인식되기도 했다.

2. 신라의 정토신앙

불교는 스스로의 힘으로 수행하여 깨달음을 이룸으로써 해탈을 성취하려는 자력구원(自力救援)의 종교로 출발하였다. 그러나 대중적인 종교로서 범위를 넓혀가기 시작하면서, 자력적인 수행뿐만 아니라 붓다와 보살의 본원력(本願力)에 의지하여 중생을 구제한다는 타력구원(他力救援)의 이념을 원용하게 되는데, 그 대표적인 것이 바로 정토신앙이다.

이는 '법에 의지하고 자신에 의지하라(法燈明自燈明)'는 붓다의 가르침과는 상반되는 입장임에도 불구하고, 정토신앙을 비롯한 여타의 타력신앙은 '자리(自利)가 곧 이타(利他)'라는 사상을 바탕으로 한 대승불교와 그 맥을 같이하며 세를 넓혀왔다.

그러므로 인도에서의 정토사상은 대승불교와 더불어 나타나기 시작하지만, 사실상 대승 경전 가운데 정토사상을 설하고 있는 경전이 가장 많다는 것은 정토사상의 위상을 짐작하게 한다.

정토사상을 설하는 경전 가운데 대표적인 것이 「아미타경(阿彌陀經)」과 「무량수경(無量壽經)」 그리고 「관무량수경(觀無量壽經)」인데, 이를 정토삼부경(淨土三部經)이라 한다. 이들 경전에서는 극락정토가 이루어지게 된 배경과 정토의 모습, 그리고 정토에 왕생할 수 있는 방법 등이 언급되고 있다. 그러나 무엇보다도 정토에 왕생함으로써 불퇴전(不退轉)의 경지에 도달하고, 구경(究境)에 가서는 무상의 보리와 열반을 증득한다는 내용이 강조되고 있다.

이와 같이 정토사상은 처음부터 구원에 의지하기 때문에 대승불교의 일반적 수행 태도와는 전혀 상반되는 길을 제시하고 있다. 따라서 이러한 모순을 해결하기 위해, 정토를 수행의 결과로 드러나는 해탈의 세계로 해석하려는 경향이 나타나게 되었다.

이를테면 중관학파(中觀學派)에서는 정토를 부정함과 더러움이 사라진 중도(中道) 실천의 묘과(妙果)로 이해했으며, 유가행파(瑜伽行派)는 삼신설(三身說)에 의거하여 수용신(受用身)이 머무는 보토(報土)를 정토로 받아들였다. 그리고 이와 같은 견해는 중국의 선종(禪宗)에 이르러 유심정토(唯心淨土)로 이어지게 된다.

유심정토사상에 따르면 정토와 예토(穢土)는 다른 공간에 있는 것이 아니라 오로지 중생의 심식(心識)에 의해 결정되는 것이라고 한다. 따라서 담란(曇鸞)은 왕생(往生)을 '불왕(不往)도 왕(往)이고, 불생(不生)도 생(生)'이라고 해석하게 된다.

그러나 이와 같은 해석은 정토사상이 생기게 된 근본적인 원인을 간과하고 있다고도 할 수 있으니, 이는 정토사상이란 처음부터 깨달음에로의 길이 절망적인 상황에 처해 있는 범부들을 위해 설해진 방편설이기 때문이다.

초기불교에서도 근기가 낮은 중생들을 위해 업(業)에 근거한 생천사상(生天思想)이 나타나기도 했지만, 정토사상이 생천설과 구분되는 점은 부처의 본원력(本願力)에 의지한다는 점에 있다. 본원(本願)이란 부처가 깨달음을 이루려고 발심(發心)했을 때 세운 서원을 말하는데, 이는 자신이 무상정등각(無上正等覺)을 증득함과 동시에 다른 모든 중생들도 자신과 같은 깨달음을 이루도록 하겠다는 자리(自利)와 이타(利他)의 서원이다.

자리와 이타는 반드시 동시적이어야 하고 또 그럴 수밖에 없기 때문에, 아미타불은 성불의 가능성이 전혀 없어 보이는 중생이라 할지라도 그들을 제도할 수 없는 것이라면 깨달음을 이루지 않겠노라는 서원을 세운 것이다.

이와 같은 부처의 본원설은 「무량수경」에서 사십팔원(四十八願)

으로 나타나게 되지만, 이 가운데서도 아미타불이 법장비구였을 때 세웠던 제십팔원(第十八願)인 '미타본원(彌陀本願)'이 특별히 중시된다. 이는 '시방중생이 지심(至心)으로 신락(信樂)하여 나의 나라에 태어나고자 원한다면 오직 십념(十念)만 할 것이니, 그럼에도 나의 나라에 태어나지 않는다면 나는 정각(正覺)을 이루지 않겠다'는 내용을 담고 있기 때문이다.

그런데 「무량수경」에는 '오역(五逆)과 정법(正法)을 비방한 자는 제외한다'는 조건이 있으나, 「관무량수경」에서는 오역죄도 왕생할 수 있으며, 십념도 '나무불(南無佛)'만 열 번 외우면 되는 십성(十聲)으로 경감되었다. 따라서 정토왕생은 그야말로 '쉬운 길(易行道)'이 되어 아무리 대역죄를 범했거나, 극한상황에 처해 있는 중생이라 하더라도 '나무아미타불'만 열 번 외우면 도달할 수 있는 곳으로 다가왔다.

이와 같이 인도에서의 정토사상은 비교적 초기의 대승경전에 속하는 정토계 경전으로부터 확산되기 시작하였는데, 용수(龍樹)는 이를 바탕으로 하여 「대지도론(大智度論)」과 「십주비바사론(十住毘婆沙論)」에서, 정토왕생과 정토십상(淨土十相)에 대한 견해를 정립하게 된다.

무착(無着)과 세친(世親)에 이르러서 정토사상은 논리적 토대를 갖추게 되는데, 특히 세친은 「무량수경우바제사원생게(無量壽經優婆提舍願生偈)」에서 '이십구종장엄정토(二十九種莊嚴淨土)'를 설명하고, 정토왕생의 정인(正因)으로 오염문(五念門), 즉 '예배(禮拜), 찬가(讚歌), 작원(作願), 관찰(觀察), 회향(廻向)'의 수행방법을 제시하기도 했다.

중국에서 정토사상이 확산되기 시작한 것은 후한과 삼국시대에 정토사상과 관련된 경전들이 번역되면서부터라고 할 수 있다. 이후 중국의 정토사상은 세 가지의 흐름을 형성하게 되는데, 그 첫 번째로는 여산(廬山) 혜원(慧遠)이 백련사(白蓮社)를 결성하여 「반주삼매경(般舟三昧經)」에 근거하여 염불삼매를 닦았던 흐름이며, 두 번째로는 '정토삼부경'을 중심으로 담란(曇鸞)이 창시하여 도작(道綽)을 거쳐 선도(善導)가 집대성한 정토종(淨土宗)의 흐름이다. 그리고 세 번째로는 자민삼장(慈愍三藏) 혜일(慧日)이 제창한 선(禪)과 정토(淨土), 그리고 계율(戒律)을 함께 닦는 흐름이다. 이 가운데에서 중국의 정토사상을 확립한 것은 두 번째의 '정토삼부경'을 중심으로 한 정토종의 흐름이라 할 수 있다.

이에 대해 이 땅에서 정토사상이 가장 융성했던 시기는 통일신라시대라고 할 수 있다. 이는 이 시기에 정토신앙과 관련된 기록들이 「삼국유사」에 설화 형식으로 많이 수록되어 있다는 사실이 그것을 말해준다.

그런데 이와 같은 기록들이 통일 직후의 시기에 집중되어 있다는 것은, 정토신앙의 성행이 전란 후의 피폐상과 밀접한 관계를 맺고 있음을 보여주는 것이기도 하다.

그러나 정토신앙의 전래과정이라든지 정착과정에 대해서는 정확히 알려진 바가 없으며, 단지 「삼국유사」를 비롯한 기록에 나타난 사실을 통해 그 흐름을 유추할 수 있을 뿐이다. 그러므로 기록만으로 볼 때, 단순히 '서쪽으로 갔다'는 등의 표현만으로 안함(安含)이나 혜숙(惠宿) 그리고 혜공(惠空)을 정토신앙과 관련된 인물로 보느냐의 문제는 관점의 차이에 따라 다를 수 있다.

그렇지만 「삼국유사」에 나타나고 있는 다양한 기록은, 신라에 정토신앙이 뿌리내리고 있었음을 입증하기에 충분하다. 나아가 이 시기에는 정토사상에 관한 저술도 활발하여 신앙의 대중적 확산에 큰 영향을 미치기도 하였다.

신라시대의 정토사상은 크게 두 갈래로 나누어졌다고 볼 수 있는데, 이를테면 수나라 정영사(淨影寺) 혜원(慧遠)의 지론계(地論系)와 당나라 현장(玄奘)과 규기(窺基)의 유식계(唯識系)가 그것이다. 지론계에 속하는 인물로는 자장((慈藏) 원효(元曉) 의상(義相) 등을 들 수 있으며, 유식계로는 원측(圓測) 태현(太賢) 경흥(憬興) 등을 이를 수 있다.

그러나 이들의 저술들이 대부분 전하지 않아서 정토사상의 내용을 확실하게 알 수는 없지만, 부분적인 사건의 기록에 나타난 흔적으로 보면 이들의 정토사상이 단순히 중국의 정토사상을 도입한 것이 아니라 신라 특유의 정토사상을 발전시켰음이 곳곳에서 확인된다.

이와 같은 사실들은 이들의 사상이 그대로 대중들에게 전달되었다고 할 수 없지만, 적어도 이들의 활동이 신라 정토신앙의 전개에 깊은 영향을 끼쳤음을 말해준다.

특히 원효 스님의 경우 「유심안락도(遊心安樂道)」 등의 저술을 통해 정토와 예토가 따로 없음을 천명했을 뿐 아니라, 현실적으로 고통 받고 있는 민중들에게는 엄격한 계율이나 형이상학적 이론보다는 정토를 지향하는 염원으로 삶을 이어갈 지혜가 필요함을 인식했던 것만은 분명하다. 때문에 순수하고 맑은 마음으로 관불(觀佛)과 칭념(稱念)을 함께 갖춘 칭관염불(稱觀念佛)을 제창하여 대중적 정토신앙의 길을 열었다.

때문에 원효 스님의 이와 같은 견해와 실천행을 두고 때로는 신라의 정토교(淨土教)라고도 하지만, 우리에게는 중국이나 일본의 정토교와 같은 종파가 형성된 적은 없다.

그러나 신라의 정토사상은 원효 스님 같은 이들의 실천행을 바탕으로 하여, 자력왕생(自力往生)과 현생성불(現生成佛)을 강조하는 특징으로 나타나고 있다.

자력왕생이란 죽은 후 아미타불의 본원력(本願力)에 의해 왕생하는 것을 의미하는데, 이는 「삼국유사」에서 아미타불을 염하고 16관법(觀法)을 닦아 정토 왕생한 광덕(廣德)과 엄장(嚴莊)의 이야기와 수십 년 간 염불로 일관했다는 포천산(布川山)의 이름 없는 다섯 승려, 그리고 주인의 염불회(念佛會)에 참석하여 마당에서 염불하며 끝내 왕생함으로써 정토왕생에 귀천의 차별이 없음을 보여준 비녀 욱면(旭面) 등의 이야기로 나타나고 있다.

이와는 달리 현생성불은 특히 신라 정토신앙의 중요한 특징으로 평가되기도 한다. 대표적 사례를 들면 백월산(白月山)에서 미륵불과 아미타불의 친견(親見)을 염원하며 기도하다 무량수불(無量壽佛)로 성불한 노힐부득(努肹夫得)과 달달박박(怛怛朴朴)이 있다. 이와 같은 현생성불의 사상과 신앙은 극히 희귀한 사례로서, 신라의 불국토(佛國土) 사상과 밀접한 관계를 맺고 있다.

또한 수십 명의 선사(善士)가 왕생을 기원하며 미타사(彌陀寺)라는 절을 세우고 만일염불계(萬日念佛契)를 조직했다는 기록은 당시의 정토신앙이 몹시 활발했던 것을 말해준다.

이와 더불어 인용사(仁容寺)의 미타도량(彌陀道場)에서 사자(死者)의 극락왕생을 기원하는 신앙도 전개되었다는 기록이 나타나는데, 이러한 신앙 형식은 신라 말 이후 조선에 이르기까지 가장 보편적으로 행해진 타력신앙이었다.

이와 같이 정토신앙이 중국과는 다른 모습으로 우리에게 정착되고 성행하는 과정에는, 신라가 불교를 공인하게 되기까지 백여 년의 시간을 필요로 했다는 점이 중요한 요인일 수도 있다. 신라 통일의 사상적 기저를 유교적 측면에서 보면 문자교통의 역할로 전래된 선진유교를 현실적 가치관으로 정착시켰다는 사실도 무시할 수는 없다.

때문에 신라불교의 특징을 관음(觀音)의 이타행(利他行)이라든지 호국불교(護國佛敎)라고 언급하는 것이 이러한 상황과 무관하지는 않을 뿐만 아니라, 이와 같은 가정이 성립한다면 신라의 불교 수용을 막연하게 관념적인 성격으로 이해할 수는 없다. 다시 말해 신라 사회의 불교 이해에 오히려 현실긍정적인 성격이 강하게 나타나고 있음을 고려해야 할 것이다.

이는 대체적으로 정토신앙이 민간에 수용될 때 타력적인 경향과 더불어 유토피아적 성격과 교훈적 의미가 함께 수용되는 것이 일반적이지만, 신라의 정토신앙은 반드시 타력적 경향을 강조하지 않는다는 점이 이와 같은 사실을 뒷받침할 수 있는 근거가 될 수 있다.

신라의 정토신앙은 특히 정토에 왕생하기 위해서는 깨끗한 행위를 키워나가야 하는 자력적 노력이 겸비되어야 함을 강조하고 있는데, 이는 「삼국유사」에서 서방왕생을 한 경우 대개 자력적 노력을 겸비하였다는 표현에서 유추할 수 있는 사실이다.

이와 같이 자력과 타력을 조화시키려는 신앙의 형태는 정토라는 이상향을 현실화시키려는 노력으로도 나타났다. 이를테면 낙산사(洛山寺) 창건에서 나타나는 의상 스님의 일화는, 신라가 불교와 인연 있는 땅이라는 점을 상징적으로 드러내고 있다. 다시 말해 의상 스님에게 있어서의 아미타는 구원의 이상이었을 뿐만 아니라 바로 현실의 존재라는 자력성의 표현이었다.

이것이 곧 현실과 이상을 따로 떼어 생각지 않고, 소승(小乘)이라서 버리고 대승(大乘)이라고 취하지 않는, 나아가서는 고유 신앙과 외래 신앙을 조화시킨 신라 사유 방식의 특징이기도 하다.

3. 원효의 정토사상

(1) 정토의 실상

인도 사상에서의 윤회(輪廻)는 처음부터 괴로운 삶을 끝없이 반복한다는 의미로서 수용되었기 때문에 기본적으로는 윤회를 부정하는 시각을 내포하고 있다.

그러나 중국으로 건너온 윤회의 개념은 기복적 신앙과 결부되면서 긍정적 방향으로 이해되었지만, 말법(末法) 사상을 배경으로 하는 정토사상은 오히려 위기의식을 바탕에 두게 되었다.

이를테면 말법(末法)의 시대에는 예전처럼 오랜 시간을 필요로 하는 가르침과 수행으로는 열반에 이르기 어렵기 때문에 말법에 어울리는 가르침이 있어야 한다는 주장에 힘입어 정토교가 교세를 확장하며 서민들에게 널리 퍼지게 되었다.

이와는 달리 신라의 정토사상은 중국적으로 변용된 불교의 개념을 수용하면서도 내세를 강조하는 미륵사상과 맞물리면서 현실 긍정적인 세계관을 구축하게 된다.

그러나 그 내용에 있어서 상류층에서의 정토(淨土) 신앙은 현재의 복락이 내세까지 연장되기를 바라는 마음에서 비롯되었지만, 서민들에게 있어서의 믿음은 현재의 고통과 불안이 끝나기를 간절히 원했던 것이라고 할 수 있다. 그러므로 상류층의 생각과 서민들의 희망에는 연장과 단절의 차이가 있었다.

그렇다고 해도 정토(淨土)란 일체의 부정한 것이 사라진 청정한 불국토(佛國土)로서, 즐거움이 충만된 세계의 이미지로 다가온 것은 부정할 수 없었다. 다시 말해 정토는 인간적인 고뇌가 없는 대신 영원한 법열(法悅)만이 있으므로, 정토에 나게 되면 번뇌로부터 벗어나는 깨달음을 얻을 수 있다는 믿음이다.

따라서 정토에 대한 이해와 정토왕생의 방법을 분별하여 제시하는 것이 정토신앙의 핵심이 될 수밖에 없었다.

> 정토(淨土)가 무엇인지를 밝히고, 다음에 왕생의 방법을 제시한다. 「無量壽經宗要」

스님은 우선 정토(淨土)가 무엇인가를 밝히는 부분에서, 네 가지 기준으로 정토를 정의하고 있다.

첫째는 '깨끗한가, 아니면 깨끗하지 않은가(淨, 不淨)'의 관점으로 판단하고 있으며, 둘째는 '물질인가, 아닌가(色, 無色)'의 기준에서 분별하고, 셋째는 '함께 하는가, 아닌가(共, 不共)'의 방향에서 판정하고, 넷째는 '왕생하지 못함이 있는가, 아니면 없는가(漏, 無漏)'의 입장으로 구별하고 있다.

스님은 이러한 기준에 따라 정토는 반드시 성불할 수 있는 사람들의 정토(正定聚淨土)이자 타수용토(他受用土)이며 의보토(依報土)로서, 정토(淨土)와 예토(穢土)는 그 본질이 다르지 않은 일향무루세계(一向無漏世界)라고 정의하고 있다.

이와 같이 네 가지의 관점으로 정토를 구분하고, 이를 '통(通), 보(報), 화(化)'의 근거로 설명하는 것은 정토 이해의 일반론이다.

그러나 아미타불의 정토도 일승(一乘)이냐 삼승(三乘)이냐의 관점에 따라 위상과 격이 다르게 된다. 이를테면 일승의 뜻에 의하면 정토는 화장세계해(華藏世界海)로서 시방불토(十方佛土)의 두루 원만함을 의미하지만, 삼승의 뜻으로는 '법성(法性), 실보(實報), 수용(受用), 변화(變化)'의 네 가지로 구분되기 때문이다.

문제는 이와 같은 기준이 구체적으로 무엇을 의미하는가에 달려 있다. 때문에 스님은 구체적인 근거를 제시하여 정토의 의미를 분명하게 밝힌다.

우선 정토가 '깨끗한가, 아니면 깨끗하지 않은가(淨, 不淨)'로 볼 때는 관점에 따라 달리 해석될 수 있는 보편적인 판단 기준을 넷으로 나누어 세분화하고 있다. 이를테면 '원인과 결과(因, 果), 한결같은가(一向, 不一向), 순수한가(純, 雜), 성불할 수 있는가(正定, 非正定)'의 관점에서 판단한다.

스님에 따르면 '원인과 결과'로 볼 때는 오직 부처가 머무는 곳을 정토라고 할 수 있으며, '한결같은가'와 '순수한가'라는 기준으로 볼 때는 팔지(八地) 이상의 보살이 머무는 곳이 정토가 된다고 한다. 그리고 '성불할 수 있는가'의 관점에서는 반드시 성불할 수 있는 사람들이 사는 세계를 정토라고 단정하고 있다.

그러나 이와 같이 관점의 차이에 따라 정토(淨土)와 예토(穢土)가 다르게 이해된다고 하더라도, 정토가 중생의 행위결과에 의해 이루어진 세계가 아니므로, 이렇게 지칭하는 세계가 반드시 같은 뜻이 아니라는 점을 중요시하고 있다. 다시 말해 판단의 근거로 제시하는 기준의 의미 또한 다르다고 한다.

이를테면 '정토가 무엇이다'고 정의할 때, 그것이 '정토'를 드러내는 것 같지만, 사실은 정토에 대해 느끼는 이미지를 나타내는 것일 뿐이다. 다시 말해 근거로 제시하는 기준조차도 정토와는 아무런 상관이 없다. 그렇지만 정토를 나타내고자 하는 욕구에서 비롯된 견해들이 표현되는 과정에서 정토의 온전함은 조각나게 되고, 다양한 모습으로 이해된다.

때문에 스님은 정토란 중생이 생각하는 내용이 아니라, 붓다의 본원(本願)으로 이루어진 것임을 강조하고 있다.

> 「무량수경」에서 말하는 무량수국(無量壽國)은 정정취정토(正定聚淨土)이다. 대승과 소승을 두루 용납하고 범부와 성인을 함께 인도하여 정토에 나게 하여 큰 진리(大道)로 나아가게 하기 때문이다. 「兩卷無量壽經宗要」
>
> 네 가지의 구분에서 정토라 한 것은 모두 여래의 원행(願行)으로 이루어진 것이지, 저 세계에 왕생하는 이들의 자력으로 이루어진 것은 아니다. 예토(穢土)의 세계가 중생의 행위결과(共業)로 이루어진 것과는 전혀 다르기 때문에 청정한 땅(淸淨土)이라 한다. 「兩卷無量壽經宗要」

그리고 정토(淨土)가 '물질적인 것(色, 無色)'인가에 대해서는 인과(因果)로 볼 때만 자수용토(自受用土)이고, '한결같은가(一向, 不一向)', '순수한가(純, 雜)', '반드시 성불하는가(正定, 非正定)'의 관점에서는 타수용토(他受用土)라고 해석하고 있다.

나아가 정토(淨土)가 '함께하는 곳(共, 不共)인가에 대해서는 외토(外土)와 내토(內土)를 구분하고, 정보토(正報土)와 의보토(依報土)의 다른 이론이 있음을 소개하지만, 「무량수경」을 해석하는 스님의 견해로는 정토란 의보토(依報土)일 뿐이다.

마지막으로 정토(淨土)에 왕생하지 못함이 있는가(漏, 無漏)의 관점에서는 네 가지 구분으로 세분하고 있지만, 궁극적으로 정토란 일향무루세계(一向無漏世界)라고 정의하고 있다.

이와 같은 분류와 관점이란 결국 정토(淨土)를 어떤 입장에서 이해하고 받아들이는가에 따라 달리 표현되는 것이기도 하다. 때문에 스님에게서의 정토란 '정토가 무엇인가'에 대한 정의 자체보다는 오히려 다른 주장들의 화쟁(和諍)에 더 큰 의미를 부여하고 있다.

그러나 정토의 실재 여부에 대한 견해를 밝히는 부분에서는, 마치 앞에 보이는 광경을 묘사하듯이 구체적이고 사실적인 표현으로 정토를 서술하고 있다.

> 옥으로 이루어진 숲의 향기로운 바람이 따스하고 서늘한 온도를 항상 잘 맞추어 겨울의 춥고 여름의 더운 괴로움이 본래 없다.「兩卷無量壽經宗要」

이에 따르면 정토란 타수용토(他受用土)로서, 물질로 이루어진 국토라는 의미를 부정하지도 않는다. 이를 테면 정토가 현재 우리가 사는 이 땅이 아닌, 다른 곳의 물질적 공간으로 실재한다는 믿음이다.

이는 실제로 정토신앙의 시초부터 정토가 서방(西方)으로 십만억불국토(十萬億佛國土)를 지난 곳에 실재하는 곳이라는 서술로부터 비롯된 것이기도 하다. 이와 같은 생각은 정토의 공덕을 설명하는 부분에서도 잘 나타나고 있다.

그러나 또 다른 측면에서는 정토를 실재하는 세계로 받아들이지 않는다. 이와 같은 견해는「무량수경종요」에서 잘 나타나고 있다.

> 깨달음의 경계로 말하면 이곳도 없고 저 세계도 없으며, 예토(穢土)와 정국(淨國)이 본래 한 마음이니, 생사와 열반이 결국 두 경계(二際)가 아니다.「兩卷無量壽經宗要」
>
> 무릇 중생의 마음 바탕인 참 마음은 모습(相)을 여의고 본성(性)을 여의어서 바다와 같고 허공과 같다. … 깨달음의 경지에서 보면 생겨나고 사라지는 흐름도 없고 열반(寂滅)도 없으니, 사바의 예토(穢土)와 불국의 정토(淨土)가 본래 한 마음이요, 생사와 열반이 결국 두 경계(二際)가 아니다.「佛說阿彌陀經疏」

이는 곧 예토(穢土)나 정토(淨土)란 일심(一心)으로부터 나타난 관념의 경계일 뿐이라는 의미이다. 다시 말해 이는 유심정토(唯心淨土)의 견해와 그 궤를 같이하는 표현이다.

그러나 스님은 예토와 정토가 둘이 아님을 깨닫기는 어렵다고 부연하면서, 이는 형상을 초월한 세계라고 묘사하고 있다. 이를테면 정토란 결국 일심(一心)의 이해를 전제로 할 때 둘이 아니라는 의미로서, 이는 쉽게 파악될 성질은 아니라고 선을 긋는다.

이와 같은 견해는 스님의 다른 저서에서도 공통적으로 나타나는 관점으로서 사상체계의 바탕이기도 하다. 이를테면 「금강삼매경론」에서 '이치가 없으면서도 지극한 이치이며, 그러하지 않으면서도 그러함(無理之至理 不然之大然)'이라 표현한 것에서부터, 「법화경종요」 「열반경종요」 「대승기신론소」 등에서 그 표현은 다소 다르지만, 같은 맥락으로 서술하고 있는 내용이 그러하다.

결과적으로 정토란 쉽게 파악될 성질이 아니라는 뜻은, 예토(穢土)가 곧 정토(淨土)이며 생사(生死)가 곧 열반(涅槃)이라는 의미를 받아들일 수 있을 때 정토의 이해가 가능하다는 뜻이 된다. 마찬가지로 움직임이 곧 고요함이고 전체가 곧 하나라는 입장 역시 이와 같은 경지를 나타내는 것이기도 하다.

달리 말하자면 중생이 모두 불성(佛性)을 지니고 있으므로, 일심(一心)의 진여(眞如)와 생멸(生滅)의 구도 아래 무명(無明)이 실체 없음을 깨달을 수 있다면, 거기가 곧 극락이며 정토라는 전제 아래 정토를 정의하고 있다.

이는 정토가 예토와는 다르다고 생각할 때, 마치 중생이 선택의 여지를 가진 것처럼 느끼지만 실제로는 그 어느 것도 아닌 것과 마찬가지이다. 다시 말해 선택이나 좋고 나쁨은 중생의 마음속에만 있을 뿐이다. 따라서 정토라는 의미를 떠올리기로 결정하지 않는 한, 예토는 존재하지 않는다. 이는 곧 마음 가운데 정토를 허용하는 수준만큼 정토는 영향을 미치지만, 이를 허용하지 않는 한 정토는 존재하지도 영향을 미치지도 않기 때문이다.

그러므로 스님에게 있어서의 정토(淨土)란, 모습도 없지만(無相) 생겨남도 없다(無生).

> 설법의 메아리를 듣고 모습 없는(無相) 깨달음에 들며, 부처님의 광명을 보고 생겨남이 없는(無生) 깨달음을 얻는다. 생겨남이 없음을 깨달았으므로 생겨남 아님이 없고, 모습 없는 깨달음에 들었으므로 나타내지 못할 바가 없다. 지극히 깨끗하고 지극히 즐거워 생각으로 헤아릴 수 없으며, 끝이 없고 한이 없거늘 어찌 말로 다할 수 있으랴. 「兩卷無量壽經宗要」
>
> 옥으로 된 극락세계의 나무 숲 아래 노닐면 생사가 없는 거룩한 결과(聖果)를 향하게 되니, 더구나 부처님의 광명을 보고 모습 없는(無相) 깨달음에 들어가며, 우주의 소리(梵響)를 듣고 생겨남이 없음(無生)을 깨닫는다. 「佛說阿彌陀經疏」

이는 극락정토를 '무엇이라 묘사할 수 있는 경계'라고 생각하는 그 자체를 부인하고자 하는 의도에서 비롯된 표현이다.

따라서 스님에 의하면 정토란 말 자체가 중생을 기쁘게 할 수도 없을 뿐만 아니라, 지금 여기가 극락정토일 수도 없다. 다시 말해 정토란 말 자체가 어떤 무엇을 지시하는 상징임에도 불구하고, 여전히 극락정토라는 말에 의미가 있다고 생각하는 사실을 경계하고 있다.

나아가서는 정토가 의미를 가진 것처럼 예토를 벗어나고자 함도 의미가 있다고 여김으로써 혼란에 빠지고 있음을 분별하게 한다.

그러므로 스님에게 있어서의 정토란 유심정토이거나 현세정토이거나 간에, 기존의 정토론이 제시한 모든 이론을 수용하되 궁극적으로는 일심(一心)에서 전개되는 문제로 이해하고 있을 뿐이다.

(2) 왕생의 방법

정토(淨土)에 나고자 한다면 무엇보다도 정토에 나고자 하는 간절한 소원이 있어야 한다. 그러나 단지 바라고 원한다고 해서 정토에 왕생할 수는 없다. 거기에는 당연히 그에 걸맞은 수행을 닦아야 한다.

따라서 정토에 태어나고자 한다면 왕생하고자 하는 소원(願)과 수행(行)이 일치해야 한다는 전제 아래, 왕생으로 나아갈 수 있는 가능성(往生因)을 세 종류로 나누고 있다.

이에 따르면 한 부류는 욕심을 버리고 출가하는 스님(沙門)이며, 또 한 부류는 스님은 되지 못했지만 선(善)을 닦아 나가는 사람들이며, 마지막으로는 공덕을 짓지는 못해도 왕생을 간절하게 원하는 사람들이다.

문제는 왕생을 하고자 하는 바램이야 누구나 가질 수 있지만, 거기에 따르는 실천이 요구된다는 점에 있다. 그리고 실천해야 할 수행에도 지켜야할 방법과 내용이 있다고 한다. 이를테면 왕생하기 위해 해야 할 수행 가운데 바른 방법(正因)은 깨닫고자 하는 마음(菩提心)을 내는 것이며, 보조적인 방법(助因)은 오로지 한 생각으로 아미타불을 부르는 것(十念)과 십육관(十六觀) 그리고 오염문(五念門) 등을 닦아 나아가야 한다.

스님의 견해에 따르면 무엇보다도 깨닫고자 하는 마음을 내어 십념(十念)을 한다면, 일상의 모든 행위가 정토왕생을 위한 방편이 된다고 한다. 이는 곧 현실적이고 실천적인 행동만이 최선이라는 의미와 아울러 그것을 적극적으로 권유하고 있다고 볼 수 있다.

따라서 왕생의 가능성을 세 종류로 구분한 것은 단지 주어진 환경이나 소선에 따른 단계일 뿐, 그 자체에 중요한 의미를 부여하지는 않는다. 이는 단지 스님이 되어 수행할 수 있게 된다면, 일반인보다 쉽게 물러나지 않는다는 차이일 뿐이다.

그러므로 어떤 부류에 속하더라도 궁극적으로는 깨닫고자 하는 마음을 내는 것이 바른 방법이며, 한 생각으로 아미타불을 부르는 것은 보조적인 방법이 된다.

문제는 깨닫고자 하는 마음을 내는 것에 있다.

> 바른 방법(正因)은 깨닫고자 하는 마음(菩提心)을 내는 것을 말하니, 위없는 깨달음의 마음을 낸다는 것은 세간의 부귀행복과 이승(二乘)의 열반을 돌아보지 않고 한결같이 삼신(三身)의 깨달음을 염원하는 것으로, 이를 위없는 깨달음의 마음이라 한다. 「兩卷無量壽經宗要」

불도(佛道)의 깨달음을 얻고, 그 깨달음으로써 널리 중생을 교화하려는 마음(菩提心)을 일으키는 것을 바른 방법(正因)으로 인정하는 것은, 담란(曇鸞) 스님 이래의 공통적인 견해이다.

원효 스님 역시 대보리심(大菩提心)을 일으키지 않는 사람이 선(善)을 닦는 것은 작은 공덕(少善根)일 뿐이라고 함으로써, 오직 깨달음을 얻고 중생을 제도하려는 마음을 일으키는 일(發菩提心)만이 정토로 가는 바른 방법(正因)이라고 하였다.

이와 같이 보리심(菩提心)을 일으키는 것만이 정토로 가는 바른 방법이 된다고 하는 것은, 보리심이란 너무도 넓고 커서 끝이 없으며 길고 멀기가 한량없기 때문이다. 따라서 이에 대한 보답 역시 광대하고 끝없는 정토(依報淨土)와 한량없는 수명(正報壽命)을 받게 된다고 한다. 다시 말해 보리심(菩提心)을 내지 않고서는 능히 이를 얻을 수 없기 때문에 보리심을 내는 것만이 정토로 가는 바른 길이 된다.

문제는 깨닫고자 하는 마음, 즉 보리심(菩提心)을 낸다는 것의 구체적인 내용에 있다. 보리심을 낸다는 것은 곧 네 가지 큰 원(四弘誓願)을 세움을 일컫는데, 이는 일을 따라 마음을 일으키는 것(隨事發心)과 이치를 따라 마음을 일으키는 것(順理發心)으로 나누어진다.

일을 따라 마음을 일으킨다는 것(隨事發心)은, 여러 가지 차별이 있는 현실생활의 이치(俗諦)와 일들(事相)을 바탕으로 해서 그 마음을 내는 것인데, 이는 세 가지의 내용으로 구성되어 있다. 이를테면 첫째는 번뇌를 끊고자 하는(斷煩惱) 맹세로서 이는 여래가 번뇌를 끊은 덕(如來斷德)을 쌓은 것과 같은 방법으로 나아가는 길이며, 둘째는 진리를 바르게 수행하는(修善法) 맹세로서 여래의 지혜(如來智德)로 나아가는 방법이며, 셋째는 중생을 제도하고자 하는 맹세로서 여래의 베푼 덕(如來恩德)을 따르는 길이다.

이와 같이 번뇌를 끊고 지혜를 얻고 은혜를 베푸는 세 가지 덕으로 나아가는 길이 곧 위없는 깨달음의 결과이므로, 이 모두를 온전하게 수행하겠다는 마음을 내는 것을 보리심(菩提心)으로 삼았다.

이와는 달리 이치를 따라 마음을 낸다(順理發心)는 것은, 모든 존재가 다 그림자 같고 꿈과 같아서, 있는 것도 아니고 없는 것도 아니며, 말과 생각을 떠났다는 이치를 믿고 아는 것을 말한다. 이와 같은 믿음과 이해를 바탕으로 하여 넓고 큰 마음을 내는 것을 순리발심(順理發心)이라 한다.

이는 곧 번뇌와 깨달음이 다르지 않으며, 선법과 악법이 둘이 아님을 아는 것이다. 그러나 그것을 안다고 해서 끊어야 할 번뇌가 없고 닦아야 할 선법이 없다는 것이 아니라, 번뇌를 모두 끊고 선법을 보누 닦기를 원하는 마음이 있어야 한다.

이와 같이 끊어나가는 수행을 한다고 하더라도, 이는 무원삼매(無願三昧)에 어긋나지는 않기 때문에 비록 한량없는 중생을 다 제도하기를 원하더라도 능히 제도하고 또 제도할 대상이 있다는 차별을 두어서는 안 된다.

이와 같이 정토에 왕생하는 바른 방법으로서의 수사발심(隨事發心)과 순리발심(順理發心)의 길이 있지만, 스님은 속제(俗諦)의 사상(事相)을 바탕으로 마음을 내어 중생을 제도하기를 발원하는 수사발심에 더욱 깊은 관심을 보이고 있다.

> 이 두 종류로 마음을 내는 것(發心) 가운데 수사발심(隨事發心)이 어렵다. 이는 자신은 아직 제도하지 못했으나 먼저 남을 제도하는 것이다. 그러므로 나는 처음 마음을 내는 것(初發心)에 예배한다. 「兩卷無量壽經宗要」

스님은 수사발심(隨事發心)이 어렵기 때문에 처음 마음을 내는 것(初發心)을 높이 평가하지만, 이러한 마음에는 물러섬(退轉)의 뜻이 있다고 한다. 이와는 달리 그 이치를 깨달아 나아가는 순리발심(順理發心)에는 물러섬의 뜻이 없어서(不退轉) 그 공덕이 길이 뛰어나다고 한다.

이와 더불어 정토에 왕생하는 보조적인 방법에는 「무량수경」의 십념(十念)과 「관경(觀經)」의 십육관(十六觀), 그리고 「왕생론(往生論)」의 오념문(五念門) 등이 있다고 한다. 이는 곧 깨닫고자 하는 마음을 내는 것이 왕생을 가능하게 하는 근본적인 행위(引業)이지만, 거기에는 마음뿐만 아니라 거기에 걸맞은 수행을 해야 한다는 의미이다.

보조적인 수단 가운데서도 스님은 특히 근기가 낮은 사람들을 위해 제시된 십념(十念) 사상을 상세하게 설명하고 있는데, 구체적으로는 현료(顯了)의 십념과 은밀(隱密)의 십념을 밝히는데 많은 부분을 할애하고 있다.

이를테면 「무량수경」에서 언급하는, 근기가 낮은 사람들의 십념은 현료와 은밀의 두 뜻을 다 포함한다고 한 반면, 「관무량수경」에서 나타나는 하하품(下下品)의 십념은 오직 현료의 십념을 의미하는 것으로 구분하고 있다.

은밀(隱密)의 십념(十念)이란 「미륵발문경(彌勒發問經)」의 십념을 가리키는 것으로서, 미륵보살의 물음에 대해 십념상속(十念相續) 즉 삼매일념(三昧一念)의 정신으로 아미타불을 생각하면 반드시 왕생을 성취한다고 하는 십념(十念)이다. 이는 평범한 사람(凡夫)의 생각이 아니며, 불선(不善)한 생각도 아니며, 속된(雜結使) 생각은 더더욱 아니다.

이에 대해 현료(顯了)의 십념(十念)은 「관무량수경」에서 말하는 하품하생(下品下生)의 십념상속을 가리키는 것으로서, 오역(五逆)과 십악(十惡) 등의 온갖 악행(不善業)을 지은 중생이라도 그 목숨이 다할 때 선지식의 가르침을 받고 지극한 마음으로 소리를 끊이지 않고 십념을 갖추어 '나무아미타불'을 부르면 죄업이 소멸되어 왕생을 얻는 방법이다.

스님은 특히 「관무량수경」의 십념상속(十念相續)에 십념의 비중을 두고 있기 때문에 담란(曇鸞)의 「약론안락정토의(略論安樂淨土義)」에 실려 있는 비유를 들어, 부처님의 이름을 부르거나 부처님의 모습을 생각함에 있어서 잡념도 쉼도 없이 계속(相續) 십념을 해야 하며, 이와 같은 지극한 마음을 십념이라 한다는 주장을 수용하고 있다.

그러나 현료(顯了)의 십념(十念)은 악을 지은 범부가 일으키는 것이므로, 왕생할 수 있는가(正定, 非正定)의 기준으로는 정정취 정토(正定聚淨土)의 근기가 낮은 사람의 수단이라고 했다.

이와 같이 십념을 현료와 은밀의 뜻으로 나눈 것은 정토왕생의 취지가 본래 범부를 위한 것이기도 하지만, 또한 성인(聖人)을 위한 것이라고도 하는 입장에서 비롯되었다.

따라서 스님은 자신의 저서에서 깨닫고자 하는 마음(菩提心)을 언급하면서도 염불을 권하고 있으며, 「무량수경」의 십념(十念)과 「관무량수경」의 십념을 현료(顯了)와 은밀(隱密)의 뜻이라는 관점의 차이에서 비롯된 것이라고 회통시킴으로서, 두 주장이 다르다는 견해를 화해시키고 있다.

결과적으로 스님의 이와 같은 견해는 특히 근기가 낮은 사람들에 대한 배려에 큰 비중을 두고 있음을 알 수 있다. 그러므로 보살로 왕생하는 자의 단계(階位)를 열 번째(第十信)의 원심(願心)으로, 그리고 정정취(正定聚)의 단계를 첫 단계(初住)로 받아들임으로서, 여타의 왕생 이론보다 그 단계를 훨씬 낮추어 보았다.

뿐만 아니라 「관무량수경」에서 오역십악(五逆十惡)의 죄인도 왕생할 수 있다고 허용한 반면 「무량수경」에서는 이들을 제외한 문제에 대해서도, 대승(大乘)의 가르침으로 참회(懺悔)할 수 있느냐의 관점으로 회통시켜, 오역십악인(五逆十惡人)까지 정토에 왕생할 수 있다고 하였다.

이러한 관점이야말로 당시의 사람들에게 진정한 염불왕생의 정토신앙을 열어주는 계기가 되었음은 말할 나위도 없다. 다시 말해 스님의 정토사상은 밑바닥의 서민들에게 초점을 맞춘 염불왕생의 길을 제시하고 있다.

나아가 정토에 왕생하는 염불은 순수하게 깨끗한 마음(純淨心)

이어야 함을 강조함으로써, 「화엄경」의 '모든 것에 걸림이 없는 사람(一切無碍人)'의 경지와 '한 길로 생사를 벗어난다(一道出生死)'는 의미를 깨끗한 마음(純淨心)으로 회통시켰으며, 염불 또한 부처님의 이름을 부르는(稱名) 염불과 부처님의 모습을 생각하는(觀相) 염불을 화회시켜 모두를 허용하였다.

이 가운데서도 스님은 특히 '참회(懺悔)'를 중시하고 있다.

> 「관무량수경」에서는 비록 오역죄(五逆罪)를 지었지만 대승의 가르침에 의해 참회한 사람을 말하며, 「무량수경」에서는 참회하지 않은 경우를 말한다. 「兩卷無量壽經宗要」

이는 곧 「무량수경」에서 말한 왕생의 길에 오역십악(五逆十惡)을 지은 중한 죄인은 왕생할 수 없다고 한 주장과, 「관무량수경」에서 그런 중죄자라도 왕생할 수 있다고 한 견해는 서로 다른 이론인 것 같지만, 사실은 '참회(懺悔)'의 의미에서 보면 서로 다를 바 없다는 뜻이다. 이를테면 두 이론을 '참회'로 회통시키고 있다.

뿐만 아니라 도솔정토((兜率淨土)로 왕생하는 길로 설정한 이관삼행(二觀三行) 가운데서 그 첫 번째 행위를 '참회'라 한 것으로 미루어 볼 때, 스님이 얼마나 참회를 중시했던가를 짐작할 수 있다.

나아가서는 업의 장애(業障)와 참회의 관계를 들어 그 근본을 밝히면서, 이는 중생이 살아가는 동작 하나하나에서 찾아야 할 것이라고 역설하고 있는데, 이는 「발심수행장(發心修行章)」에서 '자신의 죄를 못 벗으면 남의 죄도 못 푼다'는 말의 의미와 다르지 않다.

이와 더불어 「대승기신론소」에서는 비록 천겁(千劫)에 걸쳐 지은 악업이라 할지라도 지극한 마음으로 참회하면 죄는 모두 소멸한다고 하였으니, 스님에게 있어서 참회는 바로 극락왕생의 요체라고 할 수 있다.

(3) 미륵정토와 미타정토

기원전 5세기 경 인도에서 태어났던 실존적인 인물 고타마 싯다르타(Gautama Siddhartha)는 현세에서 진리에 눈을 뜬 붓다이지만, 그가 깨달은 내용은 영원한 과거에서 영겁의 미래에 이르기까지 결코 변하지 않는 불멸의 진리이다.

따라서 과거세(過去世)에도 붓다와 같이 진리에 눈뜬 사람이 있었다는 주장이 나타나게 되었고, 부파(部派) 불교시대에 이르러서는 과거불(過去佛)은 물론 미래에도 진리에 눈을 떠 붓다가 되는 미래불(未來佛)이 나타날 것이라는 사상이 대두되었다.

이에 따라 미래의 붓다인 미륵불(彌勒佛, Maitreya)이 나타난 것이며, 이를 믿고 내세의 붓다를 기다리는 미륵신앙이 모습을 드러내게 된다.

미륵신앙은 구체적으로 미륵보살이 머물고 있는 도솔천(兜率天)에 태어나기를 바라는 상생신앙(上生信仰)과, 미래에 인간세계에 태어나 중생을 교화할 미륵불의 구원을 갈망하는 하생신앙(下生信仰)으로 나누어진다.

이와 같은 믿음을 유포하고 있는 대표적인 경전으로는 「미륵상생경(彌勒上生經)」과 「미륵하생경(彌勒下生經)」 그리고 「미륵성불경(彌勒成佛經)」 등이 있지만, 특히 이 세 경전을 '미륵삼부경(彌勒三部經)'이라 하여 소중하게 여기고 있다.

이 경전들에 의하면, 미륵(彌勒)은 인도의 브라만(Brahman) 집안에서 태어나, 석가모니의 가르침을 받다가 미래에 성불하리라는 수기(受記)를 받고 도솔천에 올라간 뒤 지금은 도솔천에서 천인(天人)들을 교화하지만, 석가가 입멸한 지 한 겁(劫)이 지나면 성불하여 3회의 설법(龍華三會)을 통해 모든 중생들을 구제할 것이라고 한다.

이 땅의 미륵신앙은 불교가 수용되기 시작하면서부터 전래되어 유포되었는데, 특히 신라와 백제에서는 국가의 통치이념으로 응용되기도 하였다. 이를테면 백제의 무왕은 익산 미륵사의 창건으로 왕권을 강화하였으며, 신라의 진흥왕은 왕자의 이름을 금륜과 동륜으로 지어 전륜성왕(轉輪聖王)의 이상적인 치세를 흠모하는 정치를 펼쳤다. 이는 전륜성왕(轉輪聖王)이 다스리는 시기에 미륵불이 출현한다는 경전의 예언에 근거해서, 자신이 곧 이상적인 왕임을 정당화시키려 했기 때문이다. 그리고 신라의 화랑 또한 미륵의 화현(化現)인 국선(國仙)을 따르는 청년집단으로 결성되어 고대 이상세계를 건설하는 주체로 형성되기도 하였다.

그러나 이와 같은 미륵신앙이 성행한 보다 구체적인 원인은, 통일을 위한 전쟁의 소용돌이 속에서 암울한 현실에 처한 백성들의 생각 속에 자연스럽게 자리 잡은 구원에 대한 염원 때문이라고 할 수 있다.

따라서 통일신라기에는 미륵신앙을 학문적으로 체계화하려는 움직임이 폭넓게 나타나기도 하는데, 이들 가운데 대표적인 인물이 원효(元曉) 스님을 비롯하여 원측(圓測), 대현(大賢), 의적(義寂), 경흥(憬興) 스님 등이라고 할 수 있다.

이들은 각각 미륵신앙을 올바로 이해시키기 위해, 기존의 경전을 풀이한 해석서와 자신들의 견해를 반영한 각종 주석서(疏)를 저술하기도 했는데, 이러한 노력들로 인해 미륵신앙은 아미타신앙과 결합되어 민간에 널리 유포되었다.

당시의 이러한 사회적 분위기는, 민중 속에 뛰어들어 이들에게 불교를 전하고자 노력했던 이들에게도 민중의 삶 속에 자리 잡았던 미륵불에 대한 생각을 외면할 수 없게 만들었다.

문제는 원효 스님이 아미타 부처님과 미륵 부처님 가운데 어느 쪽에 더 비중을 두었느냐에 있다. 이는 곧 미륵신앙의 도솔천 왕생을 어떻게 해석하느냐와 분리될 수 없는 문제이다.

> 도솔타(兜率陀)란 번역하면 지족(知足)인데, 욕계(欲界) 육천(六天) 가운데 네 번째 하늘(第四天)이다. 「彌勒上生經宗要」
> 내가 생각해 보건대, 세 번(三會)이라는 것은 오직 소승제자를 제도하여 모두 다 아라한과를 깨닫게 했기 때문이다. 「彌勒上生經宗要」

이에 따르면 미륵신앙은 소승불교에 있어서의 아라한(阿羅漢, Arhat)을 목표로 한다고 보고 있다. 구체적으로는 미륵 신앙의 핵심을 언급하고 있는 '미륵삼부경' 가운데 「미륵하생경」과 「미륵성불경」에서, '세 번의 설법 때 제도를 받는다'거나, '「장아함경(長阿含經)」에서 나왔다'는 등의 표현을 근거를 들어, 미륵사상은 성문(聲聞)에 속한다고 하였다. 이는 곧 스님이 미륵정토보다 미타정토를 더 중하게 여겼다는 증거이기도 하다.

그러나 이와는 달리 「미륵상생경」에 나타나는 '보살중(菩薩衆)', '시방(十方)의 부처님', '아뇩보리(阿耨菩提)', '십만의 보살이 수능엄삼매(首楞嚴三昧)를 얻었다'는 표현을 근거로 하여, 미륵사상이 대승불교에 속한다고도 하고 있다.

이와 같이 상반되게 판단하는 것에 대해, 스님은 대승(大乘)이나 소승(小乘)이라고 구분하는 것 자체가 의미 있는 일은 아니라고 하였다.

> 옷을 짓는 데는 바늘이 필요한 것이니 비록 긴 창이 있더라도 소용이 없으며, 비를 피할 때는 작은 우산이 쓰이

는 것이지 넓은 하늘이 덮고 있어도 어쩔 수 없다. 「彌勒上生經宗要」

이는 곧 미타신앙이든 미륵신앙이든 간에, 받아들이는 이의 능력(根機)에 따른 관점의 차이일 뿐이라는 의미이다. 다시 말해 미륵신앙이나 미타신앙이 왕생의 어렵고 쉬움을 뜻하는 문제이거나, 정토(淨土)의 높고 낮음으로 판단할 내용은 아니라는 뜻이다.

때문에 미타정토와 미륵정토를 비교하며 왕생의 어렵고 쉬움에 관해 견해를 달리하고 있는 가재(迦才) 스님과 자사(慈思) 스님의 관점에 대해서도 같은 입장을 취하고 있다. 이를테면 어느 것이 나은가의 문제는, 오직 원행(願行)과 실천이 선행되느냐에 달려있을 뿐이라고 하였다.

> 정토왕생이 쉽다고 한 주장이나 도솔천왕생이 쉽다고 하는 두 가지 설은 다 이치에 합당하지 못하다. 무릇 그 왕생의 쉽고 어려움은 모두 인연에 일임할 것이다. 「遊心安樂道」
>
> 인연이라 할 때의 연(緣)이란 모든 부처님과 보살이 동체대비(同體大悲)이며, 인(因)이란 모든 중생들(四衆九輩)이 일으킨 원행(願行)이다. … 만일 원행(願行)이 없는 자는 도솔천이나 극락이 바로 앞에 있어도 느끼지 못할 것이니, 어찌 같은 세계라 해서 왕생이 쉽고, 다시 화현(化現)하신 몸이라 해서 곧 뵈올 수 있겠는가. … 때문에 어떤 사람은 스스로의 본성(自性)이 아미타불에게 통하고 또 어떤 이는 본래 미륵 부처님에게 매이기도 하니, 자기의 소속한 바를 따라 행하면 각각 도를 속히 얻을 것이고, 만일 소속이 없으면 많은 노력에도 이익이 없을 것이다. 「遊心安樂道」

인간의 과보(果報)를 받는다거나, 세 번의 설법 때 제도를 받는다는 것 자체가 왕생의 쉽고 어려움과는 상관이 없다는 의미이다. 마찬가지로 정토(淨土)나 예토(穢土)이기 때문에 거기에 구애됨이 있어서도 안 된다고 하였다.

이와 같은 스님의 견해는, 중국이나 일본에서는 나타나지 않았던 주장이기도 하다. 따라서 이는 중국 불교의 사상과 신앙의 내용을 수용하면서도, 스님 나름의 독자적인 해석을 통하여 미타사상과 미륵사상이 서로 모순됨이 없는 정토론이라는 것을 밝혔다고 볼 수 있다.

문제는 이와 같은 스님의 견해가 불교사상적인 관점에서도 매우 중요한 의의를 지닌다는 점에 있다. 이를테면 신라시대의 미륵신앙은 아미타의 정토신앙과 어우러져 신앙의 대상이 되었던 예가 허다하게 발견되는데, 이는 현세정토를 지향한 신라의 사유방식과 스님의 견해가 맞물려진 결과라고도 볼 수 있기 때문이다.

이는 「삼국유사」에 나타나는 '광덕(廣德)과 엄장(嚴莊)'의 이야기나 '노힐부득과 달달박박'의 설화 등에서, 현신성불(現身成佛)하는 과정에 미타와 미륵이 함께 신앙의 대상이 되고 있음을 보여주고 있는 사례에서도 잘 나타나고 있다.

이를 달리 말하자면 미타와 미륵이 어울린 현상은 궁극적으로는 이 땅에 정토를 구현하고자 한 간절한 희망의 다양한 표현으로 볼 수도 있지만, 미타와 미륵이 공존할 수 있는 이론적인 배경은 원효 스님의 정토관에서 비롯되었다고 할 수 있다.

이와 더불어 스님은 정정취정토(正定聚淨土)가 곧 극락정토라고 하여 반드시 성불할 수 있는 사람들만이 왕생할 수 있다고 하지만, 사실 이는 이전까지의 모든 정토이론이란 다만 관점의 차이일 뿐이라는 회통(會通)의 입장을 전제로 하고 있다. 다시 말해 이전까지의 정토 이론들이 주장하는 정토란, 서로 다른 정토를 언급하고 있는 것이 아니라는 견해이다. 때문에 오역죄(五逆罪)를 지은 자라도 왕생할 수 있으며, 쉽고 가벼운 염불로도 오직 마음을 맑게 한다면 왕생할 수 있다고 하였다.

이와 같은 스님의 입장은 '정토가 무엇이다'고 정의하는 견해에 대한 부연이나 설명이 아니라, 모든 주장과 견해를 다 받아들이되 단지 그것들이 관점의 차이임을 밝혀 회통시키는 논리 위에 모두를 수용하는 정토관을 정립하고 있는 것이다. 이것이 곧 스님의 사상체계에 나타나는 일관된 방법이며, 아울러 위대성이기도 하다.

한편으로 이를 당시 신라의 상황과 결부시킨다면, 현실적으로 민중들에게 삶의 희망을 제시하기 위해서는 고차적인 이론이나 고답적인 설법보다는 누구나 쉽게 왕생할 수 있는 정토신앙이 필요하다는 사실을 알았다고 할 수 있다.

당시의 신라는 통일의 과정에서 노출된 많은 문제점들이 산적되어 있었고, 이에 따라 서민들의 정신적 방황 또한 적지 않았을 것이다. 따라서 이와 같은 상황을 감안한다면, 여래장(如來藏) 사상에 뿌리를 두고 십문(十門)의 화쟁(和諍)을 주장하던 스님으로서는, 보다 쉽고 보다 대중적인 이론이 절실했을 것이다.

따라서 아미타 신앙과 미륵신앙을 함께 수용하는 독특한 정토신앙은 이와 같은 현실적 요구와 맞물려 있다고도 볼 수 있다. 그러나 그보다는 근기(根機)가 낮은 중생을 제도하기 위한 실천적 신앙으로서의 방편이었다고 할 수 있다.

다시 말해 실제로 서민들에게는 현학적인 이론이 수용될 수 없었기에 가장 손쉬운 정토신앙을 택했던 것이며, 이것이 곧 전란과 통일의 와중에서 정신적으로 방황하던 민중들의 민심에 영향을 주었던 것이다.

때문에 스님의 실천행동은 자연스럽게 대중들에게 희망을 불어 넣는 계기로 작용하였으며, 또한 그것이 신라 불교를 가능케 한 요인이 되기도 했다.

(4) 일심(一心) 정토

원효 스님의 정토사상이 혜원(惠遠)이나 가재(迦才) 스님의 주장을 다분히 인용하고 있다는 것이 일반적인 견해이지만, 스님의 세계 해석 자체가 화회(和會)를 전제로 하는 화쟁(和諍)의 논리로 일관하고 있기에, 언급되어진 단편적인 견해만을 취사선택하여 어떤 이론의 영향을 받았다고는 할 수 없다.

정토(淨土)에 대한 스님의 견해는, 특정한 학설에 천착했다거나 기존의 이론에 동의한 것이라기보다는 단지 모두 부처가 될 수 있다는 일승(一乘)과 일심(一心)의 바탕 위에서 정토를 해석하고 있을 뿐이다.

때문에 정토(淨土)의 실재 여부에 대해서 모두 부처가 될 수 있다는 일승의 입장에서 깨달음의 세계를 정토라고 이해하고 있지만, 궁극적으로 정토란 중생을 교화하고 제도하기 위한 것이므로, 능력에 따라 수용할 수 있는 삼승(三乘)의 입장 또한 부정하지 않았다.

다시 말해 마음을 맑게 하면 불성(佛性)을 볼 수 있고, 불성을 보면 정토에 날 수 있다는 것이 스님의 생각이었다. 문제는 마음을 맑게 하려면 본체와 모습과 작용이 모두 근원적 실체성이 없음을 깨달아야 한다는 데 있다.

따라서 현상에 집착하지 않을 수 있을 때, 이것이 일심(一心)을 깨닫는 길이고, 그와 같은 경지가 곧 정토라는 견해를 제시하고 있다.

세계가 끝이 없지만 허공 밖을 벗어나지 못하는 것과 같이 온갖 경계가 끝이 없지만 모두 일심(一心) 속에 들어있다. 「遊心安樂道」

이는 곧 존재하는 모든 것은 일심(一心) 속에 있다는 의미이다. 다시 말해 일심은 세계의 시원으로서, 모든 정신적 물질적 현상이 일심에 의해 존재의 근거를 얻게 되므로 일심이 비록 한없는 차별세계를 전개한다고 할지라도 일심을 떠난 것이 아니다.

일심이란 모든 상대적인 개념을 뛰어 넘은 절대경지이다. 여기에서 절대라고 한 것은 상대에 대립한 절대가 아니라 상대와 절대를 고차원적으로 융섭한 경지를 가리키는 것으로서, 이와 같은 고차원적인 실재의 장을 진실한 세계라고 보았다.

그러므로 정토에 왕생함으로서 삼계(三界)를 벗어난다고 한 것은 근기가 낮은 중생을 위한 설명이지만, 정토(淨土)와 예토(穢土)가 다르지 않다는 유심론적(唯心論的) 정토는 근기가 뛰어난 사람을 위한 이론이 된다.

뿐만 아니라 스님의 정토는 일심(一心)에 바탕을 둔 정토관으로 모든 정토를 수용하였지만, 특히 근기가 낮은 중생을 위해서 서방세계에 실재한다는 정토를 부정하지도 않았다. 더구나 누구나 왕생하여 성불할 수 있다고도 하였다.

이와 더불어 스님의 정토사상에 나타나는 두드러진 특징은, 실천지향적인 미륵사상을 수용함으로서 현세의 정토(佛國土)를 지향하게 했던 점이라고 할 수 있다. 때문에 아미타불의 공덕을 생각하며 간절히 염불하여 정토에 나기를 권하기도 하였지만, 근기가 뛰어난 사람은 이 세상에서도 미륵을 친견할 수 있다고도 하였다. 이는 곧 관념적이고 이상적인 신앙에만 그친 것이 아니라, 현실에서의 실천불교를 지향함으로써 보다 적극적인 의식을 심어주고자 했던 노력으로 볼 수 있다.

이와 같은 스님의 사상은 불교를 단순한 관념론적 위치에서 사회 윤리적인 실천철학으로 바꾸어 놓는 결과를 남기기도 하였다. 이것이 곧 중국이나 일본의 정토교가(淨土教家)들과는 다른 독특한 관점이라 할 수 있다. 이를테면 일본의 정토종에서 제시하는 순수한 타력적(他力的)인 신앙, 즉 본원(本願)을 내세우지만 깨닫고자 하는 마음을 버린 입장과는 다른 길을 제시하고 있다.

때문에 불도(佛道)의 깨달음을 얻고 그 깨달음으로써 널리 중생을 교화하려는 마음(菩提心)만이 정토에 나는 바른 길이라 하지만, 자력(自力)과 타력(他力)이 둘이 아닌 즉 스스로 깨닫고자 하거나 의존적이거나 간에 그것이 다르지 않다는 견해를 제시하고 있다.

나아가 예토(穢土)와 정토(淨土)가 본래 일심(一心)이며 생사(生死)와 열반(涅槃)이 둘이 아니라고 함으로써, 정토란 이 몸을 버리고 가는 다음 세상이 아니라 이 땅이 곧 불국토임을 천명하기도 했다.

결국 스님의 정토사상은 모두가 성불한다는 일승(一乘)의 바탕 위에서 건립된 일심의 극락이요 정토였다. 단지 방편의 차이만 다를 뿐이다.

(5) 삶으로 보여준 정토

기록으로 전하는 스님의 자취는 대부분이 파격적이거나 아니면 상식 밖의 사건으로 점철되어 있다. 그런데 그 가운데서도 특히 눈에 띌 만한 사건이 있으니, '붓을 놓았다(絶筆)'는 것이 하나이며, 또 하나는 '나무불(南無佛)을 외치고 다녔다'는 행적이다.

스님은 분황사(芬皇寺)에서 「화엄경소(華嚴經疏)」를 쓰다가 '회향품(回向品)'에 이르러 붓을 놓았다고 전한다. 문제는 왜 '회향품'에서 붓을 놓았을까 하는 점이다.

아마도 이는 스스로의 글 속에서 문자나 형식에 사로잡혀서는 안 된다고 강조하고 있는 사실과, 일심(一心)의 근원으로 돌아가 일미(一味)의 흐름에 동참하여 중생구제를 해야 한다는 논리를 버릴 수 없었기 때문일 수도 있다.

사실 불교가 지향하는 상호 의존적인 존재의 근본취지에 따르면, 모든 존재는 있기도 하고 동시에 없기도 하기 때문에 모든 것은 조건 지어져 있음이라 할 수밖에 없다. 그러므로 깨달은 자는 모든 사상을 받아들이면서도 어떤 하나의 사상에만 따르는 일이 없고, 일체의 규정된 사상 속에 움직이면서도 한편으로 이것들로부터 벗어날 수 있어야 한다.

때문에 스스로 자신의 삶을 이끌고, 이 흐름 속으로 들어가는 것이야말로 원인과 결과의 법칙 속에 있으면서도 원인과 결과에 얽매이지 않는 적극적인 삶의 모습이 된다.

따라서 붓을 놓았다는 사실은, 이론의 치밀성은 실천으로써 완결되어 진다는 것을 자각했던 것이라고 할 수 있다. 다시 말해 스스로 나선 길이 일체중생을 향한 구원의 길이며 완성의 길이었음을 온전하게 드러낸 셈이다.

이는 스스로 물을 마셔보고서야 물이 차가운지 더운지를 알듯이, 깨날음이란 온전히 개인적인 체험일 뿐이기 때문에 붓을 놓은 사건을 통해서, 모든 외재하는 사물이 존재의 그림자에 지나지 않으며, 모든 언어로 된 외적인 교리는 스스로 지닌 본성의 메아리에 지나지 않음을 알려주고자 했던 것이라 할 수 있다.

따라서 스님이 마을마다 골목을 누비면서 '나무불'을 외치고 다녔던 행동은, 진정 얻으려고 한다면 먼저 버려야 한다는 것 이를테면 깨닫고 난 뒤에도 존재의 허망한 흐름에 속한 이론을 놓치지 않고 있다면, 이는 마치 강을 건너 새로운 땅으로 향해 갈 때 배를 어깨에 걸머지고 가는 사람처럼 어리석은 일이라는 것을 몸소 보여주었다.

깨달은 사람은 주어진 흐름에 몸을 맡길 줄 아는 사람이기 때문에 진리나 정토에 매달리는 것 또한 집착일 뿐이다. 그러므로 스님은 이론에 천착하는 것이 비록 보다 나은 삶을 위한 방편이라고는 하나, 관념적인 이론이나 방법들은 참된 자유를 가로막는 장애물임을 알았던 것이다.

이를테면 장자(莊子)의 '내가 죽었다(吾喪我)'는 선언과도 다르지 않다고 할 수 있으니, 스스로의 온전함이 세상의 관습에 매달리는 껍데기의 자기를 벗어난다는 의미이다. 다시 말해 나를 버림으로써 나를 되찾는 길이다.

옳고 그름을 따지고 분별한다는 자체가 부질없는 일이며, 언어란 존재의 실상 앞에서는 언제나 무기력할 뿐이다. 그리고 존재의 실상이란 글자 없는 가르침이기도 하다. 그러므로 만상으로 드러나는 진리를 구하려 하지 않고, 이론으로 깨달음을 구하려는 자신을 보았다고 할 수 있다.

따라서 윤리와 계율 그리고 깨달음까지 버리고자 했다. 그러기에 중생을 구제한다는 입장이 아니라 중생과 하나가 된다는 서원을 세웠던 것이고, 이는 계율을 지키느냐의 문제가 아니었다. 이를테면 인위적이고 작위적인 이론이 인간을, 인간 그 자체의 문제를 해결해 줄 수 없었음을 간파했던 것이다.

다시 말해 사상이 아무리 심오하다고 할지라도, 시대를 함께 가는 모든 이에게 진정한 구원의 길이 되지 못한다면 그것은 아무 쓸모가 없다고 생각했을 것이다.

사실 욕망과 괴로움을 끊을 수 있다면, 그 순간이 해탈 정토이며 거기가 곧 극락일 수 있다. 그러나 역설적이게도 욕망으로 인해 정토왕생을 바랄수도 있고 괴로움을 통해 현실을 인식할 수도 있지만, 그것을 인식한다는 것은 오히려 인식의 한계 밖이기도 하다.

때문에 스님은 중생이 모두 한량없는 죄를 짓고 있다는 생각을 하게 함으로써, 이에 대한 참회를 정토왕생과 결부시켜 사람들로 하여금 욕망과 괴로움의 양 끝을 바로 보게 하였다.

문제는 정토(淨土)가 만약 의미 있는 무엇인가를 드러내야 한다면, 다시 말해 단순한 단어와 같이 어떤 뜻이 있어야 한다면 정토란 사전에서 의미를 찾아볼 수 있는 단어와 다르지 않다는 점이다. 그렇다면 정토(淨土)는 예토(穢土)가 아니다.

그러나 정토는 예토가 아니지만, 정토는 예토와 같이 나고 죽는 세계 또한 아니다. 그러므로 정토에 난다고 하는 표현은 성립되지 않는다. 다시 말해 정토에 왕생한다는 자체가 곧 모순이다. 따라서 정토가 진실로 정토이려면, 생사의 관념이 대비되어서는 안 된다.

이와 같이 인간의 언어와 지식으로 갈라놓은 생겨남과 죽음은 부정되는 것이니, 정토에 왕생한다는 것은 생겨남이 없음(無生)이다. 이를테면 나고 죽음을 떠남이 곧 정토왕생이다.

그렇다고는 해도 스님 또한 정토(淨土)를 빌어 이 삶의 한가운데서 마음의 평화를 제공하고자 하였다. 다시 말해 삶이 아무리 괴롭더라도 죽기로 작정하고 정토에 나고자 하는 사람은 없을 것이지만, 삶의 모든 것을 맡겨도 후회하지 않을 수 있는 그 무엇이 있다면 그것이 곧 내세에 대한 희망일 것이다. 이것이 곧 원효 스님에게 있어서 '나무아미타불'이었고, 그것은 모두를 편안하게 하는 방법이기도 했던 것이다.

그렇게 보면 원효 스님의 가장 위대한 점은 경율론(經律論) 삼장(三藏)을 포함한 방대한 저술을 남긴 데 있는 것이 아니다. 그보다는 오히려 사변적인 불교이론에 안주하지 않고, 온몸을 내던져 민중을 교화하고자 했던 점에 있다고 할 것이다.

이는 말할 것도 없이 스님 스스로 진속(眞俗)에 원융무애(圓融無碍)함으로써, 걸림이 없는 창조적이고 실천적인 삶의 원형을 보여주었다는 데서 그 위대성이 돋보이기 때문이다.

후기(後記)

한국 사상사의 흐름에서 원효 스님이 남긴 업적이 너무도 찬란하다는 사실은 새삼스러운 이야기가 아니다. 스님의 삶과 사상이 때로는 한국불교의 원류로서, 때로는 걸림 없는 삶 그 자체가 정신적인 안식처로서 한국 정신의 바탕이 되어 왔던 것은 부정할 수 없다.

그러나 단순히 남겨진 기록과 저술의 그림자에만 안주한다면, 당시에나 지금이나 편견을 넘어서서 인간의 삶을 환하게 밝힌 진리로서의 본질은 사라지게 된다.

스님의 삶과 사상에서 우리가 다시 생각해보아야 할 점은, '사람'과 사람으로부터 야기되는 '괴로움'에 대한 해결의 실마리를 찾아 나섰다는 데 있다. 스님의 사상이 돋보였던 것도 자신의 삶을 통해 온전한 인간의 길을 제시했기 때문이다.

흔히 말하는 위대함이란 시대정신을 초월하는 전망을 지닌다는 보편성 위에 구축된다는 점을 생각한다면, 이 땅의 역사에서 처음부터 끝까지 변함없이 삶의 좌표를 제시해 온 스님의 삶과 사상을 건너뛰기는 어렵다.

우리의 삶과 문화 그리고 사고방식에 대해 가치관의 변화를 역설하는 일은 비단 오늘 우리만의 문제는 아니지만, 현재의 상황을 바로 보는 것, 이를테면 잃어버린 사람의 가치에 대한 반성과 함께 하는 삶에 대한 실천적 행동의 절실함이 현실감 있게 제시되어야 한다면, 거기에는 스님의 사상과 정신을 오늘에 걸맞게 재해석하는 일이 필요하다.

그러나 이와 같은 목표를 내세운다고 하더라고, 그저 단순하게 '일심(一心)을 깨닫자'거나 '무애행(無碍行)을 본받자'라고 한다면, 이는 이미 동어반복의 모순을 범하는 일이 될 뿐이다.

세월의 변화가 교정(校庭)이라 해서 비껴갈리 없지만, 삼십년 가까운 세월을 교단에서 보내다 보니 바뀌고 달라지는 것만이 시대의 변화라고 받아들이기에는 아쉬운 점이 한두 가지가 아니다. 그 중에서도 무엇보다 사람과 사람의 관계에 대한 믿음이 사라져 간다는 생각은 더욱 또렷해진다. 스승과 제자 사이의 신뢰도 그러하지만, 학생들 간의 관계 또한 소원해져 감을 절실하게 느끼고 있다.

몇 해 전까지만 해도 연구실 너머 복도에서 들리던 된소리를 걱정했더니, 어느 때 부터인가 그 소리조차 희미해지고 말았다. 그리고는 그 떠들썩한 소리를 대신하는 것은 간간히 지나가는 혼자만의 중얼거림일 뿐이다.

휴대폰 속의 그 누구와 이야기하는지는 몰라도, 통화하는 대상이 지금 여기의 그 누구일수도 있는데, 그렇게 스스로의 관계맺음을 위안 받고자 한다. 이야말로 서로의 문을 닫아걸고 '우리'를 꿈꾸는 것은 아닌가.

생각해보면 사람과 사람 간의 관계맺음, 그리고 삶에서 겪는 괴로움에 슬기롭게 대처할 수 있는 지혜를 일깨우는 선현들의 말씀은 단 한 구절도 제대로 전해지지 않았는데, 이름도 생소한 서구학자들의 주장은 중요하다고 여기며 새로운 이론으로 기억해야 한다고 한다.

그렇다보니 무엇이 남을까?

무엇이 우리를 여기까지 오게 했는가?

세계화시대 그리고 다문화시대에 우리의 것을 이야기 한다면,

되돌아보지도 않고 시대착오적인 소리라고 한다. 하지만 한류(韓流)로 표현되는 자긍심에 가슴 벅찬 감정을 느낀다면, 이는 지독한 역설이다.

우리다움이 인정된다면 세상의 그 어느 누구와도 당당하게 맞설 수 있지만, 세계화의 흐름에 따라가고자 우리의 색깔을 잃는다면, 결국 우리는 아류(亞流)로 남을 뿐이다. 이 세상 그 누구도 아류를 인정하고 기억해주지는 않는다.

사람과 사람 간의 관계가 어느 시대인들 중요하지 않겠냐마는, 사이버 공간의 소통이 결코 그것을 대신할 수 없다는 사실을 이해하는 일조차 지금으로서는 저 멀리 사라져가는 환상일지도 모른다.

강남의 귤이 강북으로 가면 탱자가 된다고 한다. 이는 곧 사람이나 사물은 상황이 바뀌면 상황에 따라 변한다는 의미이다. 그러나 아무리 시대와 상황이 달라지더라도 사람과 사람살이가 바뀌는 것은 아니다.

더 이상 사람의 가치가 물질적 가치로 전도되는 현상을 강 건너 불구경 하듯 바라볼 수는 없는 일이다. 잘못됨을 인정하지 않는 사회를 올바르다고 할 수 없으며, 물질적 가치만이 우선이라고 주장하는 일방적인 편견을 당연시해서도 안 된다.

문제의 고리는 바로 가치관의 혼돈에서 비롯된 것이고, 그 혼돈은 다름 아니라 이원론적 사고로 말미암은 것임을 누구라도 알 수 있다. 나와 남을 가르고, 이것과 저것을 따지고, 주관과 객관을 별개라고 생각하는 잣대로는 더 이상 희망을 가질 수는 없다.

이와 같은 이원론의 극복, 즉 차별적 사고를 화회하기 위해 원효 스님은 그의 생애를 열어놓았다. 말할 것도 없이 우리 스스로 위기라고 느끼는 오늘의 상황은, 화합하고 소통하는 화회정신의 분실에서 비롯되었다.

내가 잘되는 것과 남이 잘되는 것이 결코 둘이 아니며, 동시적이다. 그러나 이는 그저 그렇게 생각한다고 해서 될 수 있는 일이 아니다. 함께 하는 삶을 위해 스스로의 마음을 먼저 열 때, 비로소 그 자리에 우리의 미래를 밝힐 수 있는 촛불이 켜질 수 있다.

우리의 미래란 다름 아니라 바로 지금의 상황과 연결되지 않을 수 없다. 때문에 오늘의 문제를 접어둔 채, 미래의 무지개 빛 환상을 그린다는 것은 너무도 어리석은 일이다. 오늘 이 삶에서 드러나는 수 없는 갈등현상이 내일을 위협하는 요소로 바뀌는 원인은 우리가 마음을 온전하게 쓰지 못했기 때문이다.

사람의 오만과 타락이 빚은 부조리는 당연한 인과의 순환일 수 있다는 것은, 동시에 그 변화를 추구하는 의지의 성패 여부도 우리 스스로의 결단에 달려있음을 의미한다. 화합하고 어울리는 화회를 추구하는 정신이 사회를 움직이는 원동력으로 발휘될 때, 비로소 미래의 불안함은 극복될 수 있다. 이것이 곧 사물의 실상을 올바로 파악하여 그것이 마음속에 나타난 현상임을 자각하는 것이며, 나아가 외부의 사물에 좌우됨이 없는 주체적 삶을 사는 길이기도 하다.

아름다운 미래란 환상이 아니다. 그리고 우리가 당연히 가야한다고 생각하는 사이버세계도 아니다. 사람이 주체가 되어야한다는 신념을 버리지 않는다면, 자신의 것에만 매달리지 않고 모두가 함께하는 세상을 만들어야 할 것이다. 이것이 곧 원효 스님이 열어주고자 했던 극락이요 정토이다.

회통(會通)과 화회(和會)를 소중하게 여겼던 삶의 가치는 이 땅에서 살다간 사람들의 이야기만은 아니다. 우리의 가치관은 곧 우리다움의 표현이다. 세계 어디에 내놓아도 뒤지지 않는 우리의 사상과 우리의 가치관, 그것은 결코 단절될 수 없으며 단절되어서도 안 된다.

스님의 삶과 사상이 지금 여기의 우리에게 재해석되어 우리에게 적합한 방식으로 재현될 때, 우리다움의 바람직한 미래 방향이 열릴 것이다. 그렇게 될 수 있다면, 우리는 당당하게 세상과 맞설 수 있다.

지은이 | 김종의

현재 동의대학교 철학윤리문화학과에 재직하고 있으며, 한국의 불교 사상과 한국인의 가치관에 관한 글들을 발표하고 있다. 저서로는 「한국 지성과의 만남(공저)」과 「마음으로 읽는 동양의 정신세계」「처음 그곳으로 떠나는 여행」「일심(一心)과 일미(一味)」「음양오행」「자연의 원리 땅의 이치」「되돌아보기」 등이 있다.

이경철학총서 006

원효(元曉), 편견을 넘어서다

초판 1쇄 발행 2012년 2월 15일

지 은 이 김종의

펴 낸 이 이정화
책임편집 이경기획
기획편집 이경기획
북디자인 이경기획
교 정 이경기획

펴 낸 곳 도서출판 이 경
주 소 부산시 북구 금곡동 695
출판등록 제02-08-112호(2004. 8. 4)
전 화 (051)334-8881(代)
팩 스 (051)558-3501

ISBN 978-89-91390-71-3 94150
ISBN 978-89-91390-57-7 94100(세트)

값 25,000원

총 판 한국출판협동조합(Tel. 02-716-5616~9)